AI 괴짜 삼국지

팔란티어 · 안두릴 · xAI의 야망과 한국의 선택

Palantir

ANDURIL

xAI

김영수

김영수

삼성전자에서 30여 년간 전략·혁신·수출의 최전선을 누빈 현장형 경영자. 스페인과 중동 법인장을 지내며 글로벌 감각을 단련한 그는 2022년 '한국 비즈니스 AI 연구소' 대표로 전향해 기업의 AI 전환 로드맵을 설계하고 있다. 서강대학교 AI빅데이터 석사, 서울과학종합대학원대학교 AI빅데이터 박사, 프랭클린 스위스 대학 DBA(현장 경영학 박사)까지 실무와 학술을 겸비했으며, 《직장인이 꼭 알아야 할 비즈니스 AI》와 《챗GPT 메가 임팩트 11》를 출간하여 GPT 시대를 선도적으로 분석하고 예측했다.

신간 《AI 괴짜 삼국지─팔란티어·안두릴·xAI의 야망과 한국의 선택》에서 그는 팔란티어의 온톨로지(현실 객체·관계의 의미망), 안두릴의 래티스 OS(전장 운영체제), xAI의 그록(실시간 정보 LLM)을 실제 사례로 풀어내 한국 정부와 기업이 세계 AI 플랫폼 경쟁에서 주도권을 잡을 실행 지도를 제시한다. 공개 강연·특강·교보문고 세미나로 MZ 세대와 경영진과 소통하고, 네이버 블로그와 자체 사이트에서 현장 노하우를 공유한다.

그의 신념은 단순하다. "데이터 기반 의사결정이 곧 국가 경쟁력이다." '왜 지금 이 세 기업인가?'의 답을 따라가다 보면 독자는 기술 패권의 최전선과 대한민국이 선택할 다음 한 수를 한눈에 보게 될 것이다.

yssskim@gmail.com

AI 괴짜 삼국지

팔란티어 · 안두릴 · xAI의 야망과 한국의 선택

Palantir

ANDURIL

xAI

김영수

프롤로그

프롤로그 1	세 거인이 그리는 세계 지도	8
프롤로그 2	2030년 트랜스포머는 어떻게 진화할까?	11

프롤로그 1

세 거인이 그리는 세계 지도

 바야흐로 인공지능(AI)의 '천하삼분지계(天下三分之計)'가 펼쳐지고 있다. 거대한 파도가 모든 것을 집어삼키는 이 변혁의 해안에서, 새로운 시대의 패권을 다투는 세 명의 군주가 각기 다른 깃발을 들고 일어섰다. 이들은 단순한 혁신가를 넘어, 《삼국지》의 영웅들처럼 자신만의 철학과 군대로 미래의 지도를 그리고 있다.

 덕(德)과 철학을 기치로 내건 현군(賢君), 유비를 떠올리게 하는 인물은 팔란티어의 알렉스 카프다. 철학 박사 출신인 그는 윤리와 민주주의라는 확고한 신념 아래 '데이터'라는 보이지 않는 제국을 이끌고 있다. 특히 그를 도와 팔란티어를 설계한 창업자 피터 틸은 마치 유비를 보좌한 제갈공명처럼, 데이터 제국의 밑그림을 그린 천재 전략가다. 이들은 정보로 전쟁터를 지휘하며 '데이터가 곧 권력'임을 증명하고 있다.

 견고한 영토(방위산업)를 기반으로 세를 확장한 강동의 손권처럼, 팔머 럭키는 AI 무인 병기로 방위산업의 판도를 새로 쓰고 있다. 그가 이끄는 안두릴은 '소프트웨어 정의 전쟁' 개념을 현실화하며 누구도 넘보지 못할 자신만의 왕국을 구축했다. 그의 등장은 전통적 강자들의 경계를 허물고 새로운 전쟁의 시대를 열었다.

마지막 거인은 천하 통일을 노리는 난세의 영웅 조조, xAI의 일론 머스크다. 막강한 군사(테슬라, 스페이스X)를 거느리고 때로는 기존 황제(트럼프)와도 손을 잡았던 그는, '설명 가능한 인공의 영혼'이라는 궁극의 무기로 인간-AI 협업의 법칙 자체를 다시 쓰려고 한다. 그의 야망은 단순히 판을 흔드는 것을 넘어, 새로운 시대의 황제가 되는 데 있다.

 왜 이 세 명인가? 이들의 격돌은 단순한 기술 경쟁이 아니다. 이들은 각자의 영역에서 기존 틀을 완전히 뒤집는 혁신을 실현했고, 그 영향력은 AI 산업의 미래를 결정짓는 핵심 동력이 되었다. 팔란티어의 데이터 정보력, 안두릴의 전장 장악력, 그리고 xAI가 통합하는 실시간 추론 능력은 상상을 초월하는 경쟁력으로 새로운 시대의 패권을 겨루고 있다. 이 세 거인의 격돌이 바로 우리가 앞으로 마주할 미래의 지도다.

 저자는 30년간 대기업에서 전략과 시스템을 설계해 왔고, 이제는 AI 경영 전략을 연구하는 사람으로서 이 거대한 흐름을 뼈저리게 느낀다. 한국이 지금 맞닥뜨린 디지털 전환은 단순한 IT 인프라 업그레이드가 아니다. 데이터 주권, 국방, 외교, 산업 정책을 한데 묶어 '관계 중심'의 의사결정 체계를 새로 짜지 못하면, 우리는 다음 전장에서 숨 돌릴 틈조차 없이 휘청이게 될 것이다.

 이제 우리에게 필요한 것은 이 괴짜들이 사용한 도구와 전략을 벤치마킹해 '의사결정 지능(Decision Intelligence)' 플랫폼을 구축하는 일이다. 공공과 민간이 협력해 데이터 주권을 수호하고, 실시간 실행할 수 있는 방위·외교·산업 거버넌스를 설계하며, 인간과 AI가 함께 설명하고 판단하는 투명한 시스템을 만들어야만 변화의 소용돌이 속에서도 주도권을 놓치지 않고 새로운 미래를 능동적으로 그려 낼 수 있다.

이 책은 기술 원리만을 나열하는 설명서가 아니다. 괴짜들의 철학과 도전, 그리고 그들이 벌인 전략적 격돌을 통해 AI 천하 삼분의 전장을 입체적으로 보여주는 기록이자, 한국의 기업과 정부, 그리고 AI 산업계에 던지는 진심 어린 제언이다. 독자 여러분이 이 여정을 함께하며 다가올 시대를 읽고 준비할 나침반을 얻길 진심으로 바란다.

이제, AI 괴짜들의 전쟁을 하나씩 따라가 보자.

프롤로그 2

2030년 트랜스포머는 어떻게 진화할까?

저자는 2023년 4월 『챗GPT 메가 임팩트 11』에서 생성형 AI의 핵심 기술인 트랜스포머(문맥을 병렬로 읽고 주의를 배분하는 딥러닝 구조)의 영문 첫 글자를 따 챗GPT T-R-A-N-S-F-O-R-M-E-R 임팩트 11가지를 내놓았다. 제목만 길어 보이지만 요지는 간단했다. 초거대 모델이 세상을 뒤흔들 테니 준비하라는 얘기다.

T(Time of Generative AI: 초거대 생성형 AI의 시대 개막),
R(Revival of Semiconductor: AI 반도체 수요 폭증과 HBM 급성장),
A(AI for Expert: 산업별 전문가형 GPT 확산),
N(New War of Search Engine: AI 중심의 검색 전쟁 가속),
S(Shrink in Human Thinking Skills: 사고력과 고용 구조의 변화),
F(Forceful changes in Public Services: 공공서비스 전면 혁신),
O(Overwhelming Innovation of Big Tech Giants: 빅테크 전면전),
R(Realization of Android Robot: 로봇+AI, 안드로이드 현실화),
M(Many Lawsuits against IP rights: IP·개인정보 법적 분쟁 증대),
E(Era of Cerebral Valley: 'Cerebral Valley', New 비즈모델 부상),
R(Rebirth of the Device: AI 탑재 디바이스의 재탄생).

지금은 2025년. 돌아보니 흐름과 속도, 꽤 맞아떨어졌다.

T **(Time of Generative AI: 초거대 생성형 AI의 시대 개막)**
초거대 생성형 인공지능 시대가 진짜 열렸고, 모델은 프롬프트에 답만 하는 단계를 넘어 에이전틱 추론(스스로 목표·도구·절차를 짜는 두뇌 플레이)까지 진화했다. 텍스트·음성·영상·코드를 한꺼번에 굴리는 멀티모달 모델의 앱을 켜면 0.3초쯤 숨 고르고 곧장 대답하고, 회의 녹취는 자동 요약되고, 코드까지 바로 돌려준다. 채팅하듯 말 걸면 화면·오디오·코드까지 한 번에 이해하고 결과를 내놓는다. 검색·파일 분석·파이썬 실행은 물론이고, 회사 현장에선 RAG(검색증강생성, 내부 문서를 찾아 답하는 방식)와 워크플로 자동화까지 본격 가동 중이다.

R **(Revival of Semiconductor: AI 반도체 수요 폭증과 HBM 급성장)**
하드웨어 판도도 달라졌다. 이제 수요가 설계를 끌고 가는 칩 주도 시장(사용량이 곧 로드맵을 바꾸는 판)이다. 엔비디아는 블랙웰에 FP4(초저정밀 부동소수점)와 트랜스포머 최적화(LLM 계산 동선 손질)를 얹어 전력 대비 성능을 극한까지 끌어올린다. 구글은 TPU v6 '트릴리움'에 이어 v7 '아이언우드'를 던지며 가속기 상한선을 다시 그린다. 그래도 주도권은 여전히 GPU 진영이 쥔다. 병목을 푸는 열쇠는 HBM(고대역폭 메모리)이다. SK하이닉스가 앞서고 삼성·마이크론이 뒤쫓는 3강 구도에서, 2026년 HBM4 양산과 맞춤 패키징(고객 칩·메모리 일체 설계)이 본격 2차 대전을 예고한다. 한국은 '메모리 강자' 위치를 디딤돌로 삼아 패키징·파운드리(위탁 생산)·전력 반도체(전력 변환·공급 핵심 소자)를 묶는 시스템 연합으로 치고 나가야 한다. 그래야 메모리 단품이 아니라 "세트 플레이"로 승부를 볼 수 있다.

A **(AI for Expert: 산업별 전문가형 GPT 확산)**
기업용 AI 역시 판이 바뀐다. 초기엔 거대한 범용 모델을 그대로 끌어다 썼지만, 지금은 도메인 맞춤형 경량 모델이 표준으로 굳어졌다. 국내에서도 LG 엑사원, 네이버 하이퍼클로바X가 벡터 DB(문장·이미지를 숫자 좌표로 바꾸는 DB)와 검색증강생성을 엮어 현장을 공략한다.

N **(New War of Search Engine: AI 중심의 검색 전쟁 가속)**
검색 전쟁은 전통 검색과 대화형 AI가 공존하는 혼합 균형으로 정리되고 있다. 마이크로소프트는 검색 점유율 욕심을 잠시 접고, 코파일럿을 OS·오피스·브라우저에 심어 "검색을 넘어 작업 완료" 흐름을 잡는다. 구글은 광고 생태계를 지키면서 요약 AI를 조심스레 끼워 넣고, 베오 같은 영상 생성 모델로 대중화를 서두른다. 한국 네이버는 서치GPT와 경량 시드(Seed) 모델로 한국어 검색의 응답 책임성을 높이고, 중국 바이두는 어니 5.0으로 멀티모달 융합을 가속한다.

S **(Shrink in Human Thinking Skills: 사고력과 고용 구조의 변화)**
사고력과 일자리는 '대체냐 창출이냐' 논쟁을 넘어 '역할 재설계' 국면이다. 반복 업무는 자동화되고, 창의적 작업조차 "AI 초안 → 인간 검증" 루틴이 자리 잡는다. 학교에서는 설명 가능 AI 읽기와 데이터 윤리가 필수 과목으로 되고 있다.

F **(Forceful changes in Public Services: 공공서비스 전면 혁신)**
공공서비스 변신은 한국이 빠르다. 2026년 시행될 인공지능 기본법을 앞두고 정부는 '공공 5대 초거대 AI 서비스'를 추진할 계획이다. 국방은 실시간 지휘 통제, 교육은 AI 기초 교육 의무화, 의료·법무는 24시간 상담과 문서 자동화를 테스트하고 있다.

O **(Overwhelming Innovation of Big Tech Giants: 빅테크 전면전)**
빅테크는 기능 추가를 넘어 '플랫폼 OS 재설계' 모드다. 구글은 모든 워크스페이스에 제미나이를, 마이크로소프트는 365 Copilot을 심는다. 애플은 애플 인텔리전스로 온디바이스 LLM과 PCC(프라이버시 전용 서버)를 이원화해 "가벼운 일은 내 기기, 무거운 일은 전용 서버" 모델을 만든다. 메타는 라마 개방형 생태계, 머스크의 xAI는 그록을 X(옛 트위터)와 결합하며 실시간 데이터 우위를 노린다. xAI는 샌프란시스코 '세레브럴 밸리'와 런던·멤피스 슈퍼컴퓨터 거점까지 연결하는 '뇌 집적' 생태계에 본격 합류했다. 아직 거대 전쟁은 끝나지 않았다.

R **(Realization of Android Robot: 로봇+AI, 안드로이드 현실화)**
로봇과 AI 결합도 현실이고 중국의 성장은 무섭다. 전문 서비스 로봇은 연 10%대 후반 성장, 휴머노이드 로봇은 멀티모달 학습으로 작업 전환 비용을 낮춘다. 테슬라 옵티머스는 꽃길만 약속했지만 당장은 수백 대 규모 파일럿이 현실적이다. 대신 RaaS(구독형 로봇) 모델이 인기를 끌고 있다.

M **(Many Lawsuits against IP rights: IP·개인정보 법적 분쟁 증대)**
법적 분쟁도 기준선을 세우는 단계다. 미국 법원은 "순수 AI 산출물엔 저작권 없다"라고 선을 그었고, 언론사 vs AI 기업 소송은 광범위한 대화 로그 보존 요구로 번지고 있다. 한국은 AI 기본법 하위 규정에서 표시·투명성, 데이터 보존·삭제 균형을 어떻게 잡느냐가 관건이다. 생성물에 출처 표식과 유통 경로 기록이 표준이 될 것이다.

E **(Era of Cerebral Valley: 'Cerebral Valley', New 비즈모델 부상)**
'세레브럴 밸리' 효과는 아직도 유효하다. 2023년 해커 하우스 열풍이 2025년 글로벌 네트워크로 확장됐고, 도시권마다 "모델-로봇-센서-에너지"를 한데 묶는 지능 집적 실험이 빠르게 돌아간다. 그리고 새로운 생성형 인공지능 비즈 모델은 하루하루가 새롭다.

R **(Rebirth of the Device: AI 탑재 디바이스의 재탄생)**
디바이스도 재탄생하고 있다. 스마트폰·PC·차량·가전은 온디바이스 AI로 재정의되고, NPU(AI 전용 칩)와 경량 LLM이 기본이다. 무거운 요청만 PCC나 퍼블릭 클라우드 대형 모델에 위임한다. 차량은 AR 내비, 시맨틱 주행 요약, 예측 정비로 진화하고, 스마트폰의 AI는 일상화되었으며, 가전은 음성 제어와 장기 기억을 탑재해 '집 안의 에이전트'가 되고 있다.

이제 2030년을 상상해보자. 내 노트북 옆 '내 에이전트'가 캘린더·센서·메모를 읽어 로컬 NPU로 할 일을 요약한다. 간단한 일은 소형 추론 모델로 자동 처리하고, 일정 조정·계약 검토 같은 복잡한 건 중형 계획 모델(여러 단계를 설계·조율하는 모델)이 맡는다. 정말 큰 일만 퍼블릭 클라우드나 국가 전용 소버린 모델을 잠깐 호출한다. 한마디로, 골목은 자전거·고속은 KTX로 달리는 다중 레일(작업 난이도별로 다른 모델·인프라를 쓰는 방식) 운용이다.

하드웨어는 더 노골적일 것이다. ASIC(특정 작업 전용 칩)·HBM(고대역폭 메모리)·칩렛(기능을 쪼개 붙이는 반도체 조립 방식)의 삼각편대가 성능/전력 효율로 승부를 가려, 같은 전력으로 더 많은 토큰을 처리하고 지연은 더 낮춘다.

검색의 승부도 바뀐다. "정답을 보여주는 능력"이 아니라 이메일 초안 전송, 송장 발행, 일정 확정까지 "작업을 끝내는 능력"으로 판가름 난다. 공공 부문은 그래프 DB와 감사 로그(기록)를 사실상 법정 표준으로 삼아 설명 가능한 AI를 제도화한다. 집과 사무실에서는 사람 1명당 여러 대의 로봇이 붙어 다니고, 모든 디바이스는 결국 나만의 에이전트가 되어 온·오프라인 프라이버시를 동시에 지킨다.

이 판의 무게중심을 보여주는 무대가 세레브럴 밸리이다. xAI가 본격 합류하며 다음 AI 수도의 윤곽이 점점 또렷해진다. 요약하면, 2030년은 "알아서 끝까지 실행하는 AI"의 해다. 그리고 그 무대 뒤편에는 현장 우선 설계, 에너지 효율 하드웨어, 법으로 정착된 신뢰 인프라가 조용히 돌아가고 있다.

contents

프롤로그 1	세 거인이 그리는 세계 지도	8
프롤로그 2	2030년 트랜스포머는 어떻게 진화할까?	11
1부	팔란티어 – 데이터 권력의 창조자	20

1장. 데이터 권력의 탄생, 팔란티어 스토리   22
1. 왜 지금 팔란티어인가?   22
2. 피터 틸, 정보제국의 설계자   26
3. 알렉스 카프, 실리콘밸리를 뛰어넘는 이단아   29
4. 팔란티어는 소프트웨어인가, 전쟁 작전실인가?   33
5. SER-M 모델로 읽는 5단계 성장 비밀   36

2장. 팔란티어 8대 핵심 기술   42
1. 핵심 시스템을 통합 (Platform Core)   46
2. AI를 현장에 적용 (AI in Action)   60
3. 데이터를 유기적으로 연결 (Linking the Data)   71
4. 현장 접점에서 바로 판단 (At the Edge)   91
5. 미래를 미리 시뮬레이션 (Next-Level Simulation)   94
6. 시간의 흐름에 따라 사고 (Thinking in Time)   107
7. 사람과 AI가 함께 판단 (Intelligence with People)   109
8. 예기치 못한 상황에 대비 (Ready for the Unexpected)   119

3장. 실전으로 증명된 데이터 권력   127
1. 전쟁과 첩보: 승리를 코딩하다   127
2. 팬데믹과 재난: 데이터는 어떻게 생명을 구하는가   130
3. 모든 산업을 재편하는 거대한 시나리오   133

contents

4장. 동아시아로 향하는 야망: 새 질서를 향한 도전	**136**
1. 국경을 넘는 메타 국가 기업	136
2. AI 거버넌스: 기회인가, 위협인가?	139
3. 한국형 디지털 전환: 팔란티어 식 해법은?	144
4. 한국형 국방 AI 시나리오	146
5. 동아시아 패권, 그래프 AI 격전지	158

2부 안두릴 – 자율 국방의 혁명가   162

1장. 방위산업 판을 뒤집다: 안두릴의 등장	**164**
1. VR 괴짜 팔머 럭키의 귀환	172
2. AI 무기체계의 빅뱅 – 센서·드론·OS의 합주	175
3. 안두릴이 그리는 지정학적 충격 시나리오	183
2장. 실전, AI가 지휘하는 전쟁터	**186**
1. 미래 전장, 이미 시작된 현실	186
2. 자율 살상 무기, 윤리와 법의 경계에 서다	200
3. 대한민국 국방 AI는 어디까지 진화했나?	206
4. 동아시아 안보, 안두릴과 AI 동맹 가능성	212
3장. 안두릴, 세계 표준을 향한 비전	**215**
1. AI 국방 기술, 새로운 표준이 되다	215
2. 팔머 럭키 철학과 다음 목표	217

3부	**xAI – 실시간 AI 제국**	**222**

1장. 머스크가 던진 거대한 야망 — **224**
  1. 왜 다시 AI 전장인가? — 233
  2. 의식 있는 AI 실험, xAI — 237
  3. 테슬라, 스페이스X에 이후 세 번째 혁명 — 250

2장. xAI, 무엇이 다른가? — **254**
  1. GPT vs xAI, AI 플랫폼 경쟁의 승자는? — 254
  2. 기술 확산과 산업 재편 시나리오 — 258

3장. AI 패권 전쟁과 새로운 권력 지도 — **262**
  1. 규제 전선과 xAI의 대응 — 262
  2. 머스크의 '머스코노미' AI 비전 — 265
  3. xAI 시대, 한국과 동아시아의 기회와 도전 — 271
  4. 미국과 한국의 AI 정책은 같은 방향일까? — 274

4부	**AI 삼국지의 전략적 DNA와 대한민국의 선택**	**288**

1장. 혁신을 지배하는 8가지 성공 법칙 — **290**

2장. 그러나 확장되는 그림자들 — **300**

3장. 지금 대한민국의 선택은? — **308**

4장. 2030년 8월, 대한민국의 위기 극복 시나리오 — **321**

에필로그	**AI 괴짜들이 재편할 미래, 한국의 승부수는 무엇인가?**	**326**

1부
팔란티어
데이터 권력의 창조자

1장. 데이터 권력의 탄생, 팔란티어 스토리	22
2장. 팔란티어 8대 핵심 기술	42
3장. 실전으로 증명된 데이터 권력	127
4장. 동아시아로 향하는 야망: 새 질서를 향한 도전	136

1부.
팔란티어 - 데이터 권력의 창조자

1장.
데이터 권력의 탄생, 팔란티어 스토리

1. 왜 지금 팔란티어인가?

실리콘밸리의 2003년, 피터 틸과 알렉스 카프는 "소프트웨어가 곧 작전환경을 창조한다"라는 통찰을 품고 팔란티어(Palantir)라는 데이터 인텔리전스 회사를 세웠다. 창업 초기부터 CIA 산하 벤처펀드인 인큐텔(In-Q-Tel)의 투자를 받으며 미국 정보기관과 긴밀히 협력했고, 이 경험은 팔란티어를 '제2의 CIA'로 불리게 만드는 토대가 되었다. 2000년대 중반, 9·11 이후 쏟아지는 방대한 데이터를 정부가 제대로 연결하지 못하던 상황에서 팔란티어는 그래프 데이터베이스(노드와 엣지로 관계를 파악하는 방식)를 활용해 테러 정보와 금융 흐름, 통신 기록을 한눈에 조망하도록 고담(Gotham)을 내놓았다. 이 플랫폼은 기존 관계형 데이터베이스(RDB)가 포착하지 못하는 복합적인 연결을 실시간으로 시각화해, 데이터 사이에 흐르는 '관계망'을 제대로 드러내며 정보 작전의 두뇌 역할을 하게 된다.

2020년대 들어 팔란티어는 사업 영역을 정부 안보 분야에서 민간 산업 전반으로 확대했다. 고담은 여전히 국방·정보기관의 핵심 의사결정 툴이지만, 기업용 운영체제인 파운드리(Foundry)는 제조·금융·바이오·유통까지 침투하며 공급망 최적화, 제품 개발, 마케팅 자동화에 쓰이기 시작했다. 그리고 고담과 파운드리 플랫폼 위에 클라우드·온프레미스 배포를 자동화하는 아폴로(Apollo)를 얹어, 어디서든 24시간 중단 없이 소프트웨어를 업데이트하고 보안 패치를 적용할 수 있게 했다. 여기에 2023년 말 선보인 인공지능 플랫폼 AIP(Artificial Intelligence Platform)는 고담·파운드리 데이터를 대형 언어모델(LLM)과 즉시 통합하여, 고객이 현장에서 바로 AI 애플리케이션을 만들고 실행하도록 지원한다. 20년간 축적한 온톨로지와 실시간 데이터 매핑·권한 관리 체계가 AIP의 '비밀 소스'다.

실적도 폭발적이다. 팔란티어는 2025년 2분기에 사상 처음으로 분기 매출 10억 달러를 넘어서는 10억 400만 달러를 기록했다. 이는 전년 동기 대비 48% 급증한 수치로, 미국 시장이 폭발적으로 성장한 덕분이다. 미국 상업 부문 매출은 3억 600만 달러로 93% 늘었고, 미국 정부 부문도 4억 2,600만 달러로 53% 증가했다. 순이익은 3억 2,700만 달러로 1년 전보다 144% 뛰었으며, 회사는 올해 연간 매출 가이던스를 41억~ 41억 5,000만 달러로 상향 조정했다.

실적 호조에 힘입어 주가는 8월 4일 종가 160.66달러로 사상 최고치를 찍었고, 장중 최고치는 161.40달러까지 올라 52주 저점 대비 7배 이상 상승했다. 현재 주가수익비율(PER)은 약 640배 수준으로, 높은 밸류에이션 논란에도 불구하고, 시장은 팔란티어의 'AI·데이터 네트워크 효과'에 프리미엄을 부여하고 있다.

국방·정보 분야에서의 초대형 계약이 성장 엔진 역할을 지속한다. 2025년 7월 미 육군과 체결한 10년짜리 엔터프라이즈 라이선스 계약(ELA)은 최대 100억 달러 규모로, 기존 75개 개별 계약을 하나로 통합해 팔란티어 플랫폼을 표준 인프라로 삼겠다는 청사진을 제시했다. 여기에 메이븐 스마트 시스템(Maven Smart System) 계약 한도는 2025년 5월 13억 달러 수준으로 확대됐고, 미 우주군(US Space Force)도 스페이스 C2 데이터 플랫폼 구축을 위해 2억 1,780만 달러의 주문을 발주하며 팔란티어를 핵심 파트너로 지정했다.

민간 부문 확산 속도도 빨라지고 있다. 딜로이트·액센츄어·베인과 손잡고 AI FDE(Forward Deployed Engineer)라 불리는 '현장형 AI 모듈 제작 에이전트'를 대규모로 배치해 확산 속도를 높이고 있다. AI FDE는 고객 환경 속에서 데이터 파이프라인을 자동으로 설계·구축하고, 온톨로지를 연결해 AI 모델과 업무 프로세스를 실시간으로 조립·배포하는 자율 소프트웨어 빌더 역할을 한다.

물론 리스크도 존재한다. 국방 매출 편중, 지정학적 긴장 고조, 그리고 엔비디아·구글 등 거대 플랫폼의 급격한 AI 진입이 변수다. 하지만 미국·유럽 연방기관과 대형 제조·금융사를 동시에 묶어낸 팔란티어의 에코시스템은 단기간에 대체하기 어렵다. "CIA가 선택한 마지막 소프트웨어 기업"이라는 별명처럼, 팔란티어는 이미 데이터 안보와 산업 혁신의 '디폴트 옵션'으로 자리 잡는 중이다.

따라서 "왜 지금 팔란티어인가?"라는 질문의 답은 명확하다. 전쟁이 사이버·우주·산업 공급망으로 확장되고, 팬데믹이 병원이 아닌 도시와 국가 전역을 마비시키며, AI가 단일 앱이 아니라 사회 운영체계 전체를 재구성하는 시대가 도래했기 때문이다. 팔란티어는 단일 소프트웨어 회사가 아니라, 국가 전략·산업 구조·기업 운영 방식을 통째로 고도화하는 '데이터-AI 인터넷' 이자 새로운 권력 인프라로 진화했다. 이제 팔란티어를 이해하지 못한 채 기술의 표면만 소비하기엔, 세상이 너무 빠르게 그들의 질서로 재편되고 있다. 핸들을 꽉 잡고 따라가 보자.

2. 피터 틸, 정보제국의 설계자

피터 틸(Peter Thiel)은 실리콘밸리에서 흔히 '페이팔 마피아'로 불리는 전설적 창업자 그룹의 일원이지만, 일론 머스크나 리드 호프먼처럼 대중적 스타트업을 키운 인물들과는 전혀 다른 궤적을 걸어왔다. 2002년 페이팔이 이베이(eBay)에 인수된 뒤, 머스크가 전기차와 우주산업에, 호프먼이 소셜네트워크에 진출할 때 틸은 "기술은 곧 권력"이라는 신념을 품고 정보전으로 향했다. 그는 페이팔 시절 개발한 사기 탐지 알고리즘을 단순 금융 보안 툴이 아니라 '민간 정보기관'의 프로토타입으로 보았고, 데이터를 통합·분석해 위험을 예측하는 시스템이 장차 국가안보의 핵심 인프라가 될 것이라 확신했다.

이 통찰은 2003년 알렉스 카프와 함께 팔란티어의 창업으로 이어졌다. 틸은 CIA 산하 벤처펀드인 인큐텔(In-Q-Tel)에서 초기 투자를 유치하며, 민간 소프트웨어 기업이 정부 정보 생태계 깊숙이 파고드는 길을 열었다. 팔란티어의 첫 작품인 '고담(Gotham)'은 전통적 관계형 데이터베이스로는 파악하기 어려운 복합 패턴과 네트워크를 그래프 데이터베이스로 시각화해, 테러리스트의 이동 경로부터 금융 흐름까지 한 화면에 보여주었다. 9·11 이후 미국이 맞닥뜨린 "정보의 홍수 속 단절" 문제를 해결한 셈이다.

틸은 데이터를 단순 자산이 아닌 '21세기 전장의 무기'로 규정했다. 그의 머릿속에서 "기술=권력의 기반, 정보=미래 전장의 자산, 소프트웨어=지배구조의 언어"라는 세 가지 명제가 굳어졌다. 팔란티어는 이 명제를 실천하는 실험실이자 병기 창고였다. 고담이 미국 정보기관과 국방부의 눈과 두뇌가 된 뒤, 팔란티어는 기업용 플랫폼 '파운드리'를 통해 산업 공급망·제조·금융까지 장악해 나갔다. 그리고 클라우드·온프레미스 배포를 완전히 자동화한 '아폴로', 데이터와 대규모 언어모델을 즉시 연결하는 'AIP(AI 플랫폼)'

까지 얹으며, 소프트웨어로 조직의 규칙과 의사결정 과정을 재코딩하는 '정보 자본주의'의 완성도를 높여 왔다.

정치 무대에서도 피터 틸의 존재감은 확연하다. 실리콘밸리가 트럼프 후보를 대체로 외면했던 2016년, 그는 공개 지지 연설과 150만 달러 후원으로 '트럼프 테크 브레인'이라는 별명을 얻었고, 당선 직후 대통령 인수위원회에 합류해 백악관의 기술·국가안보 로드맵을 초안했다. 2017년 첫 중동 순방에서 틸은 공식 수행단이 아닌 미·사우디 투자 포럼 연사로 이름을 올리며 '실리콘밸리 대사' 역할을 했다. 이어 2025년 두 번째 중동 순방에는 팔란티어 CEO 알렉스 카프가 트럼프 및 일급 CEO들과 함께 리야드·도하 일정을 동행해, 팔란티어가 미국 '안보 소프트웨어 인프라'의 핵심 파트너임을 재확인시켰다.

팔란티어 플랫폼은 이민자 추적·국경 통제·테러 예측 등 보수 정부의 핵심 사업마다 배치됐지만, 틸은 특정 행정부에 얽매이지 않았다. 2021~2024년 바이든 행정부 기간에도 CDC·에너지부·국방부와 대형 계약을 잇달아 체결하며 초당적 입지를 굳혔다.

대선 국면에서도 그 특유의 '조용한 권력' 전략은 이어졌다. 2024년 대선 당시 틸은 "정치 자금은 독(毒) 같다"라며 거액 현금 지원을 일단 보류했지만, 암호화폐·국방 스타트업 네트워크를 통해 트럼프 캠프의 기술·안보 공약을 설계하는 그림자 참모로 활약했다. 트럼프 재선이 확정되자 그는 2025년 인수위 '기술·국가안보 태스크포스' 공동의장에 올라 '국가 AI 인프라'와 '가상화폐 규제 완화 패키지'를 설계했고, 취임 이후에는 상무부 '미·중 전략기술 경쟁위원회' 외부 자문으로 이름을 올렸다. 2025년 2월부터는 하원 공화당 캠프·주(州)당 조직에 연쇄 기부를 재개하며 영향력을 공식화했다. 결국, 피터 틸은 트럼프 1·2기 모두에서 정책 설계–자금 지원–산업 네트워크를 묶는 삼각 고리를 쥐게 된 셈이다.

결국 피터 틸이 보여주는 메시지는 단순하다. "전장은 바뀌었다. 총 대신 데이터, 참모 대신 알고리즘, 영토 대신 그래프가 지도를 그린다." 팔란티어는 그 전장을 위한 종합 무기체계이며, 틸은 이 무기의 설계자이자 전략가다. 정보 자본주의의 시대, 권력은 데이터를 통합하고 소프트웨어로 구조화한 자에게 귀속된다. 그렇기에 팔란티어를 이해한다는 것은 단순히 한 기업의 성공 스토리를 읽는 일이 아니라, 21세기 국가와 기업 권력이 어떻게 재편되는지를 들여다보는 일이다.

3. 알렉스 카프, 실리콘밸리를 뛰어넘는 이단아

알렉스 카프(Alex Karp)는 실리콘밸리가 익숙해하던 "해커-창업자" 이야기로는 도저히 설명되지 않는 인물이다. 뉴욕 브롱크스에서 태어나 예술가인 어머니와 소아과 의사인 아버지 아래서 인문·사회적 감수성을 키웠고, 학부 시절에는 사회운동 현장에서 몸소 겪은 '구조화된 폭력' 문제에 깊이 몰두했다. 하버포드 칼리지를 졸업한 뒤 스탠퍼드 로스쿨에서 법학박사(JD, Juris Doctor)를, 이어 독일 프랑크푸르트 괴테 대학에서 위르겐 하버마스의 지도로 사회철학 박사 학위를 받았다. "생존 세계(Lebenswelt)에서의 공격성"이라는 그의 논문은 일상에 감춰진 권력과 폭력이 어떻게 제도화되고, 그 폭력에 맞서는 윤리적·제도적 메커니즘이 어떻게 작동해야 하는지를 분석한다. 이미 이때부터 그는 "기술은 중립이 아니며, 반드시 윤리를 내장해야 한다"라는 신념을 품고 있었다.

2003년 피터 틸이 '데이터를 통한 테러 방지 시스템'을 구상하며 공동 창업자를 찾아 나섰을 때, 실리콘밸리 인맥은 카프를 의아해했다. 투자 전략가이자 보수 철학을 공공연히 드러내던 틸과, 유럽 좌파 지성계에서 사회적 불평등을 고발해 온 카프는 사상적 스펙트럼이 극단적으로 달랐기 때문이다. 그러나 두 사람은 스탠퍼드 로스쿨 시절부터 지적 논쟁으로 서로를 단련해 온 특이한 인연이 있었다. 틸이 "서구 자유를 지키려면 먼저 대테러 정보전에서 승리해야 한다"라는 전략적 문제의식을 제시하면, 카프는 "정보 무기는 윤리적 통제 없이는 독재의 칼이 된다"라는 반박으로 화답했다. 논쟁 끝에 합의된 결론이 바로 "윤리가 내재한 정보 플랫폼"이라는 팔란티어의 창업 비전이었다.

CEO로 취임한 이후 카프는 자신을 "철학자이자 작전장교"로 규정했다. 그가 회의실에 들어올 때마다 들고 다니는 요가 매트와 맨발 차림은 다소 괴짜처럼 보이지만, 화이트보드 대신 전장(戰場) 상황판을 펼쳐 놓고 그래프 네트워크를 그려 가며 논리적·윤리적 약점을 집요하게 지적하는 모습은 전형적인 실리콘밸리의 '속도·효율' 중심이라는 문법을 뒤집었다. 그는 제품 출시 일정을 늦추더라도 "접근권한·감사 로그·오용 방지 알람" 같은 윤리적 트리거가 코드에 포함되어 있지 않으면 승인하지 않는다. 엔지니어들은 이를 "카프 게이트(Karp Gate)"라 부르며, 기능 검수보다 윤리 검수가 먼저 통과돼야 다음 단계 개발로 넘어갈 수 있는 구조에 점점 익숙해졌다.

카프의 정치적 입장은 틸과 정반대다. 카프는 자신을 '진보적 사회주의자'라 밝히며 "완전한 시장만능주의는 결국 사회적 약자를 배제한다"라고 비판한다. 틸이 도널드 트럼프를 공개 지지해 백악관 인수위에 들어갔을 때, 카프는 "정부가 서구 자유의 기준선을 넘어서면 기술 기업이 일차적으로 제동을 걸어야 한다"라는 다소 급진적인 칼럼을 기고해 내부 갈등설이 불거지기도 했다. 그럼에도 두 사람은 회사를 떠나지 않는다. 틸은 "기술 독점이 자유를 지킨다"라는 전략을, 카프는 "윤리로 무장한 기술만이 자유를 지킨다"라는 철학을 제공하며, 서로가 부족한 퍼즐 조각을 채워주는 관계이기 때문이다.

일론 머스크와의 관계는 또 다른 평행선이다. 머스크가 기가팩토리·스타십·xAI 같은 거대 인프라와 범용 AI로 미래 패권을 설계하는 '창조적 파괴자'라면, 카프는 AI를 인간의 통제 아래 두고 정부·기업 의사결정 구조 속에 윤리적 안전장치를 심는 '윤리적 통제자'다. 시장에서는 "머스크가 달리는 기관차라면, 카프는 열차에 의도적 감속 장치를 다는 엔지니어"라는 농담도 돈다. 흥미롭게도 두 사람은 공적 자리에서 서로를 극찬한다. 머스크는 "카프의 안목 덕분에 테슬라 FSD(완전자율주행)도 윤리 논쟁의 지뢰밭을 피해 갈 수 있었다"라고 말했고, 카프는 "머스크는 인류 역사에서 가장 중요한 빌더"라며 공을 돌린다. 이른바 '정반합(正反合)의 동맹'이다.

지분 구조에서도 카프는 흔들림 없는 '장기 설계자' 기질을 드러낸다. 그는 클래스 A 주식 약 2.5%를 보유한 채 2024년 약 19억 달러를 현금화했으나, 10b5-1(증권거래법 10b5-1은 미국 상장사 임직원이 내부자 거래 의혹 없이, 미리 설정한 가격·일정에 따라 주식을 자동 매매할 수 있도록 허용하는 규정) 자동 매도 계획을 돌연 중단하며 "단기 차익보다 회사의 장기 비전을 시장에 확신시키는 것이 우선"이라는 메시지를 던졌다. 투자자 커뮤니티는 이를 "CEO가 자기 철학에 베팅했다"라고 해석했고, 곧이어 공공·국방 대형 계약이 줄줄이 발표되자 주가는 그 신호를 현실로 반영했다.

2025년 그가 내놓은 저서 《The Technological Republic》은 이 모든 맥락을 관통하는 선언문에 가깝다. 카프는 책에서 "20세기 미국의 성공은 기술 혁신이 정부와 완전히 결합했을 때 나타났다"라고 회고하며, 인공지능 시대에도 정부와 빅테크의 '공동 운명체' 구성이 필수라고 주장한다. 그 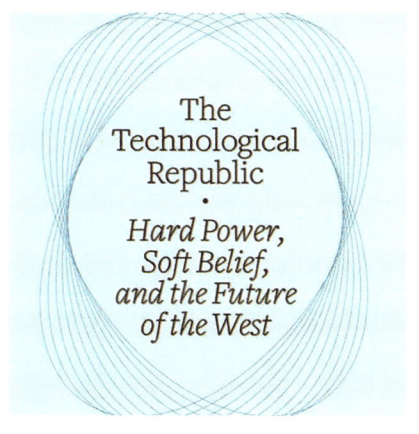 는 실리콘밸리가 소비자용 앱 혁신에 몰두하는 동안, 안보·사이버·공공 인프라라는 진짜 난제를 외면해 왔다고 비판하며, "민주주의적 가치와 맞물리지 않는 AI는 결국 독재적 데이터 국가의 도구가 될 것"이라고 경고한다.

이 책에서 카프는 특히 한국을 '제조 역량과 교육 수준, 디지털 인프라가 동시에 높은 독특한 사례'로 지목한다. 데이터 통합 역량과 AI 기반 의사결정 체계를 자체적으로 설계할 수 있다면, 한국은 "아시아에서 가장 빠르게 기술 주권을 실현할 나라"라고 평가한다. 동시에 "데이터를 단순한 연료로만 본다면 인공지능 시대의 주권을 타인에게 넘기는 것"이라며, 정부와 기업이 공동으로 AI 백본(Backbone)을 통제하는 '공공-민관 합작 모델'을 제안한다. 이는 한국 정부·기업과 팔란티어의 협력 가능성을 열어두는 동시에, 기술 주권 담론에서 자신의 역할을 재정의하려는 포석이기도 하다.

 결국 알렉스 카프는 데이터와 AI를 한편으로는 강력한 무기로, 다른 한편으로는 민주주의를 지키는 방패로 취급하는 '양손잡이' 사상가다. 그는 회사 내부에서 '화이트보드 장군' '철학자 장군'으로 불리며, 기술 도입 속도보다 기술을 둘러싼 윤리적 구조를 먼저 설계한다. "가장 위험한 소프트웨어는 아무도 토론하지 않는 코드"라는 그의 말처럼, 팔란티어 엔지니어들은 기능 구현만큼이나 '철학적 감사 로그'를 작성한다. 이 독특한 리더십 덕분에 팔란티어는 세계에서 가장 강력한 데이터 플랫폼으로 성장하는 동시에, 가장 격렬한 윤리 논쟁의 한복판에 우뚝 서서 문제를 해결해 나가고 있다.

 한마디로, 카프는 기술과 윤리 사이, 자유와 안보 사이의 필연적 충돌을 자기 몸으로 통과시켜 조직 운영의 언어로 번역해 내는 사람이다. 그가 없다면 팔란티어는 단순한 빅데이터 기업으로 머물렀을 것이고, 실리콘밸리 역시 "윤리를 코딩하는 법"을 아직 찾지 못했을지 모른다. 피터 틸이 전투를 설계한다면, 알렉스 카프는 그 전투가 넘어서는 선(線)을 그려 넣는 지도 제작자다. 그리고 이 두 이단아가 공동으로 그린 지도 위에서, 21세기 데이터-AI 전장은 지금도 실시간으로 재편되고 있다.

4. 팔란티어는 소프트웨어인가, 전쟁 작전실인가?

팔란티어의 연대기는 마치 SF 블록버스터처럼 시공간을 가로지르는 장면 전환들처럼 이어진다. 2003년, 피터 틸과 알렉스 카프가 '데이터를 전장의 무기로 바꾼다'라는 기치 아래 회사를 세웠을 때, 실리콘밸리의 투자자들은 그들을 괴짜 취급했다. 하지만 2008년, 첫 작품 고담이 미국 정보공동체 내부에 배치되는 순간 공기는 단숨에 바뀌었다. 9·11 테러의 교훈-"정보가 있어도 연결하지 못하면 무용지물"-을 정조준한 고담은 이질적 데이터를 그래프 위에 펼쳐 놓고 요원들에게 위협 망을 실시간으로 그려 보였다. 이라크 사막의 험비(고기동 다목적전술차량) 안 노트북 화면에는 테러 조직의 자금 흐름과 비공개 통신이 어벤져스의 HUD(헤드업 디스플레이)처럼 떠올랐고, 현장 요원들은 "이건 슈퍼히어로용 전장 뇌"라며 탄성을 질렀다. 불과 1년 만에 체포된 고가치 표적(HVT, 군·정보기관이 최우선으로 추적·제거·체포하려는 핵심 인물이나 목표) 수가 두 자릿수로 뛰자, '팔란티어'라는 이름이 미 국방부 복도에 메아리쳤다.

그로부터 7년 뒤, 2015년 공개된 파운드리는 "군사적 데이터 지휘 통제 방식을 민간 기업에 이식하겠다"라는 파격 선언이었다. 끊임없이 멈춰 서던 글로벌 제조업체들은 파운드리의 '디지털 작전실'을 가동한 뒤부터 불량률과 재고 부족을 미리 경고받았다. 파운드리는 공급망·개발·마케팅을 하나로 묶어 기업 전체를 '작전 구역'으로 변모시켰고, 데이터 사일로는 전술 지도 위의 점으로 정렬됐다.

플랫폼이 늘어나면서 복잡도는 기하급수로 폭증했다. "전 세계 현장에 패치 한 줄 뿌려 전장을 멈출 순 없다." 2019년 등장한 아폴로 (Apollo)는 바로 그 틈새를 파고들었다. 아폴로는 클라우드든 에어갭(외부 네트워크와 단절시켜 보안성을 극대화한 폐쇄망)이든 상관없이, 버튼 한 번으로 최신 기능을 "미사일급 속도"로 끌어 올렸다. CIA 지하 벙커, 독일 공장의 OT 망(공장·발전소·유전 등 산업 현장의 제어·감시 시스템을 연결한 전용 네트워크), 사우디 사막 시추 기지까지 소프트웨어가 무(無)중단 업그레이드되자 고객들은 "보이지 않는 군수지원 드론 같다"라고 표현했다. 덕분에 팔란티어는 "DevOps(소프트웨어 개발과 운영) 조차 전쟁터 스펙"이라는 독자적 운영철학을 완성했다.

같은 해, 팔란티어는 우주를 겨냥했다. 지구 전체를 디지털 망원경에 넣겠다는 목표로 위성·드론·IoT 센서를 '클라우드 우주 작전실'에 통합하는 프로젝트를 착수했는데, 2021년 공개된 메타콘스텔레이션(Metaconstellation)이 그 결실이다. 우크라이나 전쟁에서 메타콘스텔레이션은 수십 개 위성 스트림을 연결해 러시아군 기동을 수 초 만에 포착했고, 하르키우 일대 곡물 사일로 화재와 전력선 차단 위치를 동시 표시했다. 허리케인이 플로리다 해안을 강타했을 때는 범람 예측 지도를 실시간 투하해 재난본부 의사결정을 단축했다.

2023년, 팔란티어는 고담과 파운드리에 쌓인 온톨로지를 대형 언어 모델(LLM)과 안전하게 통합하여, 현장에서 AI 워크플로를 몇 분 만에 띄우는 AIP를 공개했다. 미 방위산업체는 AIP로 드론 편대를 자동 스케줄링했고, 유럽 제약사는 신약 후보 데이터를 AI가 정제해 임상 설계 속도를 두 배로 끌어 올렸다. 인간과 AI가 "하이브리드 전장"을 이룬 셈이다. 덕분에 데이터 실무자뿐 아니라 현장 장교, 품질관리자, 머천다이저까지 'AI 코파일럿'을 손에 넣었다.

그러나 아무리 훌륭한 플랫폼이라도 현장 변수가 사라지진 않는다. 팔란티어가 마지막으로 꺼낸 패가 AI FDE (Forward Deployed Engineer)다. 2025년, 팔란티어는 기존 '인간 FDE' 모델을 확장, 자동화 에이전트와 특수 교육을 받은 엔지니어를 짝지어 고객 현장에 투입하기 시작했다. 이 'AI 특전대'는 데이터 변환·온톨로지 설계·애플리케이션 구축을 사람과 AI가 24시간 교대하며 수행, "현장 난제를 48시간 내 끝낸다"라는 우스갯소리가 돌 정도다. 미 국방부 실험실, 일본 자동차 라인, 런던 헤지펀드의 파생상품 데스크까지 팔란티어 로고가 찍힌 랩톱(Laptop)이 나타나면 곧 복잡한 프로세스가 작전 브리핑으로 바뀐다.

정리하면 2008년 고담 → 2015년 파운드리 → 2019년 아폴로 → 2021년 메타콘스텔레이션 → 2023년 AIP → 2025년 AI FDE로 이어지는 타임라인은, 팔란티어가 "소프트웨어 회사인가, 전장 사령부인가?"라는 질문을 받을 수밖에 없는 이유다. 각 플랫폼은 단순 코드 덩어리가 아니라, 세계에서 가장 뜨거운 위기 속에서 단련된 '디지털 심장들'이다. 팔란티어가 새로운 심장을 이식할 때마다 지구적 데이터-신경계는 세밀해졌고, 전장·산업·국가 운영 사이 경계선은 한 겹씩 더 흐려졌다.

다음 심장은 무엇일까? 고담이 눈을 열었고, 파운드리가 근육을, 아폴로가 혈류를, 메타콘스텔레이션이 시야를, AIP가 사고를, AI FDE가 손발을 맡았다. 아마도 팔란티어는 이미 그 위에 "자율 조직"이라는 두 번째 두뇌를 그려 넣고 있을지 모른다. 아직 지도에도 없는 다음 전장을 향해 팔란티어는 또 한 번 판을 뒤집을 설계도를 손에 쥐고 세상이 숨죽여 기다리기만 하게 할지 모르겠다. 대한민국이 먼저 보고, 또 먼저 협력하고, 우리 한반도 전체를 작전실로 실행해 본다면 어쩌면 세상이 우리를 부러워할 수도, 두려워할 수도 있겠다는 생각이 든다.

5. SER-M 모델로 읽는 5단계 성장 비밀

SER-M 모델이란?

SER-M 모델은 서울대학교 및 서울과학종합대학원(aSSIST)의 조동성 교수가 제안한 전략 분석 틀로, 기업의 성공 요인을 네 가지 요소로 분류하여 설명한다. 즉, '주체(Subject)', '환경(Environment)', '자원(Resource)', '메커니즘(Mechanism)'이라는 네 축이 서로 영향을 주고받으며 성과(Performance)를 끌어낸다는 구조다. 이 네 가지 요소가 유기적으로 맞물릴 때 기업은 지속 가능한 경쟁력을 확보할 수 있다.

팔란티어는 이 네 가지 요소가 탁월하게 작동한 대표적 기업이다. 특히 정보와 기술이 무기가 되는 21세기에, 팔란티어는 단순한 IT 기업을 넘어 '국가 전략을 설계하는 데이터 기업'으로 부상했다. 본 장에서는 팔란티어의 20년 진화를 5단계로 나누고, 각 시기의 전략을 SER-M 모델을 기반으로 분석해 봤다.

1기 (2003~2009년): 창립기 – 국가안보와 기술적 신념의 씨앗

팔란티어는 9/11 테러 이후의 혼란스러운 세계 질서 속에서 탄생했다. 당시 미국 정보기관들은 방대한 데이터를 보유하고 있었지만, 이를 유기적으로 분석할 기술과 시스템이 부족했다. 이 틈새를 포착한 피터 틸과 알렉스 카프, 그리고 초기 엔지니어들은 "페이팔에서 사기를 잡던 기술로, 테러도 잡을 수 있다"라는 신념을 가지고 창업에 뛰어들었다.

이 시기 팔란티어의 주체는 철저히 엘리트 중심의 소수 정예 기술 집단이었다. 인공지능, 보안, 철학 등 다양한 배경을 가진 인재들이 모여 문제 해결을 철학처럼 여기는 문화를 만들어갔다. 핵심 고객은 CIA와 FBI 등 미국의 정보기관이었고, 실제로 CIA의 벤처 투자 조직인 인큐텔(In-Q-Tel)이 초기 자금을 투자했다.

 환경은 국가안보 위기가 일상이 된 시점이었다. 자원은 창업 멤버들의 기술력과 정부 기관과의 긴밀한 네트워크였다. 팔란티어는 자체 플랫폼 '고담'을 개발하며, 고객과 함께 문제를 정의하고 해결하는 맞춤형 협업 방식을 통해 시장에 안착했다. 이 시기의 핵심 메커니즘은 반복적 실험과 보안 중심의 설계였고, 결과적으로 정부 기관으로부터 '신뢰'라는 무형의 자산을 확보하게 되었다.

2기 (2010~2015년): 확장기 – 금융과 민간 시장으로의 도전

 1기에서 국가안보 분야에서 탄탄한 입지를 다진 팔란티어는, 2기부터 민간 시장에 눈을 돌렸다. 특히 2008년 금융위기 이후, 리스크 분석과 데이터 기반 의사결정에 대한 수요가 폭증하면서 금융기관들이 팔란티어에 관심을 두기 시작했다.

 이 시기의 주체는 점차 다변화되며, 기술 엘리트 중심에서 고객 맞춤형 서비스 제공 인력으로 확장되었다. 팔란티어는 메트로폴리스(텍스트·소셜 데이터까지 그래프 분석해 "숨은 인과관계" 찾고 쉽게 시각화 구성, 파운드리의 전신) 라는 금융 특화 플랫폼을 개발하며, JP모건, 모건스탠리 등 주요 금융 고객을 확보했다.

 환경 측면으로는 빅데이터 기술의 급성장과 개인정보 보호 이슈의 대두가 기업 전략에 영향을 주었다. 팔란티어는 정부 프로젝트에서 확보한 노하우를 민간에 맞게 커스터마이징하여 제공했다. 이 시기의 메커니즘은 고도화된 알고리즘을 금융 데이터에 최적화하는 방식이었고, 결과적으로 민간 시장에서 매출 비중이 많이 증가했다.

3기 (2016~2019년): 기술 성숙기 – 논란과 성장의 교차로

3기에 접어든 팔란티어는 글로벌 고객을 확보하며 진정한 상업 플랫폼 기업으로 성장했다. 영국의 NHS(영국 정부 운영하는 공공 의료 시스템), 항공기 제조사 에어버스 등 다양한 산업군이 고객으로 유입되며 비즈니스 영역이 급격히 다각화되었다.

하지만 이 시기는 기술 기업 전반에 대한 사회적 감시가 강화된 시기이기도 했다. 일반 개인정보 보호법(2018년 5월부터 시행된 EU 일반 개인정보 보호 규정) 시행으로 인해 데이터 거버넌스 이슈가 주목받았고, 팔란티어 내부에서도 도덕성과 윤리에 대한 논쟁이 일어났다.

팔란티어는 이에 대응해 사용자 친화적 인터페이스를 강화하고, 모든 사용자가 데이터를 쉽게 분석할 수 있는 '데이터 민주화' 전략을 추진했다. 이 시기의 자원은 고도화된 플랫폼 기술과 글로벌 네트워크였으며, 메커니즘은 시각화 중심의 통합 분석 플랫폼 제공이었다. 그 결과, 비전문가도 데이터를 기반으로 의사결정을 내릴 수 있게 되었지만, 동시에 기업의 정체성과 윤리성에 대한 논란도 이어졌다.

4기 (2020~2021년): 플랫폼기 – 팬데믹이 만든 전환점

4기는 코로나19 팬데믹이라는 전 세계적 위기 속에서 시작되었다. 이 전례 없는 혼란 속에서 수많은 정부와 공공기관이 실시간 데이터 분석의 필요성을 절감하였고, 팔란티어는 그 요구에 가장 신속하고 유연하게 대응한 기업 중 하나였다.

이 시기의 팔란티어는 파운드리라는 통합 플랫폼을 재정비하여 영국의 NHS, 미 공공 보건기관 등과 대규모 계약을 체결했다. 공공기관이 데이터를 실시간으로 분석하고 시나리오를 설계할 수 있도록 돕는 SaaS(Software as a Service, 인터넷을 통해 소프트웨어를 구독하거나 이용하는 방식) 형 플랫폼은 큰 호응을 얻었다.

이 시기의 핵심 자원은 IPO(2020년 뉴욕 증시 상장)를 통해 확보한 자금력과 고객 경험, 그리고 확장된 기술인프라였다. 메커니즘은 빠른 배포와 현장 중심 설계로 요약되며, 성과는 정부 기관과의 장기 계약, 기업 이미지 제고, 그리고 사업 기반의 글로벌화로 나타났다.

5기 (2022~현재): AI 진화기 – AIP, 아폴로, 메타콘스텔레이션

ChatGPT의 등장과 함께 AI는 어느새 산업의 중심이 되었다. 팔란티어는 이에 선제적으로 대응하며 AIP라는 새로운 무기를 꺼내 들었다.

AIP는 비개발자도 자연어로 대형 언어모델(LLM)을 활용해 데이터를 분석하고 의사결정을 내릴 수 있도록 설계된 인터페이스다. 즉, AI를 '업무의 동료'로 만드는 플랫폼이다. 여기에 아폴로와 메타콘스텔레이션(위성 데이터 실시간 통합·운용 시스템)을 결합해, 공공-민간 모든 산업에서 '현장 중심의 AI 운영체제'로 자리 잡고 있다.

아폴로는 SaaS의 핵심 과제를 해결한 플랫폼이다. 단일 소프트웨어를 수백 개의 고객 환경에 맞게 배포하고, 실시간으로 운영 현황을 관찰하며, 자동으로 패치를 적용한다. 이는 국방, 의료, 제조, 금융 등 고객사들이 팔란티어의 솔루션을 위험 없이, 그리고 빠르게 현장에 적용할 수 있게 만든 핵심 인프라다.

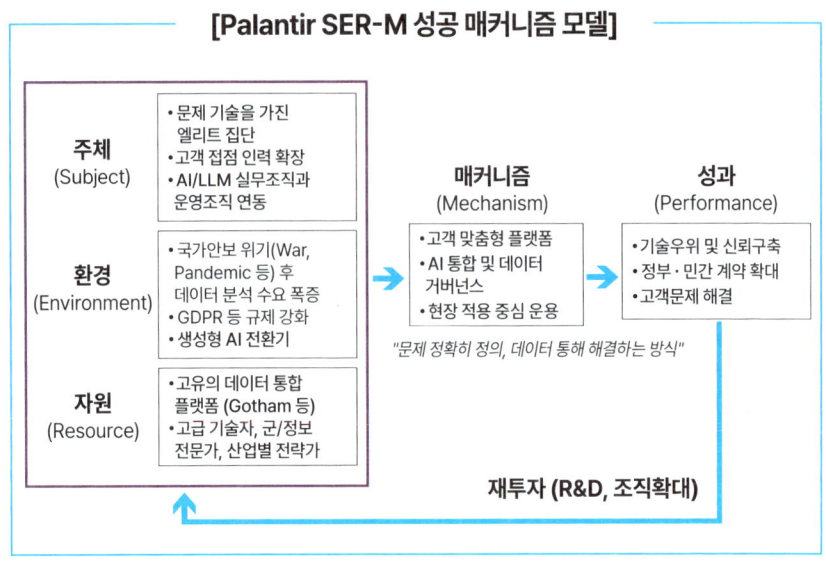

　팔란티어의 성공은 단순한 기술적 우연이 아니라, 전략적 감각과 철학적 통찰, 그리고 데이터 시대의 흐름을 가장 날카롭게 읽어낸 역량의 결과다. 문제를 단순히 데이터로 환원하지 않고, 데이터를 통해 문제 자체를 재구성하며, 그 위에 실시간 판단과 자동화된 실행을 결합한 팔란티어의 접근 방식은 기존의 기술 기업과는 궤를 달리한다.

　팔란티어의 전략 또한 기술 도입이나 시장 확장의 결과만이 아니다. SER-M 관점에서 보면, 각 요소가 시대의 변화와 맞물려 유기적으로 진화한 결과다. '주체'는 창업자들의 철학과 사명감에서 출발해, 다양한 산업 현장의 문제를 해결하는 실무 중심 조직으로 확장되었다. '환경'은 9·11 이후의 안보 위기부터 팬데믹, AI 혁신까지 팔란티어의 방향 전환을 촉진하는 결정적 요인이 되었다. '자원' 역시 초기의 기술적 역량과 공공 부문과의 신뢰 관계에서 출발해, 플랫폼 기술력과 글로벌 파트너십, 그리고 LLM·AI 전문가 등으로 고도화되었다. '메커니즘'은 맞춤형 데이터 분석에서 자동화된 AI 기반 운영체제로 진화했다.

그 결과 팔란티어는 위기 대응에서 탁월한 역량을 입증하고, 다양한 산업 분야에서 인공지능 시대의 '실행력 있는 파트너'로 자리 잡게 되었다. 단순히 데이터를 분석하는 것을 넘어, 데이터를 통해 문제를 재정의하고, 전략적 시나리오를 실시간으로 실행할 수 있도록 지원하는 메커니즘은 경쟁사와 명확히 구별되는 팔란티어만의 차별화된 역량이다. 이제 팔란티어는 '기술 기업'을 넘어, 데이터 시대의 작전실이자 AI 기반 전략 실행 체계의 새로운 표준을 제시하고 있다.

1부.
팔란티어 - 데이터 권력의 창조자

2장.
팔란티어의
8대 핵심 기술

  2030년, 인류는 역사상 가장 치열한 싸움과 마주하게 되었다. 더 이상 적은 국가나 군대가 아니라, 자연 그 자체와 자원의 한계였다. 정보의 홍수와 변화무쌍한 위기 속에서 팔란티어의 '고담'과 '파운드리'는 이제 인간 문명을 근본부터 혁신하는 초지능 시스템으로 진화했다.

  2030년 8월, 대서양 북부 심해의 어둠 속에서 불길한 진동이 일었다. 초거대 빙하의 붕괴로 인해 바다 밑 지반이 흔들리기 시작한 것이다. 팔란티어의 고담 2.0은 즉시 전 세계의 수중 드론, 해저 센서, 위성 시스템을 가동하여 엄청난 양의 데이터를 초고속으로 수집했다. 마치 신경망처럼 연결된 이 초지능 시스템은 실시간으로 지각의 미세한 변화까지 읽어내며 재앙의 윤곽을 그려냈다.

"C-7 해저 협곡 붕괴 확률 94%, 72시간 내 초대형 쓰나미 발생."

이 경고가 발령되는 순간, 팔란티어 고담의 초연결 작전 통제 시스템이 전례 없는 규모로 가동되었다. 뉴욕, 보스턴, 몬트리올의 도시 지도 위로 시뮬레이션 된 쓰나미의 경로와 충격파가 입체적인 홀로그램으로 펼쳐졌다. 수백만 가지의 최적화 시나리오가 초속으로 계산되었고, 인간이 한 번도 상상하지 못한 대응 전략들이 AR(증강현실) 고글을 착용한 구조 요원들에게 전송되었다.

 연방재난관리청(FEMA) Mary 위원장은 팔란티어의 인공지능 FDE (Forward Deployed Engineer)를 통해 경찰, 소방, 의료진, 주 방위군까지 완벽하게 지휘하며 24시간 이내에 수백만 명의 시민을 신속하고 안전하게 대피시켰다. 자율주행 차량들이 스스로 시민들을 대피소로 이끌었고, 팔란티어의 AI는 쓰나미 에너지를 분산시키기 위해 해저 지진파를 인공적으로 약화하는 첨단 공학 솔루션까지 실행했다. 결국 쓰나미가 해안을 덮쳤을 때, 피해는 사상 최대의 예측 모델보다도 90% 이상 경감된 상태였다.

 한편, 같은 해 지구 반대편 네덜란드에서는 인류가 또 다른 전투를 벌이고 있었다. 그것은 바로 식량과의 전쟁이었다. 지구는 사막화와 급격한 기후 변화로 농업 생산력이 급감하고 있었으며, 수십억 인구가 굶주림 위기에 직면한 상태였다. 이를 해결하기 위해 팔란티어의 파운드리 2.0이 등장했다.

 파운드리는 전 세계의 모든 농업 데이터를 하나로 묶은 거대한 디지털 트윈 시스템인 '살아있는 지구(Living Earth)'를 창조했다. 토양 센서, 위성 사진, 기상 예측, 유전자 데이터까지 모두 초정밀로 연결되어, 마치 행성 자체가 하나의 생명체처럼 데이터를 흡수하고 분석하며 살아 숨쉬기 시작했다.

 "사하라 사막의 특정 지역에 최적의 밀 품종과 미생물 조합을 제안하라." 연구진이 자연어로 질문을 입력하자, 파운드리의 초지능 온톨로지 시스템은 단 몇 초 만에 수십만 번의 가상 시뮬레이션을 수행하여 완벽한 솔루션을 제시했다. 스마트팜에서 AI 드론과 로봇들이 정확한 지점에 정확한 품종을 심었고, 실시간으로 관개와 영양을 자동 조절했다. 마치 행성의 표면이 스스로 회복하듯, 불과 수개월 후, 황량했던 사막에 푸른 생명의 파도가 일렁였다.

이러한 농업 대혁명은 단순히 농업의 생산성을 극대화한 것에 그치지 않았다. AI 시스템은 개개인의 영양 상태와 건강 데이터를 분석하여 전 세계 소비자에게 개인 맞춤형 식단과 영양 솔루션을 제공했다. 인류 역사상 처음으로 식량 부족이 아닌 식량 최적화 시대가 열린 것이다.

2030년의 팔란티어 고담과 파운드리는 단순한 기술의 진보를 넘어, 인류의 생존 전략을 근본적으로 재편하는 초월적인 시스템으로 자리매김했다. 이 시스템은 인간이 예측할 수 없는 위기와 도전에 맞서며 문명 전체를 새로운 단계로 이끄는 초지능 엔진으로서, 우리가 모두 꿈꿨던 미래를 현실로 만들어냈다.

방금까지는 2030년을 살짝 앞질러 달려봤고, 이제는 브레이크 밟고 "지금 당장 손에 잡히는 팔란티어 기술"을 하나씩 짚어보자. 책 전체의 길을 잃지 않게, 나는 팔란티어(Palantir) 여덟 글자를 등대 삼아 핵심을 정리했다.

Platform Core → 핵심 시스템을 통합하고,
AI in Action → AI를 현장에 적용하고,
Linking the Data → 데이터를 유기적으로 연결하고,
At the Edge → 현장 접점에서 바로 판단하고,
Next-Level Simulation → 무슨 일이 있을지 시뮬레이션하고,
Thinking in Time → 시간의 흐름에 따라 생각하고,
Intelligence with People → 사람과 같이 결정하며,
Ready for the Unexpected → 예기치 못한 상황에도 준비되어 있는 조직을 만든다.

	카테고리	설명	포함 기술
P	**P**latform Core 핵심시스템을 통합	조직의 기본 IT/데이터 시스템을 효율적으로 결합해 안정성과 연결성 확보	고담(Gotham), 파운드리(Foundry), 아폴로(Apollo)
A	**A**I in Action AI를 현장에 적용	실제 현장 업무와 시스템에 AI를 탑재해 자동화·의사결정 속도·생산성 향상	AIP, AI 시뮬레이션, LLM 연동, 자동화 툴들
L	**L**inking the Data 데이터를 유기적으로 연결	다양한 시스템에서 발생한 데이터 연결, 구조화해 의미·문맥·패턴 파악	온톨로지, 그래프 DB, 데이터 통합(SDDI), 위상학과 인포그래픽
A	**A**t the Edge 현장 접점에서 바로 판단	클라우드에 의존하지 않고 현장에서 빠르게 판단하도록 경량 AI 제공	엣지 AI, Compact AI Models, 현장 배포형 알고리즘
N	**N**ext-Level Simulation 미래를 미리 시뮬레이션	"만약에" 상황을 사전에 시뮬레이션하고 실행까지 연결하는 디지털 트윈 전략	What-if 시뮬레이션, 디지털 트윈, Operational Modeling
T	**T**hinking in Time 시간의 흐름에 따라 사고	시간 기반 패턴 분석과 예측 통해 전략적 판단·정기적 의사결정 기능 강화	Time-Seires 분석, Temporal Models, Timeline Graphs
I	**I**ntelligence with People 사람과 AI와 함께 판단	AI와 인간이 상호보완적으로 판단하며 설명 가능하고 신뢰기반의 결정을 만드는 체계	AI FDE, Expaionable AI, Human-in-the-loop architecture
R	**R**eady for the Unexpected 예기치 못한 상황에 대비	위기·재난·전시 등 비정형 상황에도 실시간 대응 가능한 탄력적 실행 시스템	메타콘스텔레이션, Real-Time Ops, Resilience Framework

1. 핵심 시스템을 통합 (Platform Core)

한번 상상해 보라. 회사 곳곳에서 쏟아지는 데이터가 전선 없이도 서로 통하는 거대한 신경망이 있다고. 팔란티어의 Platform Core(조직 데이터와 시스템을 한데 잇는 중추 신경망) 이야기다. 이는 부서마다 따로 굴러가던 IT 시스템과 데이터 소스를 싹 끌어모아, 필요할 때 즉시 꺼내 쓸 수 있게 만든다. 덕분에 현장은 "파일 어디 있지?" 찾느라 시간 버릴 일 없이, 한 번에 정확한 결정을 내릴 수 있다.

핵심 기술은 세 가지다. 우선 고담(정부·군 전용 상황 판단 엔진)은 HUMINT(사람 정보)·SIGINT(통신 감청)·IMINT(영상 정찰) 같은 뒤죽박죽 정보를 실시간으로 꿰어, 전장 지도 위에 "지금 여기가 위험하다"를 바로 찍어 준다. CIA나 NATO가 애용하는 이유가 여기 있다. 다음은 파운드리(기업 맞춤 데이터 공장)다. 제조 공정부터 금융 서비스까지, 수백 개 시스템을 동시에 물려 생산 라인 오류나 시장 변동을 예측해 준다. 마지막으로 아폴로(무중단 소프트웨어 배포 관리자)는 클라우드든 폐쇄망이든 가리지 않고 업데이트를 자동으로 뿌린다. 영국 NHS가 팬데믹 때 전국 병원 데이터를 실시간으로 돌릴 수 있었던 비결이 바로 이 아폴로였다.

왜 세 플랫폼을 한 몸처럼 묶었을까. 연결만으론 부족하기 때문이다. 팔란티어는 '분석 → 실행' 사이 틈을 0초에 가깝게 줄여, 데이터가 뜨자마자 액션까지 이어지는 실시간 전략 실행(생각과 행동의 동시화)을 노린다. 그 결과 보고서 중심 의사결정은 줄어들고, 시뮬레이션이 곧 명령이 되는 지휘 체계가 자리 잡는다. 복잡한 외부 변수에도 조직이 재빨리 방향을 틀 수 있는 힘, 바로 여기에 팔란티어 Platform Core의 존재 이유가 있다.

고담(Gotham): 국가안보를 위한 실시간 위협 판단 플랫폼

 한밤중, 뉴욕 도심의 상황실에 경보음이 울린다. 분석관이 모니터를 들여다보자 수백 개 센서 경로가 붉게 번쩍인다. "또 무슨 일이냐?" 한숨이 나오려는 순간, 고담(팔란티어의 실시간 위협 판단 두뇌)이 말 그대로 '판을 갈아엎고' 있다. 텍스트 보고서, 통화 기록, 카드 결제, 드론 영상, 위성 신호까지 전용 암호 터널을 타고 한 화면에 쏟아지며 "3분 안에 결정하라"는 압박을 건넨다.

 9·11 이후 미국 정보기관이 얻은 교훈은 "정보만 많으면 뭐하냐? 연결 못하면 끝"이었다. 고담은 그 한계를 노리고 2008년 정식 배치됐다. 목표는 단순하다. "수천 개 신호를 즉시 꿰뚫고, 몇 분 안에 작전을 실행하라."

 먼저 엔티티 해상도 모듈(동명이인·중복 데이터를 즉시 합치는 알고리즘)이 "John S."와 "존 스미스"가 같은 인물인지 가려낸다. HUMINT(사람 정보), SIGINT(통신 감청), IMINT(영상 정찰)처럼 형식이 다른 데이터가 몇 초 만에 공통 스키마(데이터 필드 구조 정의서)로 정리된다.

 정제된 정보는 곧바로 동적 온톨로지 그래프(현실 객체와 관계를 실시간 갱신하는 거대 네트워크)에 들어간다. 사람·조직·장비·위치·사건을 수십 종 클래스에 묶고 '자금 지원' '물류 이동' 같은 관계를 엣지로 새긴다. 누적 노드가 수천억 개를 넘자 그래프는 "여기가 허브다!"를 붉은 점으로 찍어 준다. 시리아 국경 알카에다 금융망이 단 한 번의 카드 결제와 메신저 패턴만으로 잡힌 사례가 이런 식이다.

 위험 점수가 치솟으면 시나리오 시뮬레이터가 작동한다. 길 찾기 최적화, 몬테카를로 분석(확률로 불확실성 계산), SOP(표준 절차) 매핑을 거친 '3분

작전 카드'가 지휘망으로 쏜살같이 전송된다. ISR 드론 경로가 새로 짜이고, 산불 모델이 바뀌면서 교통 신호가 자동 조정되는 일이 동시에 벌어진다.

고담 화면은 그래프 링크, 지리 공간 열지도, 3D 타임라인, 타깃 시트(목표 요약)로 구성된다. 모든 클릭과 주석은 암호화된 감사 저널(기록장)로 즉시 저장돼, 법정 증거·의회 감사·동맹국 정보 교환 때 데이터 계보를 증명한다.

보안은 고담의 심장 핀이다. 하드웨어 암호화, FedRAMP High(미 연방 최고 보안 인증), IL6(미 국방부 최상위 등급)을 통과했고, 롤-필드-로우 구조 덕에 열마다 데이터 마스킹(민감 정보 가리기)이 가능하다. UBA(내부자 위협 탐지)가 행동 패턴을 감시하고, 윤리 트리거가 '2인 승인' 절차를 강제한다.

실전은 이미 증명됐다. 우크라이나 전장에선 하루 수십 TB 영상을 모아 30개 여단이 같은 지도 위에 작전을 짜고, 캘리포니아 대형 산불에선 대피 시간을 대폭 줄였다. 마약 밀매, 백신 배포, 도시 인프라 관리까지 고담의 손길이 뻗는다.

물론 힘이 강할수록 그림자도 짙다. 이민 단속 개인정보 논란, 예측 경찰 투명성 이슈처럼 "감시인가, 보호인가"라는 질문은 늘 따라붙는다. 그래서 팔란티어는 윤리 트리거와 감사 체계를 고담 내부에 심어 '멈춤 버튼'을 스스로 마련했다.

앞으로 고담은 더 똑똑해질 전망이다. 대형 언어모델 인터페이스가 "5W1H만 물어보면 브리핑 자동 완성"을 일상화할 것이고, EU AI Act·미 행정명령에 맞춰 데이터 국적 태그와 AI 감사 패키지를 내장 모듈로 제공한다.

결국 고담은 "빅데이터 분석 툴"이라 부르기엔 부족하다. 정보 생성, 의미화, 예측, 실행을 0초대로 이어 붙인 실시간 지휘·통제·결정 시스템이다. 데이터를 연결해 세계를 재편하겠다는 팔란티어의 선언, 고담은 이미 오늘도 현장에서 증명 중이다.

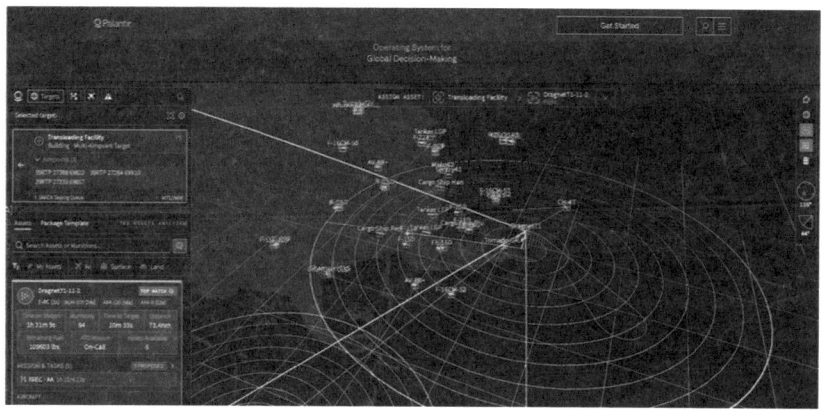

위 그림은 팔란티어의 고담 플랫폼 영상을 캡처한 내용이다. 그림은 팔란티어 고담이 전장(또는 위기 현장)의 상황 인식→자산 배치→임무 실행→피해 최소화 검증→실시간 모니터링을 한 화면에서 연결해 주는 모습을 보여준다.

한번 게임 화면을 떠올려 보라. 지도 한가운데 지구가 돌고, 항공기·선박·드론 아이콘이 알록달록 떠 있다. 고담은 그 위에 동심원 링을 겹겹이 그려 "이 거리까지는 우리 센서가 보고, 바깥은 적 화력의 타격권이다"를 한눈에 보여준다. 노란 진입선과 부채꼴 각도는 마치 내비게이션 화살표처럼 "여기로 들어가면 통신 안 끊기고, 이 각도면 교전각 최적"이라고 속삭인다.

왼쪽 위 패널에는 '환적 시설' 같은 표적이 뜨고, 그 아래 작전 지시 대기열(곧 실행할 임무 카드 목록)이 차곡차곡 쌓인다. 사용자가 자산 할당 버튼을 누르면 고담은 시간, 연료, 탄약, 통신 제약을 동시에 계산해 "지금 A 편대가 베스트"를 추천한다. 중간의 패키지 템플릿(임무 표준 절차 불러오기)을 열면 공대지 타격이면 타격기·호위·전자전·급유까지 풀 세트를 자동으로 깔아 주고, 기상·민간시설·아군 항적과 겹치는 부분은 알아서 지운다.

화면 아래 자산 카드(각 기체 실시간 상태표)를 보면 위치, 잔여 연료, 탄약, 통신 상태가 실시간으로 바뀐다. 규정 위반 위험이 감지되면 빨간 경고가 튀어 오르고, 동시에 대체 경로·고도·무장 같은 세이프 플랜이 따라온다. 오른쪽 아이콘들은 레이어 토글과 뷰 제어다. 시간을 30분 뒤로 밀어 보거나 비행 고도를 올려 보면서 "바람이 바뀌면 센서 범위가 이렇게 줄어든다" 식 가정 시뮬레이션을 즉석에서 돌린다.

위쪽 "Option 01/02/03"은 이런 시뮬레이션이 만든 대안 작전안이다. 비용, 위험, 소요 시간, 성공 확률을 비교해 하나를 고르면, 승인과 동시에 명령이 실제 전력망과 지휘 체계로 퍼져 나간다. 승인 후 진행 상황은 링과 타임라인으로 실시간 업데이트되어, 항공관제·작전참모·법률고문·물류 담당이 한 지도 위에서 동시에 일하는 듯한 협업이 완성된다.

결국 고담은 지도에 점 찍는 도구가 아니다. 센서·무기·플랫폼·규정·시간표를 하나의 모델로 묶고, AI가 최적 패키지를 제안하며, 선택 즉시 명령을 배포하고 결과를 학습하는 운영체제(데이터→계산→작전 자동화 엔진)이다. 표적만 지정하면 시스템이 모든 변수와 위험을 계산해 "10분 안에 민간 피해 없이 가능"을 근거와 함께 제안하고, 실패하더라도 즉시 우회 플랜을 띄워 복구한다. 복잡한 전장에서도 빠르고 일관된 결정을 내리게 해 주는, 말 그대로 '결정-실행 드라이브'가 고담이다.

팔란티어의 파운드리: 민간 산업을 위한 전략 시뮬레이션 플랫폼

새벽 세 시, 자동차 공장에서 '끼익' 경고등이 켜진다. 품질 엔지니어가 라인에 뛰어가 보니, 한 로봇 팔이 엉뚱한 각도로 멈춰 있다. 평소라면 문제 원인을 찾느라 몇 시간은 걸릴 상황이다. 하지만 모니터 속 파운드리는 이미 알람과 함께 "3번 라인, XY-모터 2분 15초 다운타임"을 띄운다.

팔란티어의 파운드리는 '엔터프라이즈용 데이터 통합·분석 플랫폼'이라는 한 줄 설명만으로는 부족하다. 본질적으로 이는 기업과 공공 조직이 보유한 방대한 데이터를 중앙에 모으지 않고도 즉시 연결·정제·모델링해, 전사(全社) 차원의 실시간 의사결정과 시뮬레이션을 수행하게 만드는 분산형 데이터 운영체계이자 전략 시뮬레이터다.

탄생 배경부터 보자. 팔란티어는 정부 부문에서 고담으로 명성을 얻던 중, 2010년 톰슨 로이터와 함께 금융 분석 플랫폼 '메트로폴리스(Metropolis)'를 시험했다. 이 경험을 밑거름으로 "정부가 겪는 데이터 문제는 대기업도 똑같이 겪는다"라는 인식이 굳어졌고, 2015년 마침내 파운드리를 공개하며 정부 중심 회사에서 상업 시장으로 본격 확장했다.

파운드리는 데이터를 창고처럼 한곳에 우겨넣지 않는다. 대신 온톨로지(데이터 의미망)로 '부품-라인-계약서-고객' 같은 객체를 묶어, 사람이 쓰는 말을 그대로 이해한다. "두바이 창고 재고 모자라다"라고 치면, ERP(전사 자원 관리)·CRM(고객 관계 관리)·MES(제조 실행 시스템)·SCADA(산업 제어 시스템)까지 연결된 그래프가 "실은 선적 지연이 원인이다"를 바로 보여준다.

이 모든 과정은 노코드 인터페이스(코딩 없이 끌어다 쓰는 화면)에서 이뤄진다. 품질 엔지니어가 결함 유형을 추가하면, 데이터 과학자가 모델을 재학습시키고, 운영 담당자가 시뮬레이션으로 라인 중단 비용을 계산한다. 경영진은 대시보드에서 실시간 KPI를 보고 생산 계획을 즉시 조정한다. 변경 이력은 깃(Git, 분산 버전 관리)처럼 브랜치·머지·리뷰가 남아 '누가·언제·왜' 다 바뀐 기록을 자동 보관한다.

잠깐, 핵심만 짚고 가자!
- 디지털 트윈: 물리 세계를 소프트웨어로 복제한 가상 공장.
- 스트리밍/배치: 실시간 흐름·묶음 처리 둘 다 지원.
- 피드백 루프: 사용자가 내린 결정이 다시 모델 학습에 반영.
- 아폴로: 무중단 업데이트 담당.

실전 효과는 이미 검증됐다. 에어버스는 수만 개 부품 흐름을 튜닝해 생산성을 끌어올렸고, BP는 공급망 시뮬레이션으로 하루 3만 배럴을 더 뽑아냈다. PG&E(미국 유틸리티 회사)는 전력망 위험도를 예측해 대규모 정전을 막았고, NHS(영국 의료)는 백신 접종과 병상 배분을 실시간 최적화했다.

결국 파운드리는 "데이터 창고"가 아니다. 조직 구조와 논리를 소프트웨어 안에 재현해 디지털 트윈으로 돌리고, AI·시뮬레이션·자동화 워크플로를 한 덩어리로 엮어 '즉시 실행 가능한 통찰'을 던지는 전략 시뮬레이션 플랫폼이다. 덕분에 IT 부서는 병목이 아닌 가드레일(안전장치)이 되고, 현장은 "무슨 데이터가 어디 있지?" 대신 "다음 액션은 무엇이지?"를 묻는다.

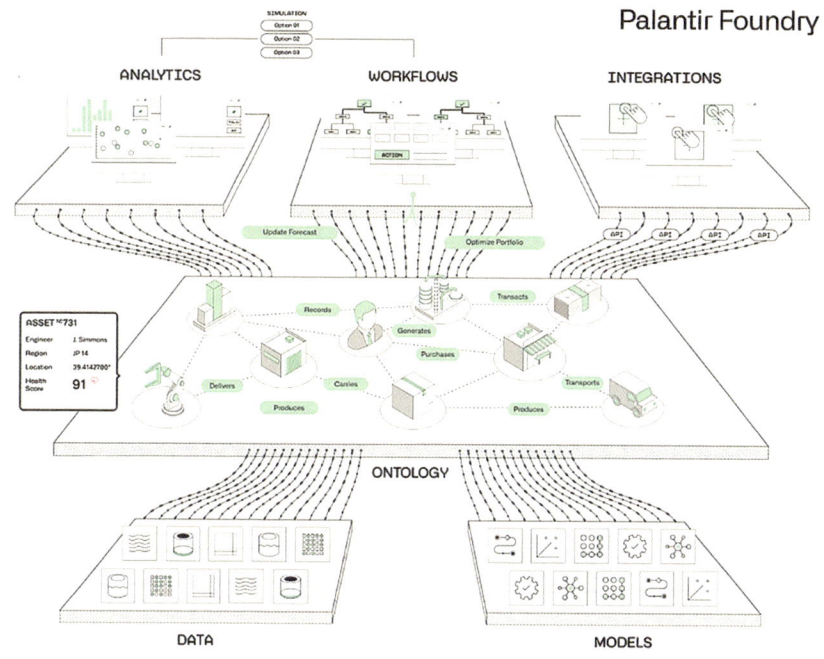

한번 도시 지도를 떠올려 보자. 파운드리 그림은 데이터 → 온톨로지 → 애널리틱스·워크플로·통합 → 액션으로 이어지는 하나의 관제 파이프를 보여준다. 아래층에서는 로그, ERP(전사 자원 관리), CRM(고객 관리), 센서, 문서 같은 원천 데이터가 쏟아지고, 여기에 통계 모델·기계 학습·최적화·규칙 엔진(자동 규칙 처리)이 붙어 재료를 만든다. 왜냐하면 실행 가능한 판단은 언제나 '좋은 재료'에서 출발하기 때문이다.

가운데 층의 온톨로지(객체-속성-관계로 의미를 고정한 지도)가 핵심이다. 부품·설비·고객·계약 같은 대상을 현실과 1:1로 맵핑해 "우리 조직이 세상을 읽는 언어"로 바꾼다. 이렇게 의미가 갖춰진 객체가 위로 올라가면, 애널리틱스가 지금 상태를 보여주고, 워크플로가 자동 승인·작업 지시를 내리고, 통합 모듈이 API(시스템 간 연결)로 ERP·CRM·현장 제어 시스템에 결과를 곧장 되쏜다(write-back). 보는 순간 곧바로 손이 움직이게 만드는 구조이다.

 맨 위에 자리한 시뮬레이션이 마지막 스위치다. "수요 예측 업데이트", "설비·재고·인력 배치 최적화" 같은 액션 단위를 눌러 실제 조치를 하고, 그 실행 결과는 다시 아래층으로 내려가 모델을 학습시킨다. 그래서 파운드리는 '보고 끝' 대시보드가 아니라, 보고-결정-집행-학습이 한 줄로 도는 운영체제에 가깝다.

 비유하면, 아래층 데이터는 도시의 등기부와 센서망이고, 온톨로지는 모두가 공유하는 공용 지도다. 위층의 분석·워크플로·통합은 교통관제와 시청 집행부처럼 신호를 바꾸고 공사를 발주하며 알림을 쏜다. 버튼을 누르면 바로 길이 바뀌고, 그 결과가 다시 지도에 반영되어 더 똑똑해진다. 파운드리가 "보는 즉시 움직이고, 움직인 즉시 더 잘 배우는" 파이프라인이라는 뜻이다.

스마트팩토리를 Palantir Foundry로 구축하는 과정

 한번 상상해 보라. 당신이 새벽 회의에서 "스마트팩토리 구축 담당" 배지를 달고 나온 순간이다. 공장은 거대한 악기 같아, 센서·로봇·ERP·MES가 제멋대로 연주 중이고 소리는 뒤죽박죽이다. 이때 파운드리가 지휘봉을 들고 "모든 파트, 박자 맞춰!"를 외친다.

 첫걸음은 데이터 수집이다. ERP(전사 자원 관리)에서 하루 한 번 생산 계획을 끌어오고, 설비는 사물 인터넷으로 실시간 상태를 흘려보낸다. 품질 정보는 MES(제조 실행 시스템)에서 불량률까지 즉시 반영되고, 재고는 WMS(창고 관리)로 하루 두 번 업데이트된다. 파운드리는 API 연결 버튼만 눌러도 이 데이터들이 알아서 줄을 서도록 만든다.

두 번째는 통합이다. ETL(추출·변환·적재, 데이터 단위·형식 맞추기) 파이프라인이 온도는 섭씨(℃), 진동은 mm/s, 압력은 kPa로 통일한다. SQL·파이썬 코드를 쓰든 드래그-앤-드롭 화면을 쓰든 상관없다. 파운드리는 "코더든 비코더든 모두 오라고!"를 외친다.

정제된 데이터는 곧바로 온톨로지(의미망, 객체와 관계를 연결한 개념 지도) 위에 정리된다. 설비·제품·작업자 같은 객체가 "누가 누구와 무슨 일을 하나"를 한눈에 보여주니, IT·현장·경영진이 같은 말로 대화할 수 있다.

이제 AI가 등장한다. 설비 고장 예측은 오토인코더(이상 감지 신경망)로 "이 모터, 0.87 확률로 곧 멈출 듯"을 알려 준다. 품질 불량 예측은 랜덤 포레스트·LightGBM(앙상블)으로 "지금 공정 조건이면 불량 35%"를 표시한다. 생산성 편차는 LSTM(시계열 딥러닝)이나 선형 회귀가 가동률·불량률을 엮어 "생산량, 계획 대비 –7%"를 경고한다.

중요한 건 행동이다. 고장 점수가 높으면 정비 요청이 자동 생성되고, 불량 경보가 뜨면 품질팀 작업 지시가 발송된다. 생산성 저하 알림이 뜨면 운영팀 스케줄이 즉시 재편된다. 이 모든 흐름은 워크플로 자동화로 연결돼, '사후 대응'이 아닌 '사전 조치'가 기본이 된다.

마지막은 시각화다. 대시보드에 실시간 링(핵심 지표를 한눈에 보여 주는 차트)과 그래프가 올라와 누구나 "지금 공장 상태가 어때?"를 바로 본다. 깃처럼 버전 관리가 돌아가 "누가·언제·왜" 바꿨는지 기록이 남고, IT 부서는 병목이 아니라 안전선(거버넌스)을 제공하는 조력자로 변신한다.

결국 파운드리는 데이터를 연결하고(수집·정제), 맥락을 부여하고(온톨로지), AI로 예측하고(모델), 자동으로 실행하며(워크플로), 대시보드로 공유한다(시각화). 공장은 "문제가 터지면 고친다"가 아니라 "문제가 생기기 전에 조치한다" 모드로 진화하고, 당신은 악보를 잃은 오케스트라를 완벽한 심포니로 바꾼 지휘자가 된다. 이것이 파운드리가 스마트팩토리에서 구현하는, 데이터 중심 예측 운영의 진짜 가치다.

팔란티어 아폴로(Apollo): 지속적인 배포의 보이지 않는 손

달빛만 겨우 비치는 사막 기지, 인터넷조차 끊긴 그곳에서 드론을 띄우고 데이터를 돌려야 하는 상황이다. 업데이트 한 줄 잘못 깔다가 시스템이 멈추면 작전은 실패가 되고 만다. 아폴로가 등장한 배경이 바로 이 난감한 현실이다.

 팔란티어 소프트웨어는 워싱턴 D.C.의 보안 데이터센터, 대서양 잠수함 기지, 독일 자동차 공장, 오지의 엣지 디바이스까지 곳곳에서 뛰어다닌다. 기존 CI/CD(지속적 통합·배포) 파이프라인만으로는 보안·규정·네트워크 제약을 동시 맞추기에 벅찼다. 특히 에어갭(외부 망과 완전 분리) 환경은 'USB 힌 번 꽂을 때마다 심장 철렁'한 난이도였다.

 아폴로는 코드 한 줄을 릴리스 채널(배포 등급)에 태워 각기 다른 현장으로 상황 맞춤 전송한다. 군사 기지라면 최고 단계 보안 검증을 거쳐 순차적으로 배포하고, 일반 공장엔 바로 튜닝판을 내려보낸다. 만약 문제가 생기면 롤백(되돌리기)이 자동으로 작동해, 게임에서 '뒤로 가기' 누르듯 이전 버전으로 순식간에 되돌아간다.

 핵심 기술은 세 가지다. 첫째, 마이크로서비스 아키텍처(작은 기능을 조합하는 구조)로 서비스를 잘게 쪼개 필요할 때만 바꾼다. 둘째, 컨테이너(격리 실행 단위) 기반이라 어디서나 똑같이 움직인다. 셋째, 실시간 모니터링과 정책 제어로 "지금 이 서버, CPU 온도 80℃ 넘어간다"라는 경고를 즉시 띄워 준다.

> **잠깐, 핵심만 짚고 가자!**
> - 릴리스 채널: 같은 코드를 환경별로 다르게 배포하는 등급제.
> - 롤아웃/롤백: 단계적 배포와 즉시 되돌리기.
> - 에이전트: 현장 장비에 깔리는 경량 배포 모듈.

 실전에서는 수만 대 장비가 동시에 아폴로 지휘를 받는다. 영국 NHS는 팬데믹 한복판에서 전국 병원 시스템을 무중단 업데이트했고, 우주 궤도를 도는 위성 소프트웨어도 아폴로가 원격으로 패치했다. 덕분에 고담, 파운드리, AIP 같은 팔란티어 핵심 플랫폼이 끊김 없이 돌아가고, 전장·우주·공장 어디서든 실시간 의사결정이 가능해졌다.

 아폴로는 단순 배포 도구가 아니다. 현장에서 알아서 판단하고 굴러가는 자율 운영 레이어(스스로 업데이트·복구하는 층)를 깔아, 팔란티어를 '데이터 분석 회사'가 아닌 '운영 플랫폼 기업'으로 변신시킨 숨은 엔진이다. 군사·금융·제조·공공서비스처럼 한 번 다운되면 재앙이 되는 환경에서, 팔란티어가 경쟁자가 범접하기 힘든 영역을 장악한 이유도 결국 이 아폴로 덕분이다.

WORKFLOW – ASSET MANAGEMENT	APOLLO @ PALANTIR	HIGH	MEDIUM	LOW
DEPLOYMENT FREQUENCY For the primary application or service you work on, how often does your organization deploy code to production or release it to end users?	THOUSANDS OF DEPLOYS PER DAY 90,000+ / WEEK	ON-DEMAND MULTIPLE / WEEK	ONCE / WEEK TO ONCE PER MONTH	ONCE / MONTH TO ONCE PER 6 MONTHS
LEAD TIME FOR CHANGES For the primary application or service you work on, what is your lead time for changes (i.e., how long does it take to go from code committed to code successfully running in production)?	3.5 MINUTES	ONE DAY TO ONE WEEK	ONCE / WEEK TO ONCE PER MONTH	ONCE / MONTH TO ONCE PER 6 MONTHS
TIME TO RESTORE SERVICE For the primary application or service you work on, how long does it generally take to restore service when a service incident or a defect that impacts users occurs (e.g., unplanned outage or service impairment)?	4.9 MINUTES	UNDER ONE DAY	ONE DAY TO ONE WEEK	ONCE / WEEK TO ONCE PER MONTH
CHANGE FAILURE RATE For the primary application or service you work on, what percentage of changes to production or released to users result in degraded service (e.g., lead to service impairment or service outage) and subsequently require remediation (e.g., require a hotfix, rollback, fix forward patch)?	4.5%	0% – 15%	16% – 30%	46% – 60%

위의 그림은 팔란티어 웹사이트에서 아폴로의 특징을 요약한 표이다. 영어로 되어있는데 이를 자세히 설명하면 아래와 같다.

그림은 팔란티어의 아폴로가 소프트웨어를 얼마나 자주, 빠르게, 안전하게 배포하고(배포: 운영 환경에 새 버전의 소프트웨어를 올리는 일), 문제가 생기면 얼마나 빨리 되돌리거나 복구하는지를 보여준다. 표의 네 가지 지표는 DevOps(개발과 운영을 하나의 팀·절차로 묶어 작은 변경을 자주 배포하고 자동으로 모니터링·복구하는 일하는 방식)에서 표준처럼 쓰는 DORA 지표(데브옵스 성숙도를 정량화한 4대 핵심 지표)다.

첫째 배포 빈도(얼마나 자주 올리나)는 하루 수천 회, 주간 9만 회다. 배포가 더 이상 '큰 행사'가 아니라 '숨쉬기' 같은 일상 동작이 된 셈이다. 둘째 변경 리드타임(코드 확정→운영 반영까지 걸린 시간)은 평균 3.5분. 자동 테스트·보안 서명·의존성 검사가 초고속 통관 라인을 돌듯 순식간에 끝난다. 셋째 서비스 복구 시간(장애→정상화)은 4.9분. 카나리 배포(일부만 먼저 배포)와 자동 롤백(문제 생기면 즉시 이전 버전 복귀) 덕분에, 사람이 회의할 틈도 없이 시스템이 스스로 차단·우회·복귀를 해 버린다. 넷째 변경 실패율은 4.5%. 100번 배포하면 4~5번만 손을 봐도 될 정도로 안정적이다.

이 모든 수치를 뽑는 비결은 하나의 컨트롤 프레임(중앙 통제판)이다. 클라우드, 자체 서버, 엣지, 에어갭(완전 분리망)까지 섞여 있어도, 정책·버전·의존성·보안·롤백 규칙을 한 화면에서 조절한다. 전력회사는 수천 개 변전소 장비에 보안 패치를 '휙' 뿌리고, 병원은 수백 개 기기를 위험도 순으로 단계 배포한다. 마치 음량 슬라이더를 올리고 내리듯 말이다.

결국 아폴로는 '배포'를 위험한 행사에서 하루에도 수십 번 반복하는 근육 반사로 바꿨다. 빠르게(3.5분), 자주(하루 수천 회), 탄력적으로(4.9분 복구), 안전하게(4.5% 실패율) — 네 박자를 동시에 맞추며, 팔란티어가 전장·우주·공장 어디서든 끊김 없이 소프트웨어를 돌릴 수 있게 해준다.

2. AI를 현장에 적용 (AI in Action)

한번 현장으로 뛰어들어 보라. 공장·물류센터·재난 현장처럼 사람 손이 미처 닿지 못하는 곳에서 AI in Action(현장 실시간 대응 플랫폼)이 드론·로봇·밸브를 휘저으며 "지금 문제를 막아!"를 외친다. 센서·카메라·IoT 장치가 쏟아내는 데이터를 엣지 AI(현장 장치 안에서 즉시 추론하는 경량 모델)가 네트워크 끊김과 무관하게 분석해 위험을 잡아낸다.

다음엔 AIP(AI 오케스트레이션 허브)가 무대에 오른다. "다음 주 항만 적체 해결해"라고 자연어로 던지면, AIP는 데이터를 주워 담고 에이전트(역할별 AI 모듈) 간 일을 나눠 1~2초에 수십 개 실행안을 뽑아낸다. '어떻게 될까'는 AI 시뮬레이션이 맡는다. 디지털 트윈(현실을 복제한 가상 공장) 위에 기상·수요·장비 상태를 섞어 수천 건 What-if 시나리오를 돌린 뒤 합성 추론으로 비용·위험·성공 확률을 정량화한다.

"왜 그래야 하나?"를 설명하는 통역사는 LLM(대형 언어모델)이다. 사용자가 "내년 여름에도 반복될까?" 묻자 LLM은 SQL·API 쿼리를 자동 생성해 추가 데이터를 가져오고, 답변마다 하이퍼링크를 달아 투명성을 확보한다.

마지막 고리는 액션 오케스트레이션(다중 시스템 동시 제어)이다. 스카다(산업 제어 시스템) 스위치, 고객 알림, 복구팀 호출을 한 번에 묶어 원자적 트랜잭션(중간 실패 시 전부 롤백)으로 실행하고, 현업 직원은 로코드 워크플로 화면에서 "센서 진동이 임계치 3배로 10분 지속되면 속도 30% 감속" 같은 규칙을 몇 분 만에 배포한다.

잠깐, 핵심만 짚고 가자!
- 스카다(Scada): 원격으로 감시 제어 및 데이터 수집 시스템.
- SQL: 데이터 검색, 수정 작업하는 표준화된 프로그래밍 언어.
- API: 다른 소프트웨어 시스템 간에 상호작용하는 규칙 및 도구.
- 쿼리: 데이터베이스에 특정 정보를 보여달라는 요청(질의).

실제 전장·제조·재난 현장 사례가 증명한다. 드론·위성 데이터를 통한 실시간 전장 분석, 생산 불량 탐지와 공급망 위험 관리, 범죄 예방 센서 네트워크가 AI in Action의 대표 무대다. 중요한 흐름은 이렇다. AIP가 '무엇이 문제인가'를 모으고, AI 시뮬레이션이 '어떻게 될까'를 시험하며, LLM이 '왜 그래야 하나'를 풀어 주고, 자동화 층이 '지금 당장 실행'을 책임진다.

결국 사고-가정-행동이 거의 동시에 닫히는 새 표준이 탄생했다. 인간은 "무엇을 이루고 싶은가"에 집중하고, 시스템은 "어떻게 즉시 실현할 것인가"를 전담한다. 이것이 팔란티어 AI in Action이 연 현장 자동화의 미래다.

팔란티어 AIP(Artificial Intelligence Platform, AI 통합 운영 플랫폼): 팔란티어 AI 엔진으로 '실시간 회의실'

새벽 세 시, 공장을 가로지르는 드론이 "시스템 경고!"를 외친다. 사람들은 아직 커피도 못 마셨지만 AIP(다중 에이전트를 조율해 실시간 판단·실행하는 운영 AI) 팀은 이미 깨어 있다. 센서·카메라·문서·위성에서 온 데이터가 순식간에 모여 "지금 고장 확률 0.87, 자원 배치 재조정 필요"라는 알람을 쏘아 올린다.

AIP는 거대한 단일 모델 하나로 세상을 해결하려 들지 않는다. 대신 에이전트(특정 역할을 맡은 AI 조각) 수십 개가 디지털 참모처럼 머리를 맞대고,

각자 맡은 문제를 동시 처리한다. A가 신호를 해석하면 B는 위험도를 계산하고, C는 자원을 검토하며, D는 실행 시나리오를 합성한다. 통찰이 나오면 워크플로가 바로 작동해 정비 요청·생산 계획 조정·예산 반영까지 자동으로 발동된다.

> **잠깐, 핵심만 짚고 가자!**
> - 마이크로 모델: 작은 모델 여러 개가 팀을 이뤄 복잡 과제 분담
> - 온톨로지: 조직이 세상을 바라보는 방식을 그대로 옮긴 의미망
> - 폐쇄 루프: 행동 → 데이터 → 모델 개선이 자동으로 순환

이런 협업 구조 덕분에 AIP는 특정 LLM(대형 언어모델)에 묶이지 않는다. 필요하면 GPT, Claude, Gemini, Llama, Grok을 섞어 쓰고, 자체 모델을 파인튜닝해 등록할 수도 있다. 핵심은 "모델을 얼마나 똑똑하게 배치해 서로 말 통하게 하느냐"다. 그 통역사가 바로 파운드리의 온톨로지(데이터 의미망)다.

사용성도 가볍다. 노코드·로우코드 캔버스에서 현장 담당자가 드래그-앤-드롭만으로 "센서 진동이 임계치 넘으면 실비 감속" 규칙을 만든다. 금융에선 실시간 거래를 돌려 이상 징후가 뜨면 즉시 계좌 동결 업로드, 국방에선 드론·기상·병력을 분석해 다중 작전안을 제시한다. 지휘관이 버튼 하나 누르면 현장이 자동으로 움직인다.

보안과 거버넌스도 놓치지 않는다. 세분 권한·모델 버전 관리·의사결정 로그가 기본 탑재. 외부 모델을 쓸 때도 민감 데이터는 온톨로지 레이어에서 가린다. 덕분에 EU AI Act, 미국 행정명령 같은 규제도 한 화면에서 체크박스만 켜면 대응된다.

진화 과정은 이렇다. 2017~2019년 내부 실험, 2020~2022년 국방 프로토타입, 2023년 AIP 공식 발표, 2024년 이후 자동차·제조·에너지·군사로 확장. 지금은 전장 드론 시뮬레이션, 백신 공급망 조정, 공정 고장 예측 등에서 실제로 운전 중이다. 데이터가 신호를 주면 공장은 살아 있는 생명체처럼 선제 대응에 들어간다.

결국 AIP는 팔란티어를 "데이터 분석 회사"에서 "운영 AI 오케스트레이터"로 끌어올린 중추다. 통찰을 행동으로 바로 이어 붙이고, 그 행동이 다시 모델을 고치는 순환형 두뇌가 실제 현장에서 돌아간다. 팔란티어의 다음 목표는 이 구조를 기관·국가 간 협업으로 확장하는 것. 다른 언어·규제·문화도 공통 온톨로지와 아폴로(무중단 배포 엔진)로 한데 묶어, "AI가 전략을 설계하고 실행"하는 세상을 현실로 만들려 한다.

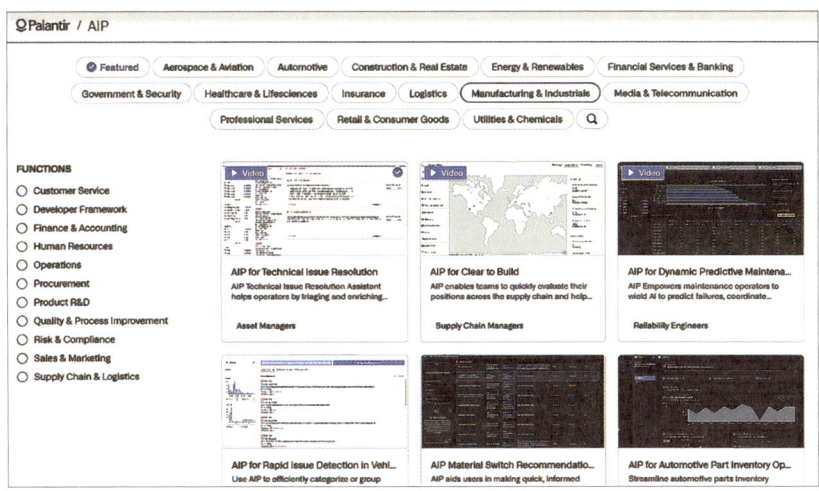

팔란티어 홈페이지의 AIP 부분을 스크롤로 내려보니 제조·에너지·국방·헬스케어… 안 다루는 산업이 없고, 옆에는 고객 서비스부터 재무·인사·물류까지 조직 기능이 줄줄 적혀 있다. "어? 이거 만능 리모컨 아니야?"

싶지만, 팔란티어 AIP(데이터·AI·액션을 한 흐름으로 엮는 운영형 플랫폼)의 진짜 가치는 거기에서 끝이 아니라고 팔란티어는 말한다. 핵심은 온톨로지(현실 객체와 관계를 모델에 그대로 옮겨 놓은 의미 지도)와 액션 세트(실제 실행 로직)를 산업·현장 데이터에 맞춰 정밀 조율해야만 '살아 있는 운영체제'가 된다는 점이다. 그래서 팔란티어가 미리 만든 AIP Now(즉시 사용형 워크플로 패키지)와 부트캠프를 바탕으로, 고객 데이터에 맞춰 빠르게 튜닝하는 방식이 일반적이다.

실제로 어떤 업계에서 쓰고 있을까? 유틸리티-에너지 쪽은 전력망을 디지털 트윈(현실을 소프트웨어로 복제한 가상 모델)으로 만들어 산불 위험·설비 고장을 동시에 예측한다. PG&E 사례만 봐도 하루 100억 개 센서 신호를 합쳐 "바람 세기 올라가니 이 구간 전력 차단"을 선제 실행했고, BP는 언어 모델을 얹어 가스전 운영 의사결정을 자동 추천한다. 항공에서는 에어버스가 1만 1천 대 비행기 데이터를 모아 고장 예측·연료 최적화를 돌리고, 이지젯 같은 저가 항공사가 "정비 지연 30%↓"를 몸소 증명했다.

제조 현장은 라인을 라이브 악보처럼 본다. UNS(실시간 데이터 버스)에 AIP를 얹고, 배관·계장도(P&ID) 사진만 찍어도 부품이 자동 라벨링돼 정비 기록과 엮인다. 덕분에 부품이 부족해도 조달·생산 계획을 바로 재편한다. 리테일에선 월그린이 4천 개 매장 재고·근무표·진열대를 묶어 하루 3,840억 건 결정을 자동화했고, 웬디스는 "시럽 부족 해결 시간 24시간→5분"으로 줄였다.

금융·보험으로 가보면, AIG가 에이전트형(작은 AI 모듈 협업) 생태계를 도입해 보험 언더라이팅 속도를 최대 5배 끌어올렸고, 패니메이는 모기지 사기 탐지를 "몇 달→초 단위"로 단축했다. 헬스케어 쪽은 영국 NHS가 'FDP(연합 데이터 플랫폼)' 본계약을 맺어 백신·병상·물류를 실시간 조정한다. 정부·국방 분야에선 NATO가 'Maven Smart System'으로 전장 지휘를, 우크라이나는 표적 선정·지뢰 제거까지 AIP 흐름을 활용했다.

기능별로도 범용성은 놀랍다. 저자가 2022년 10월 출간한 『직장인이 꼭 알아야 할 비즈니스 AI』에서 주장한 회사 내 11개 부문 모두에 AI가 일상화된다는 내용이 직접 팔란티어에서 구현되고 있어 놀랍고 반갑기도 하였다. 팔란티어의 실행은 아래와 같다.

모든 부서는 같은 컨베이어 벨트(표준화된 흐름) 위에서 움직인다. 흩어진 데이터를 객체·속성·관계로 표준화하고(온톨로지, 서로 다른 데이터를 공통 개념으로 묶는 지식 구조), 코파일럿(AI 도우미)이 근거를 달아 제안하면, 미리 정한 승인 규칙과 권한을 거쳐 여러 시스템이 자동 실행되고, 그 결과가 다시 되쓰기(라이트백, 실행 결과를 원천 시스템에 다시 기록)로 돌아와 다음 결정을 더 똑똑하게 만든다.

먼저 고객 서비스와 민원 처리부터 보자. 고객(또는 민원인)의 이력, 콜 로그, 장비·시설 상태, 계약·정책을 한 사람·한 건 단위로 묶어 한눈에 보이게 하면(고객 객체), 코파일럿이 근본 원인 분석과 보상·처리 방안을 함께 제안한다. 승인이 떨어지는 즉시 환불, 현장 기사 배정, 안내 발송이 동시에 실행되고(액션 오케스트레이션, 여러 시스템을 한 번에 묶어 실행), 고객 만족도 점수와 처리시간 데이터가 다음 권고의 재료가 된다.

소프트웨어 개발·배포 영역은 조립식이다. 데이터 파이프라인, 피처 스토어(모델 입력 변수를 저장·공유하는 곳), 모델 레지스트리(모델 버전·승인·배포 이력 관리), 안전장치 규칙과 권한 정책을 표준 블록으로 만들어 필요한 앱을 빠르게 조립하고, 현업은 로코드(Low-code, 최소 코딩으로 화면·액션 구성) 폼으로 액션을 만들며 개발자는 복잡한 로직만 확장한다. 공공서비스는 여기서 망 분리(보안 구역 분리)·비식별 처리(개인정보 식별 불가 변환)와 감사(누가 무엇을 했는지 기록)가 자동으로 따라붙는다.

재무·회계와 정부 재정은 수치의 세계지만 흐름은 같다. 매출·원가·재고·계약·조달 단가를 연결해 제품·지역·고객별 손익(P&L)을 실시간으로 보고, "가격 2% 인상 vs. 판촉(프로모션) 5% 확대" 같은 시나리오의 손익을 즉시 비교한다. 승인과 동시에 가격표·전사자원관리(ERP) 견적·전표가 갱신되고, 결산 자동화와 현금흐름 예측이 뒷받침한다.

인사와 공공 채용·배치는 스킬 온톨로지(직무·역량·교육·성과·보상 관계를 지도로 표현)로 힘을 받는다. 인재 그래프를 만들면, 코파일럿이 프로젝트에 맞는 인력 조합과 보완 교육을 추천한다. 발령이 나면 배치·역할 기반 권한·급여 반영·장비·계정 회수가 원자성 트랜잭션(Atomic Transaction, 중간 실패 없이 모두 처리)으로 한 번에 끝나고, 편향 방지와 공정성 감사 로그가 기본값으로 쌓인다.

운영 현장과 사회기반시설은 실시간이 생명이다. 설비·작업 지시·품질 결과가 스트리밍(지연이 거의 없는 연속 데이터)으로 이어지고, 규칙과 머신러닝이 이상을 잡아낸다. 코파일럿은 라인 속도 조정, 공정 변수 재설정, 검사 주기 변경을 근거와 함께 제안하고, 승인 즉시 프로그램할 수 있는 로직 컨트롤러(PLC)·제조 실행 시스템(MES)·작업자 앱이 따라 움직인다.

구매·조달은 리스크와 비용의 균형 게임이다. 수요·재고·리드타임(납기)·공급업체 성과·원자재 가격·환율을 통합해 "지금 60% 선발주, 나머지는 옵션" 같은 전략을 제안하고, ERP 발주·전자 서명 워크플로·리스크 평가를 한 번에 반영한다. 공공 조달은 규격·평가 방식·지역 제한·가점 규정을 규칙화해 위반을 사전에 막는다.

제품 R&D와 규제·방산 R&D는 지식 지도를 만들어 사용한다. 요구사항, 설계, 시뮬레이션, 테스트, 변경, 특허·규제를 제품 온톨로지로 엮고, 코파일럿이 특허 회피 설계안이나 자재 변경의 성능·원가 영향과 인증 문서를 제시한다. 승인이 나면 자재명세서(BOM), 도면 버전, 시험계획이 자동 업데이트되고, 수출통제 같은 규정도 내장되어 있다.

품질·공정개선과 공공 프로세스 개선은 프로세스 마이닝(업무 로그로 실제 흐름 복원)으로 실제 일의 흐름을 되살린다. 병목과 재작업 루프를 수치로 보여주고, 시정·예방조치 후보를 근거와 함께 제안한다. 실행 후에는 불량률·사이클타임·대기시간의 전·후가 자동 비교되어 개선 효과가 눈에 보인다.

위험·준법 대응은 연결과 설명이 핵심이다. 거래·접속 로그·문서·이메일·위험지표를 그래프로 묶어 이상 패턴을 탐지하고, 설명 가능한 인공지능이 위반 가능성 점수와 근거를 제시한다. 보고서와 조치안이 자동으로 작성되며, 규정이 바뀌면 어떤 시스템 규칙을 수정해야 하는지 영향 분석 후 정책 엔진이 곧장 갱신된다.

영업·마케팅과 공공 캠페인은 고객·채널·캠페인·재고·서비스 이슈를 함께 보고 전환과 고객생애가치(LTV)를 예측한다. "가격 인하 대신 서비스 수준 협약(SLA) 기준의 배송 품질 개선이 더 효과적" 같은 처방이 나오면, 승인 즉시 고객관계관리(CRM)의 가격·프로모션, 배송 약속, 상담 스크립트가 동시에 바뀌고 성과 데이터가 다음 타겟팅의 밑거름이 된다.

마지막으로 공급망·물류는 엔드투엔드 가시성(처음부터 끝까지 한 화면 관제)으로 선제 대응한다. 수요-공급-생산-재고-운송을 한 화면에서 보며, 선적 분할·우회 경로·대체 부품·스케줄 재배치 등 여러 대안을 비용/서비스 수준으로 함께 비교한다. 선택한 안은 운송관리시스템(TMS)·창고관리시스템(WMS)·ERP에 즉시 반영되고, 예상 도착 시간(ETA)과 고객 약속도 자동 업데이트된다.

이 모든 곳에서 공통 원칙은 명확하다. 데이터를 온톨로지로 정리하고, 거버넌스(승인 규칙·역할 기반 권한·가드레일·감사 로그)를 기본 탑재하며, 여러 시스템을 버튼 한 번으로 오케스트레이션(복수 시스템 동시 실행)하고, 관측→판단→실행→학습의 폐쇄 루프를 끊김 없이 돌린다. 같은 엔진을 쓰되, 각 부서는 자기 일에 맞는 데이터 틀과 규칙, 실행 단계를 얹어 쓰는 것, 그게 조직 전체를 점점 더 빠르고 정확하게 만드는 비결이다.

팔란티어 AIP는 엔진 하나로 "모든 산업·모든 기능"을 가능하게 만드는 틀을 제공하지만, 가치를 더 올리는 비결은 산업별 온톨로지와 현장 맞춤 액션 설계다. 제대로 맵핑만 되면, 보고용 대시보드는 순식간에 실행용 운영 체제로 변신하고, 조직은 '문제 생기면 대응'이 아닌 '문제 생기기 전 선제 조치' 모드로 진화한다. 결국 AIP는 데이터와 AI를 근육처럼 붙여, 거의 모든 분야에서 실시간 전략 실행을 일상 동작처럼 만들어 버린다.

AI 시뮬레이션, 대형 언어모델(LLM) 연동과 자동화 툴

한마디로 이들은 조직의 컨트롤 두뇌다. 현장 데이터가 쏟아지면 먼저 온톨로지(서로 다른 데이터를 공통 개념·관계·규칙으로 묶는 지식 구조)로 말을 맞춘다. 그다음 대형 언어모델(LLM)은 RAG(내부 문서·DB에서 근거를 찾아 답에 붙이는 방식)와 OAG(온톨로지 결합 생성, 질문·데이터·규칙을 한 몸처럼 엮는 방식)로 "우리 조직 맥락"을 이해한 채 질문을 처리한다. 그냥 똑똑한 비서가 아니라 사내 용어와 암묵지를 아는 베테랑이기 때문에 가능하다.

판단은 디지털 트윈(현실 시스템의 가상 복제)에서 결정된다. 강화학습(시도-보상-개선을 반복해 최적 행동을 찾는 방식) 기반 AI 시뮬레이션이 수천 가지 경우의 수를 몇 초 안에 돌려 위험도·성공률·시간·비용을 숫자와 그래프로 깔끔히 내놓는다. 사람은 그중 한 옵션에 사인만 하면 된다. 마치 주방에서 셰프가 후보 메뉴를 쫙 내고, 당신이 "이걸로"라고 고르는 느낌이다.

 승인이 떨어지는 순간 오케스트레이션(여러 시스템 동시 실행)이 움직여 ERP·MES·SCADA·현장 앱·메시지 시스템이 한꺼번에 바뀐다. 그리고 결과는 즉시 되쓰기(실행 결과를 원천 시스템에 기록)되어 다음 판단의 재료가 된다. 데이터→시나리오→행동→되쓰기가 초 단위로 닫히니, 회의보다 실행이 빠르다.

 모델 선택은 BYOM(Bring Your Own Model, 원하는 모델 가져오기) 구조다. GPT·Claude·Gemini·Llama·Grok은 물론 사내 파인튜닝 모델까지 "표만 끊으면" 투입된다. 외부망이 막히는 환경이면 전용 인프라에서 돌리고, 권한 관리·암호화·감사 로그는 항상 기본값이다. 규제는 컴플라이언스 모듈이 지역·산업 규정을 자동 적용해 맞춘다. 현업은 노코드/로우코드 캔버스에서 챗봇·요약·시맨틱 검색·알림 자동화를 드래그-앤-드롭으로 조립하면 끝이다.

 바뀐 모델과 워크플로의 패치는 아폴로가 카나리(일부만 먼저 배포)·롤백(문제 시 자동 되돌리기) 전략으로 엣지(현장 장비망)나 에어갭(완전 분리망)까지 똑같이 퍼뜨린다. 실시간 모니터링은 품질을 꾸준히 끌어올린다. 결과적으로 국방에선 "적 침투 감지→최적 병력 배치 계산→명령 배포"가, 제조·물류에선 "부품 결함 발생→대체 공급자·생산 계획 재조정 비교→선택안 실행"이 같은 리듬으로 돈다.

다국어 지원도 기본이라 한국어·영어·일본어·중국어로 묻고 보고해도 맥락이 유지된다. 핵심은 이 한 묶음이 "모델을 붙였다" 수준이 아니라는 점이다. 조직의 뼈대(온톨로지)·피(데이터 흐름)·근육(워크플로)을 하나로 묶어 폐쇄 루프(관측→판단→실행→학습의 자동 순환)를 끊김 없이 돌린다. 결국 이건 불확실성을 줄이고 결정을 빠르고 객관적으로 만드는 디지털 참모이자, 데이터가 들어오면 곧바로 행동으로 바뀌게 만드는 실행 엔진이다.

3. 데이터를 유기적으로 연결 (Linking the Data)

 한번 상상해 보라. 거대한 비밀의 방이 있는데, 서랍마다 고객 정보, 거래 내역, 위치 좌표, 통화 기록이 따로따로 흩어져 있다. 열쇠가 제각각이라면 금세 길을 잃겠지만, Linking the Data(흩어진 데이터를 한 몸처럼 잇는 팔란티어 기술)는 이 모든 서랍에 하나의 만능열쇠를 끼워 준다. 덕분에 "저 파일 속 김 씨와 이 보고서의 K-123 계좌가 같은 사람인가?" 같은 퍼즐이 한눈에 풀린다.

 비밀 열쇠의 핵심은 온톨로지(데이터 의미 지형도)다. 이름·장소·시간 같은 객체를 '누가-언제-어디서-무엇을'로 연결해 "어떤 데이터가 왜 중요한지"를 설명한다. 이 지도를 저장·검색하는 창고가 그래프 DB(노드-엣지 구조 데이터베이스)이고, 수많은 부서와 기관을 끈끈하게 엮는 통신선이 SDDI(Secure Distributed Data Integration, 보안 분산 데이터 통합)다. 쉽게 말해, 회사 내부뿐 아니라 다른 기관과도 안전하게 '데이터 공조'를 할 수 있는 전용 고속도로를 깔아 둔 셈이다.

 그다음 단계는 시각화다. 복잡한 관계망을 인포그래픽(눈에 보이는 그림 통계)으로 바꿔 주면, 전문가가 아니어도 "이 선이 두껍네? 여기 뭔가 있겠군"을 바로 느낄 수 있다. 여기에 위상학(topology, 공간·구조 분석 기법)이 숨은 고리까지 찾아내면, 사건·사람·장비가 촘촘히 얽힌 진짜 중요한 지점을 드러낸다.

 실전 효과는 어떨까? 미국의 한 지방정부는 이 기술을 써서 범죄자-사건-장소를 그래프로 엮었고, 위험지역을 예측해 순찰을 최적화했다. 한국은 반도체-배터리-자동차 산업 데이터를 연결해 "어느 공정이 막히면 어느 수출길이 흔들리는지"를 시뮬레이션해 국가 전략에 반영하는 방식도 검토해 볼 수 있다.

결국 Linking the Data는 데이터를 단순히 쌓아 두는 창고가 아니라, 상호 연결된 지식 네트워크(데이터 생태계)를 만든다. 덕분에 정책 시뮬레이션, 복합 위기 대응, 가치사슬 재설계 같은 복잡 과제도 "누가 누구와 어떻게 얽혀 있는가"를 한눈에 파악할 수 있다. 조직은 이 생태계를 통해 상황을 깊이 이해하고, 훨씬 빠르고 현명한 결정을 내릴 힘을 얻는다.

온톨로지(Ontology): 의미 기반 데이터 구조

온톨로지는 원래 철학에서 "무엇이 존재하고, 그것들이 서로 어떻게 얽혀 있는가"를 따지는 존재론이라는 개념이었다. '온토(onto)'는 존재, '로지(logy)'는 학문이라는 뜻이니, 말 그대로 '존재에 관한 공부'다. 그런데 데이터가 넘쳐 흐르고 AI가 그 위에서 판단과 실행을 해야 하는 시대가 되자, 이 고전적인 개념이 전혀 다른 모습으로 소환됐다. 이제 온톨로지는 컴퓨터가 세상을 사람처럼 이해하도록 돕는 '의미의 지도'가 되었고, 팔란티어는 이 지도를 누구보다 더 공들여 그리는 회사다.

조금 쉽게 말해 보자. 당신이 처음 가보는 낯선 도시로 여행을 갔다고 상상해 보자. 눈앞엔 표지판도, 길 이름도 제각각이고, 버스 노선과 지하철 노선표도 따로따로 흩어져 있다면 이동이 얼마나 혼란스러울까. 이때 필요한 것이 한눈에 모든 길과 노선, 환승 지점, 관광지 위치, 심지어 공사 중 구간까지 한 번에 보여주는 "정교한 지도"다. 온톨로지는 바로 이 역할을 데이터 세계에서 수행한다. 각각 따로 놀던 데이터(ERP의 숫자, 센서의 신호, 보고서 텍스트, CCTV 영상)를 "무엇이 무엇과 연결되는지"라는 의미 단위로 묶어 하나의 거대한 지도로 만드는 일이다.

팔란티어가 그리는 온톨로지 지도에는 세 가지가 정확히 적힌다. 첫째, 이 세상(혹은 조직) 안에 어떤 '사물'이 있는지-사람, 설비, 계좌, 드론, 환자, 제품처럼 이름표를 붙인다. 둘째, 그 사물들이 어떤 '특징'을 갖는지-사람이라면 나이·직책·소속, 설비라면 온도·진동·유지보수 이력 같은 속성을 붙인다. 셋째, 그 사물들 사이의 '관계'-사람이 회사에 다닌다, 설비는 라인 B에 속한다, 용의자 A는 B에게 돈을 송금했다 같은 연결선을 그린다. 이 세 가지가 결합하면 데이터는 더 이상 '숫자와 문자열의 집합'이 아니라, 맥락을 가진 이야기이자 추론 가능한 지식이 된다.

이 점을 LEGO 블록으로도 비유할 수 있다. 상자 속 블록(원시 데이터)만 잔뜩 있으면 아무리 많아도 그냥 색색의 덩어리에 불과하다. 그런데 설명서(온톨로지)에 "이 빨간 블록은 날개, 파란 블록은 동체, 노란 블록은 조종석"이라고 쓰여 있고, 어디에 어떻게 끼워야 비행기가 되는지(관계)가 그려져 있다면, 같은 블록이 비로소 비행기라는 '의미 있는 구조물'로 변한다. 팔란티어는 이 설명서를 조직 전체 데이터에 대해 만들어 주는 셈이다.

먼저 장면 하나를 떠올려 보자. 미국 정보기관이 테러 용의자 A를 추적하는데 통화 기록, 금융 거래, SNS, 이동 경로가 전부 따로 논다. 데이터는 산더미인데 결론은 막막하다. 여기서 온톨로지가 판을 갈아엎는다. A가 B와 통화하고, B가 C와 돈을 주고받고, C가 특정 조직과 반복 접촉했다는 '연결 고리'가 한 화면에 뜬다. 지도처럼 보이니 "이 사람이 위험한가?"에 바로 답이 나온다.

공장도 사정은 같다. ERP·MES·IoT 센서·WMS가 만든 값들이 단위도 시점도 제각각이라면, 불량의 원인은 늘 뒤늦게야 잡힌다. 온톨로지가 설비·라인·제품 Lot·작업자·공급업체를 하나로 묶자 "지난달 특정 공급업체 부품이 들어간 제품만 불량 급증" 같은 패턴이 클릭 두세 번에 드러난다.

이 의미 지도를 떠받치는 저장소가 그래프 DB(노드는 객체, 엣지는 관계를 저장하는 데이터베이스)이다. "최근 6개월, 특정 부서 직원이 해외 계좌로 잦은 송금 → 내부 감시 리스트와 겹치는 인물과 연결된 건수" 같은 길고 까다로운 질의도 실시간으로 튀어나온다. 여기에 추론 엔진이 붙어 "A—B—C가 이어지면 A—C도 위험한 관계일 수 있다" 같은 간접 연결까지 자동 계산한다. 친구의 친구를 통해 분위기를 읽어내는 것과 같다.

팔란티어의 플랫폼은 전부 이 온톨로지를 중심축으로 돈다. 파운드리와 고담은 원천 데이터를 의미망에 매핑해 통합 스키마를 만들고, AIP(팔란티어 AI 허브)는 그 위에서 LLM과 마이크로 모델이 문맥을 이해한 채 판단한다. Automate/워크플로(조건·승인·조치를 묶는 실행 엔진)는 "설비 위험이면 생산 계획 조정+정비 요청 자동 발행" 같은 시나리오를 실제로 집행한다. 그리고 아폴로(무중단 배포 플랫폼)가 바뀐 소프트웨어와 모델을 클라우드·공장 OT망·에어갭 군사 기지·위성까지 뿌린다. 감각(데이터)→해석(의미)→지시(정책)→행동(실행)→피드백(학습)의 생물학적 루프가 소프트웨어 안에서 순환한다.

실전 흐름을 보자. 센서가 "설비 X 진동 두 배"를 올리면, 온톨로지는 X의 라인·현재 제품·과거 유사 이력까지 즉시 맥락화한다. AIP 모델이 "48시간 내 고장 확률 0.72"를 내고, 자동화 엔진이 라인 속도 감속·예비 설비 투입·정비 티켓을 동시에 가동한다. 아폴로는 관련 PLC 설정과 ERP 주문 계획을 재배포하고, 모든 조치는 다시 데이터로 돌아와 모델이 더 똑똑해진다. 사람은 예외 판단과 전략 수정에만 개입한다.
 이 접근의 장점은 네 가지로 정리된다. 첫째, 속도이다. 부서 간 엑셀 왕복 하루 걸리던 일이 분·초 단위로 끝난다. 둘째, 정확성이다. 의미 단위로 한 번 정리하면 중복·누락·오독이 줄고 LLM의 환각도 줄어든다. 셋째, 확장성이다. 새 데이터 소스나 모델을 의미망에 꽂으면 즉시 조직 전체가 그 의미를 공유한다. 넷째, 거버넌스(권한·감사·정책 집행)이다. 객체·속성·관계별 보안 태그와 접근 규칙으로 "누가 무엇을 보고 무엇을 결정했는가"가 전부 추적된다.

중요한 포인트는 온톨로지가 "데이터 사전"이 아니라는 점이다. 데이터에 맥락을 붙이고, 그 맥락이 곧 행동으로 이어지게 하는 설계도이다. 철학이 "존재란 무엇인가"를 물었다면, 팔란티어는 "존재를 컴퓨터가 알아듣게 쓰려면 어떻게 해야 하는가"에 답했다. 아리스토텔레스의 분류표가 2,400년을 건너와 그래프 DB·추론 엔진·LLM·DevOps 파이프라인과 결합한 AI 운용 프레임워크로 환생한 셈이다.

결국, 팔란티어의 온톨로지는 데이터를 지식으로, 지식을 실행으로 바꾸는 숨은 설계도이다. 그래서 정보기관은 테러 네트워크를 미리 잡고, 제조업은 불량을 사전에 차단하며, 공공은 재난 대응을 동시다발로 조정한다. 온톨로지는 더 이상 난해한 철학 용어가 아니다. 지금에도 세계 곳곳의 조직이 "데이터를 이해하고 곧바로 움직이게" 만드는 가장 실전적인 무기이고, 팔란티어는 그 무기를 가장 정교하게 다루는 제작자이다.

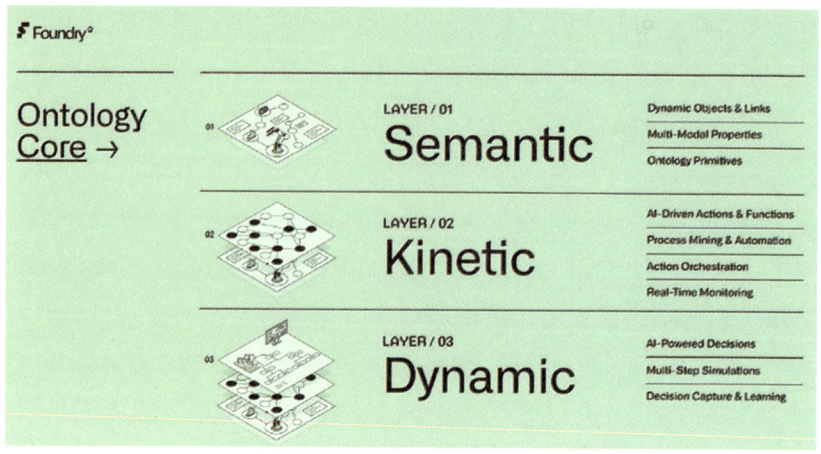

온톨로지에 대한 팔란티어 웹사이트에서 가져온 그림을 중심으로 설명해 보자.

팔란티어 온톨로지는 데이터를 다루는 방식을 세 겹으로 겹친다. 가장 첫 번째 시맨틱 층이 먼저 현실을 '객체-관계-속성'이라는 공통 언어로 번역한다. 병원을 예로 들면 "환자·침대·의사"가 객체 유형이고, "환자 김민수·3병동 12번 침대·주치의 김정현"이 각각의 객체다. 환자에게는 입원일·체온·진단명 같은 속성이 달리고, 환자와 침대·의사 사이에는 배정이라는 링크가 연결된다. 항공편으로 치환해도 마찬가지여서 "JFK→SFO 3월 24일 항공편" 같은 객체가 생기고, 출발일·탑승객 수가 속성이 되며, 항공편과 항공기·승무원·게이트가 링크로 묶인다. 이처럼 시맨틱 층은 엑셀 파일과 각종 업무 시스템을 한 장짜리 개념 지도 위에 올려, 데이터가 어디서 왔든 같은 의미로 읽히게 만든다.

그다음 키네틱 층이 등장해 이 의미 지도를 실제 행동으로 옮긴다. "환자를 중환자실로 전환" 같은 액션이 정의되면, 간호사가 폼 하나를 제출하는 순간 환자 객체의 병실 정보가 바뀌고, 침대 점유 링크가 갱신되며, 담당 의사·보호자에게 알림이 나가고, 재고 시스템에는 인공호흡기 배정 요청이 자동으로 걸린다. 제조 현장이라면 같은 액션이 설비 제어 값과 작업자 교대를 동시에 조정한다. 모든 변화가 원자적으로 처리돼 중간에 끊기지 않고, 권한·규정 위반 검증도 같이 돌아가기 때문에 현장을 손쉽게 자동화할 수 있다.

 마지막 다이내믹 층은 이 모든 움직임을 더 똑똑하게 만드는 두뇌다. AI와 시뮬레이션이 실시간 데이터를 받아 수천 건의 가상 시나리오를 돌리고 "지금 가장 안전하고 효율적인 선택"을 제안한다. 예컨대 산불 차단을 고민하면 바람·습도·온도를 바꿔 가며 피해를 최소화할 구간을 찾아내고, 실제 차단 결과와 현장 피드백을 학습해 다음번에는 더 정교한 결정을 내린다. 금융에서는 금리와 변동성을 바꿔 포트폴리오 리밸런싱을 시뮬레이션하고, 트레이더가 최종 선택과 근거를 남기면 그 경험이 모델에 누적된다.

 세 층은 끊임없이 순환한다. 시맨틱이 의미를 다듬을수록 키네틱 액션의 부작용이 줄고, 다이내믹 예측이 현실과 닮아 간다. 반대로 키네틱에서 일어난 변화는 다시 시맨틱 모델에 커밋돼 맥락이 최신으로 유지되고, 다이내믹은 그 결과를 먹고 더 똑똑해진다. 그래서 팔란티어는 "우리는 대시보드를 넘어 운영체제를 만든다"라고 주장한다. 보는 것만으로는 아무 일도 일어나지 않지만, 의미를 세우고 행동으로 옮기며 학습까지 자동으로 돌리는 이 폐쇄 루프 덕분에 병원·공장·전장 같은 복잡한 세계도 하나의 살아 있는 시스템처럼 반응하고 진화한다.

팔란티어 식 온톨로지 기반 데이터 모델, 대기업과 중소기업에 어떻게 적용할 수 있을까?

 오늘날 기업이 데이터를 단순히 저장하고 쌓는 것만으로는 경쟁력을 확보하기 어렵다. 중요한 것은 데이터가 어떤 의미를 지니는지, 그리고 그것들이 어떻게 연결되어 있는지를 구조적으로 이해하고, 이를 바탕으로 인공지능과 자동화 시스템이 실질적인 의사결정을 지원할 수 있도록 활용하는 것이다. 이 모든 과정을 가능하게 만드는 핵심 기술이 바로 온톨로지이다.

 온톨로지는 철학에서 유래한 개념으로, 존재하는 것들이 무엇인지, 그들 사이의 관계는 어떤지를 탐구하는 '존재론'에서 시작되었다. 컴퓨터 과학에서는 이 개념이 실용적으로 확장되어, 사물이나 개념, 관계의 구조를 정의하고, 이를 컴퓨터가 이해할 수 있도록 표현하는 데이터 모델로 진화했다. 특히 팔란티어는 온톨로지 기반 데이터 모델링을 기업과 정부 조직의 복잡한 문제 해결에 실전 배치한 대표적인 사례로, 실시간 데이터 통합, 의미 기반 분석, 자동화된 의사결정을 가능케 하는 강력한 시스템을 구현하고 있다.

 그렇다면 이 팔란티어 식 온톨로지 모델을, ERP 시스템과 클라우드를 활용하는 대기업 A, 그리고 엑셀 기반의 단순한 시스템만 갖춘 중소기업 B라는 두 가지 현실적인 기업 유형에 어떻게 적용할 수 있을까요?

 첫 단계는 기업이 가진 데이터를 모으고 정리하는 일이다. 대기업 A는 SAP(기업용 소프트웨어)·오라클(데이터베이스 회사) 같은 ERP(전사 자원 관리) 시스템으로 구매·판매·재고·회계·인사 데이터를 체계적으로 관리하며, 클라우드 로그와 IoT(사물인터넷) 센서 데이터도 실시간으로 쌓인다. 이런 자료는 대부분 규격 데이터(정형)나 반 규격 데이터(반 정형)로 온톨로지로 옮기기 쉽다. 반면 중소기업 B는 엑셀(Excel 표) 파일과 액세스(간단 데이터베이스)·마이에스큐엘(MySQL, 오픈소스 데이터베이스) 같은 로컬 DB를 쓰는데, 포맷이 들쭉날쭉하거나 수기로 입력된 경우가 많다. 이때는 데이터를 먼저 클렌징(정제)하고 표준화해야만 온톨로지를 만들 수 있다.

 두 번째 단계는 바로 개념(클래스)과 관계(릴레이션)를 정의하는 것이다. 이는 기업 내 존재하는 개체들이 무엇인지, 그리고 그것들이 어떤 방식으로 연결되어 있는지를 명확히 설계하는 과정이다. 예를 들어, 모든 기업이 공통으로 가지고 있는 개념으로는 '회사', '제품', '고객', '직원', '거래', '공급업체' 등이 있으며, 이러한 개념들은 서로 "회사 → 제품을 생산한다.", "고객 → 제품을 구매한다." 같은 방식으로 관계를 맺는다. 대기업 A는 여기에 추가로 'AI 모델', '자동화 시스템', 'IoT 장비', '클라우드 인프라' 같은 고급 개념들이 포함될 수 있고, 중소기업 B는 '기본 ERP 모듈', '수기 기록', '외부 협력사', '로컬 서버' 같은 현실적 개념들을 정의할 수 있다. 중요한 것은 이러한 개념들 사이의 관계를 명확히 모델링함으로써, 컴퓨터가 이 구조를 이해하고 활용할 수 있도록 하는 것이다.

 세 번째 단계는 정의된 온톨로지를 기반으로 지식 그래프(Knowledge Graph)를 구축하는 일이다. 지식 그래프는 데이터를 표처럼 나열하는 것이 아니라, 개념들(노드)과 관계(엣지)를 연결하여 복잡한 의미망을 형성하는 구조이다. 예를 들어 "고객 – 구매한다 – 제품"이라는 정보는 단순한 텍스트가 아니라, 의미 있는 세 개의 구성 요소가 서로 연결된 형태로 저장된다. 대기업 A는 Neo4j 같은 고급 그래프 데이터베이스를 통해 수천만 건의 관계를 실시간으로 분석할 수 있고, AI 추천 시스템이나 위험 예측 모델과도 쉽게 연결한다. 반면 중소기업 B는 먼저 엑셀이나 관계형 데이터베이스에서 출발해, 점차 그래프 구조로 확장해 나가는 전략이 적합하다. 그래프 기반 구조는 무엇보다 유연하다. 기존의 관계형 데이터베이스가 고정된 테이블 구조를 따라야 했다면, 지식 그래프는 새로운 관계를 필요에 따라 언제든지 추가할 수 있다. 마치 기차선로처럼 미리 정해진 방향만 따르던 기존 구조와 달리, 지식 그래프는 구글 지도처럼 동적으로 경로를 만들고 탐색할 수 있는 자유도가 있는 것이다.

마지막 단계는 이렇게 구축된 온톨로지를 실제 업무에 활용하는 것이다. 대기업 A는 고객 구매 패턴을 분석해 수요를 예측하거나, 자동화 시스템과 연결된 공급망 최적화를 통해 물류비용을 절감할 수 있으며, AI 모델을 통해 이상 거래를 탐지하는 고급 분석도 가능하다. 중소기업 B도 자신에게 맞는 방식으로 온톨로지를 활용할 수 있다. 예컨대 ERP와 재고 데이터를 연결해 자동 재고 관리를 수행하거나, 외부 협력사와의 거래 흐름을 분석해 최적의 유통 경로를 제시받을 수 있으며, 과거 수기 기록된 데이터를 정형화해 AI 분석의 기초 데이터로 전환할 수도 있다.

결국 온톨로지 기반 데이터 모델은 모든 기업에 동일한 정답을 주는 것이 아니라, 각 기업의 현재 데이터 환경과 디지털 역량에 맞는 출발점에서 점진적으로 발전시켜야 하는 맞춤형 시스템이다. 대기업 A는 처음부터 클라우드와 AI 분석까지 연결된 복합 온톨로지를 구축할 수 있지만, 중소기업 B는 데이터 표준화, 관계 정의, 기초 그래프화부터 차근차근 시작해도 충분하다. 중요한 것은 온톨로지를 기반으로 데이터를 서로 연결하고, 의미를 부여하며, 행동으로 전환할 수 있는 구조를 만드는 것이다.

팔란티어의 온톨로지는 바로 그런 구조를 현실화한 대표적 사례이다. 이들은 전통적인 표 기반 데이터 저장 방식에서 벗어나, 모든 데이터를 "연결된 개념"으로 해석하고, 이를 통해 AI가 실시간 판단과 행동을 수행할 수 있도록 지원한다. 이런 방식은 단순한 기술의 문제가 아니라, 기업 운영 전체의 철학과 전략을 바꾸는 전환점이 될 수 있다. 대기업이든 중소기업이든, 데이터를 '표'에서 '지식'으로, 다시 '의사결정'으로 전환하고자 한다면, 온톨로지 기반 모델링은 더 이상 선택이 아니라 필수에 가까운 전략이 될 것이다.

그래프 DB, 관계를 저장하고 통합한다.

데이터를 어떻게 담느냐가 곧 세상을 어떻게 이해하느냐를 정한다. 전통 RDBMS(행·열 표에 저장하는 데이터베이스)는 서류철처럼 정보를 차곡차곡 쌓는다. 반면 팔란티어의 그래프 DB(사물 사이의 연결 자체를 저장하는 DB)는 세상을 노드(사물)와 엣지(관계)의 거대한 그물로 본다. 복잡한 문제일수록 해답은 데이터 덩어리 안이 아니라 연결선 위에 숨어 있다는 전제다.

여기서 온톨로지(서로 다른 데이터를 공통 객체·속성·관계·규칙으로 묶는 '의미 지도')가 방향을 잡고, 그래프 DB가 그 지도를 실제 데이터 구조로 까는 '도로망'이 된다. 쉽게 말해 온톨로지가 "빨간 블록은 날개, 파란 블록은 동체"라고 알려 주는 레고 설명서라면, 그래프 DB는 그 블록을 끼워 실제 비행기를 조립하는 규칙이다. 팔란티어는 사람·조직·장소·사건을 노드로, 인과·소유·의존·연락 같은 연결을 엣지로 그린 의미 그래프를 만들고, 언제·어디서·무엇을 매개로 생긴 관계인지 맥락까지 함께 저장한다. 덕분에 '작년 3월의 관계'와 '이번 달의 관계'가 전혀 다르게 읽힌다.

강점은 속도와 유연성이다. RDBMS에서 다단계 JOIN이 필요한 복잡 질의는 데이터가 커질수록 급격히 느려지지만, 그래프 DB는 관계가 최우선이라 엣지를 타고 이동하는 계산이 기본 동작이다. 구조 변경도 쉽다. 새로운 노드·엣지 유형을 정의해 꽂으면 바로 확장된다. 각 노드·엣지에는 속성(통화 횟수, 송금 금액, 설비 온도 등)과 보안 태그를 달아 역할 기반 접근 제어와 감사 로그가 기본으로 돈다.

현장을 보면 더 직관적이다. 금융 사기 추적에서는 계좌→거래→고객→해외 법인이 이미 엣지로 이어져 있어 "이 경로의 반복 허브 노드는 누구인가?"를 즉시 시각화하고 경보를 한다. 제조에서는 설비·라인·로트·공급업체를 얽어 특정 공급사와 높은 불량률 사이의 숨은 상관관계를 잡는다. 재난 대응에서는 센서·인력·대피로·시설물을 지도처럼 연결해 병목 지점을 계산하고 배치를 바꾼다. 국방에서는 아군·적군 자산, 드론 경로, 위성 커버리지, 통신 노드를 한 그래프로 묶어 "어느 링크를 끊어야 적 보급망이 무너지는가"를 실시간으로 도출한다.

팔란티어는 이 그래프를 중심축으로 삼아 대형 언어모델(LLM), 벡터 DB(의미가 비슷한 문서·사례를 고속 검색), 시스템 다이내믹스(시간 흐름과 피드백을 수식으로 모델링)를 겹쳐 판단-실행 루프를 닫는다. LLM이 자연어 질문을 핵심 개념으로 나누고, 벡터 DB가 유사 매뉴얼·과거 사례를 끌어온다. 그래프 DB는 사람·장소·자원·경로를 엮어 전략 지도를 만들고, 시스템 다이내믹스가 그 지도에 시간 축을 얹어 "48시간 뒤 병상 포화" 같은 미래 변화를 예측한다. 이렇게 모인 판단은 AIP(AI 두뇌)에서 하나로 합쳐지고, 아폴로(무중단 배포 파이프라인)가 ERP·MES·군 지휘망 같은 실제 시스템에 명령을 자동 배포한다. 뇌가 결정을 내리면 신경이 근육을 움직이듯, 데이터→의미→관계→시간→실행이 끊김 없이 흐른다.

포인트는 그래프 DB가 저장소를 넘어 '운영체제'처럼 작동한다는 점이다. 최단 경로 탐색·커뮤니티 감지·중심성 분석·패턴 매칭·시계열 변화 추적이 거의 실시간으로 돌아가고, 그래프 일부가 바뀌면 파급효과 시뮬레이션으로 영향 범위를 즉시 계산한다.

결론은 간단하다. 데이터 시대의 승자는 정보를 가장 많이 가진 자가 아니라, 관계를 가장 깊이 읽고 즉시 행동으로 바꾸는 자다. 온톨로지로 의미를 정리하고, 그래프 DB로 연결을 계산하며, LLM·벡터·시간 모델로 맥락을 보강한 뒤, AIP와 아폴로로 즉시 실행까지 잇는다. 그래서 팔란티어의 그래프 DB는 더 이상 "관계를 저장"하는 그릇이 아니라, 조직의 판단-실행 루프를 통합하는 중심축이다.

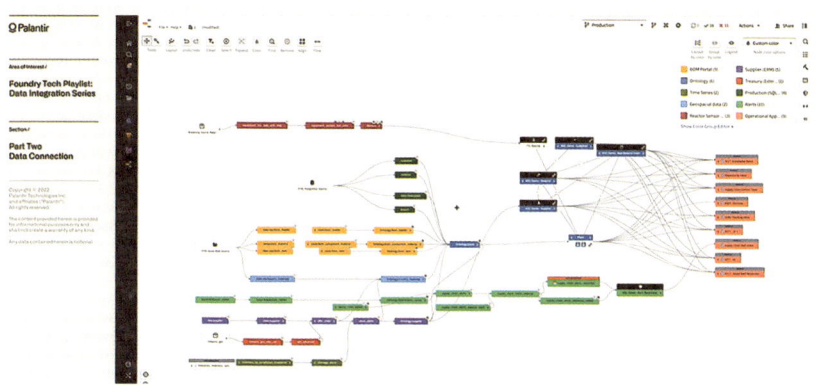

그림은 여러 데이터 원천을 끌어와 변환·결합하고, 온톨로지(객체-관계 의미 모델)에 맞춰 정리한 뒤, 앱·대시보드·알림으로 배포하는 전 과정을 그래프(노드·엣지) 형태로 보여준다.

왼쪽과 아래쪽에 있는 사각형 노드들이 원천 데이터 세트(ERP, CRM, 센서 스트리밍, 지리정보 등)이고, 가운데로 오면서 색깔이 다른 노드들이 정제·필터·조인 같은 변환 단계(트랜스폼 파이프라인)를 뜻한다. 중간 파란색 허브가 온톨로지 매핑 노드로, "고객-자산-주문-설비" 같은 객체(object)와 그 속성(property), 관계(link)에 맞춰 데이터를 재구성한다.

오른쪽 주황색 블록들은 출력 대상으로, "공급망 컨트롤타워, 주문 계획, 경보, 운영 앱" 등 현업 애플리케이션에 연결되며, 여기서 버튼을 누르면 결과가 외부 시스템으로 되쓰기(write-back, 실제 업무 시스템 업데이트) 된다. 위쪽 분홍 노드는 스트리밍 소스(실시간 데이터), 초록/노랑 등은 도메인 테이블(고객, 자재, 재고, 센서 측정치)을 나타내고, 우측 상단의 범례는 색상별로 데이터 계열(BOM, 온톨로지, 시계열, 지리, 경보, 생산, 공급사 등)을 구분해 준다.

 비유하면, 여러 곳에서 흘러온 물을 여과지(변환 노드)로 깨끗이 걸러 정수지(온톨로지)에 모은 뒤, 도시 배관망(앱/알림/API)으로 각 가정과 공장에 압력 맞춰 보내는 정수장 전체 배도를 한눈에 본 것과 같다. 어렵게 코드를 찾지 않아도, 이 그래프만 보면 "어떤 데이터가 어디서 와서 어떻게 섞여, 어느 업무로 흘러가는지"를 추적하고, 문제 노드를 클릭해 즉시 수정·재실행할 수 있다.

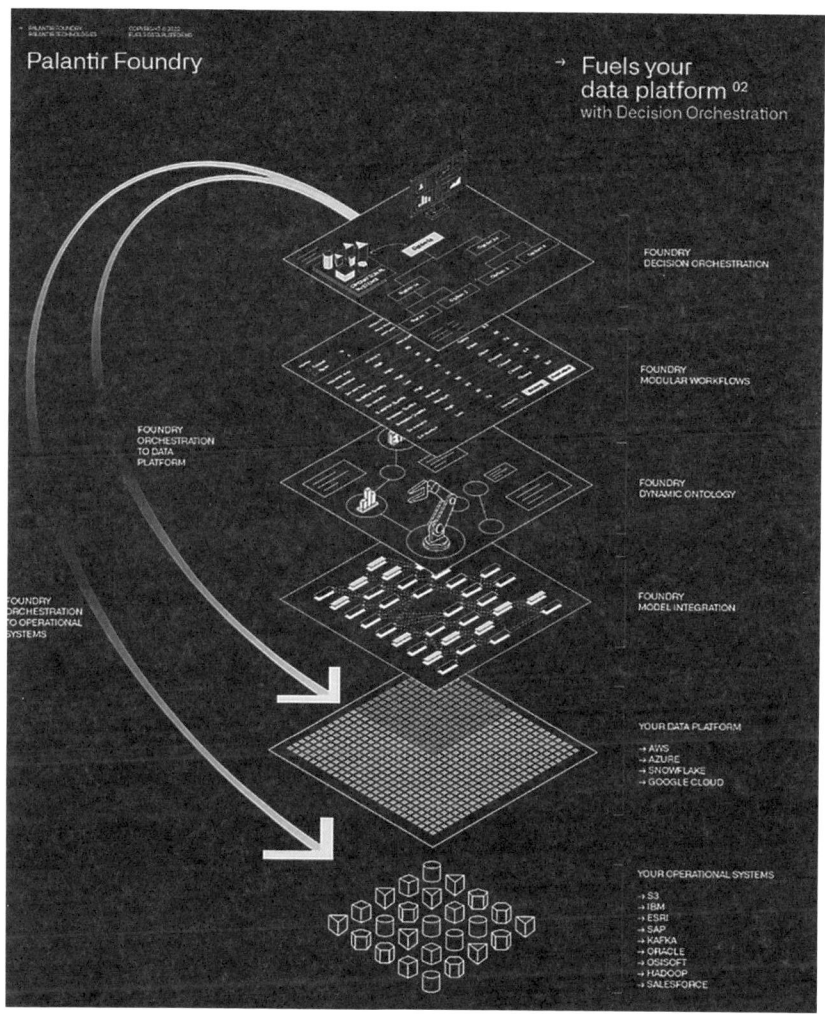

 파운드리의 데이터 통합은 거대한 투명 엘리베이터 같다. 여섯 개 층을 차례로 통과하며 데이터를 '원석'에서 '행동'으로 끌어올린다. 내려다보면 "아, 데이터가 이렇게 올라와 결정되고 다시 내려가 움직이는구나"가 한눈에 보인다.

맨 아래층은 물류창고 같은 운영 시스템 층이다. ERP·SAP·세일즈포스(클라우드 고객 관리)·카프카(스트리밍 메시지 플랫폼)·하둡(분산 저장·처리 프레임워크)에서 쏟아지는 상자들이 끝없이 쌓인다. 한 칸 위에는 AWS·애저·스노우플레이크(클라우드 데이터 웨어하우스)·구글 클라우드가 중앙 도서관처럼 이 상자들을 잠시 보관한다.

세 번째 층부터 팔란티어의 특기가 시작된다. '모델 통합'은 각종 AI·통계 모델이 데이터를 두드려 예측·이상·지표를 뽑아내는 공장 벨트이다. 네 번째 '동적 온톨로지'(서로 다른 데이터를 공통 객체·속성·관계로 맞추는 의미망)는 결과를 현실 세계의 개념 사전으로 재배치한다. 어떤 시스템이 Client, 다른 시스템이 Customer, 또 다른 곳이 '고객'을 써도 이 층에 올라오면 한 단어 '고객'으로 통일된다.

다섯 번째는 '모듈형 워크플로'이다. 레고 블록처럼 조립 가능한 업무 절차가 깔려 있다. 예를 들어 설비 온도가 치솟으면 "정비 팀 호출 → 부품 재고 확인 → 발주"가 자동으로 이어진다. 맨 꼭대기 '의사결정 오케스트레이션'(컨트롤 타워)은 대시보드에서 시뮬레이션 결과를 보여주고, 경영진이 버튼 하나로 전략을 실행하게 한다. 화면 왼쪽의 두 줄 화살표는 파운드리가 아래층 데이터 플랫폼과 운영 시스템을 실시간으로 끌어올리고, 실행 결과를 다시 내려보내는 양방향 순환을 뜻한다.

독일의 한 자동차 공장을 떠올려 보자. 용접 로봇의 진동 센서가 튀는 순간 값이 운영 시스템에서 데이터 플랫폼으로 올라간다. '모델 통합'이 "24시간 내 고장 확률 80%"를 내놓고, '동적 온톨로지'가 로봇-라인-납기-부품을 한눈에 엮는다. '모듈형 워크플로'가 정비 요청·부품 주문·생산 일정 재배치를 자동 시작하고, 컨트롤 타워에는 "라인 B 2시간 뒤 정지, 라인 C 전환 권장"이 뜬다. 관리자가 확인만 누르면 아폴로(무중단 배포 파이프라인)가

MES와 로봇 제어기에 새 설정값를 내려보내 라인 전환이 끝난다. 인간은 '결정'만 하고, 데이터와 소프트웨어가 '행동'을 마무리하는 구조이다.

이 모든 흐름의 바닥에는 SDDI(안전 분산 데이터 통합)가 깔려 있다. 원본을 이사하지 않고도 필요한 정보만 암호화 채널로 불러와 분석한다. 은행 금고에 돈을 둔 채 "당첨 맞나?"만 확인하는 방식이다. 덕분에 국방·의료·금융처럼 민감한 환경에서도 여러 기관이 버추얼 셰어드 데이터베이스(가상 공동 창고)처럼 안전하게 협업한다.

숨은 조력자 하이퍼오토(Hyperauto, 데이터 파이프라인 자동 설계·배포 엔진)도 있다. 새 시스템이 들어오면 어떤 필드를 어디에 매핑할지, 변환 로직과 품질 검사를 무엇으로 할지까지 스스로 결정하고 코드를 생성한다. 사람은 '데이터 연결'이 아니라 '비즈니스 시나리오'에 집중할 수 있다.

도시 시뮬레이션 게임으로 비유하면 더 쉽다. 운영 시스템은 도시의 집·도로·공장, 데이터 플랫폼은 중앙 창고, 온톨로지는 주소 체계, '모델 통합'은 발전·교통 예측기, '워크플로'는 쓰레기 수거·버스 배차 스케줄러, 컨트롤 타워는 시청이다. SDDI는 도시 간 순간 이동 통로, 하이퍼오토는 자동으로 메뉴를 클릭하는 AI 설계사이다. 이 도시는 쓰레기가 쌓이기 전에 치우고, 정전을 기다리지 않고 발전소를 증설하며, 재난이 나면 즉시 대피 경로를 안내한다.

결국 파운드리가 노리는 것은 뚜렷하다. "데이터가 스스로 말하게 하고, 말한 대로 자동으로 움직이게 한다." 온톨로지가 말의 문법을, 그래프 DB가 말의 맥락을, SDDI와 하이퍼오토가 말의 전달 방식을 맡는다. 사람은 핵심 판단에만 에너지를 쓴다. 복잡한 조직일수록 "빨리 보고·빨리 이해하고·

빨리 조치"하는 속도가 생존을 가른다. 파운드리는 그 속도를 데이터 층에서 실행 층까지 일직선으로 잇는, 자동화 고속도로를 까는 도구이다.

위상학과 인포그래픽

팔란티어가 데이터를 다루는 방식은 "숫자를 모아 통계를 낸다"라는 전통적 해석을 훌쩍 넘어선다. 그들에게 데이터는 살아 있는 생태계이며, 수많은 객체와 상호작용이 얽히고설킨 거대한 구조다. 이 복잡계를 읽어내려면 두 가지 기술이 필수다. 첫째가 위상학(Topology), 둘째가 인포그래픽(Infographics)이다. 위상학은 사물의 모양이 아니라 '어떻게 연결돼 있는가'를 탐구하는 수학적 언어이고, 인포그래픽은 그렇게 추출된 고차원 패턴을 사람이 즉시 이해할 수 있는 시각 언어로 번역한다. 두 기술이 맞물리는 순간, 데이터는 정적인 표가 아니라 실시간으로 변하는 작전 지도로 탈바꿈해 조직의 행동을 이끈다.

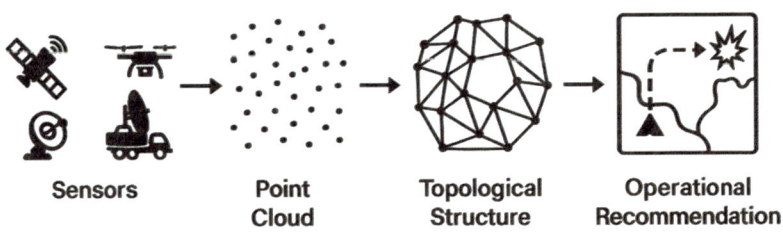

밤하늘 별자리 잇기 퍼즐을 떠올려 보라. 처음엔 점만 가득해 아무 의미가 없어 보이지만, 선을 그어 고리와 길을 만들면 이야기가 생긴다. 팔란티어의 위상학적 분석도 똑같다. 위성·드론·지상 IoT가 모아 온 좌표·시간·신호가 먼저 '점 구름'이 되고, 알고리즘이 점을 선으로 잇고 고리를 찾아 네트워크로 재구성한다. 여기서 위상학(모양의 정확한 길이보다 연결과 구멍 같은

'형태의 성질'을 보는 수학)은 반복되는 고리를 "핵심 경로·거점", 끊긴 선을 "병목·공백"으로 읽어낸다. 전장에서는 드론 궤적의 고리가 적 지휘부 실마리를 주고, 공장에서는 부품 이동 그래프의 단절이 설비 고장을 예고하며, 금융에서는 자금 흐름에 새 고리가 생기면 세탁 조직의 우회 경로가 드러난다. 이렇게 뽑힌 구조는 전술·비즈니스 규칙과 대조되어 "어디를 타격할 것인가, 어느 부품을 언제 갈아야 하는가" 같은 실행 권고로 바로 변환된다.

결과는 대시보드에서 살아 움직인다. 지도·네트워크 다이어그램·히트맵·타임라인이 동시에 갱신되고, 전장 화면에서는 드론 고리가 파란 원, 병참 단절은 붉은 X, 통신 두절은 깜빡이는 경고 아이콘으로 떠서 지휘관이 3초 안에 결정을 내리게 돕는다. 물류 관제에선 트럭 핀이 녹색→노란색→빨간색으로 변하며 지연을 알리고, 병원 관제에선 병상 가용률이 시간 애니메이션으로 흐르며 "48시간 뒤 어느 병동이 포화하는가"가 눈앞에 보인다.

무대 뒤에서는 "질문→해석→구조 분석→ 시각화→ 실행" 파이프라인이 쉼 없이 돈다. 누군가 "강남에서 감염이 번지면 병상 배치를 어떻게 바꿔야 하나?"라고 묻는 순간 대형 언어모델이 질문을 하고, 벡터 DB가 과거 사례를 찾아온다. 이어 그래프 위상학이 병원·도로·환자·물류의 연결망을 계산하고, 시스템 다이내믹스가 병상 부족 시점을 시뮬레이션한다. 곧바로 "48시간 뒤 A 구역 병상 20% 부족 → X·Y 병원 응급 병상 전환 필요"가 화면에 뜨고, 담당자는 클릭 한 번으로 병상 전환·인력 재배치 워크플로를 실행한다.

왜 이 조합이 강력한가. 첫째 속도이다. 숫자 표를 해석하던 시간이 "구조를 그림으로 보는 시간"으로 바뀌어 의사결정이 몇 배 빨라진다. 둘째 정확성이다. 사람 눈이 놓치기 쉬운 고차원 패턴을 위상학이 계산으로 찾아낸다. 셋째 보편성이다. 빨간 선·파란 점 같은 시각 기호는 언어·문화 장벽을 넘어서 동일한 메시지를 주므로, 누구든 같은 화면으로 합의가 가능하다. 요약하면, 위상학은 흩어진 점들을 "의미 있는 길과 고리"로 엮고, 팔란티어는 그 길 위에 질문·근거·시뮬레이션·실행을 얹어 "보는 즉시 움직이는" 결정을 만든다.

4. 현장 접점에서 바로 판단 (At the Edge)

 한번 장면을 그려 보자. 와이파이가 들쭉날쭉한 공장 바닥에서 카메라가 불량을 포착하고, 옆의 손바닥만 한 칩이 "이건 탈락"이라 속삭이듯 스스로 판정한다. 본사 서버에 묻지도 따지지도 않고 바로 그 자리에서 끝낸다. 팔란티어가 말하는 엣지 AI(현장 인공지능)는 이렇게 데이터가 태어난 그 자리에서 생각·판단·행동을 마치는 개념이다.

 핵심은 두 축이다. 첫째, 컴팩트 AI 모델(현장형 초경량 모델)이다. 거대한 신경망을 그대로 사용하기보다 지식 디스틸레이션(Distillation, 중요한 정보만 남기는 모델 다이어트), 양자화(32비트 대신 8/16비트 정수로 연산해 가볍게 만드는 기법), 프루닝(불필요한 연결을 잘라내는 최적화), 그리고 필요 시 저 정밀 FFT(신호를 주파수 영역으로 바꿔 계산량을 줄이는 요령)로 모델을 수 MB~수십 MB까지 줄여 드론·차량·카메라·산업 컨트롤러 같은 소형 장치에서도 실시간 추론이 가능하게 만든다.

 둘째, 현장 배포용 알고리즘(전력·연산 제약이 큰 장비에 넣어도 바로 돌아가는 모델)과 이를 전 지역에 퍼뜨리는 아폴로(무중단 배포 파이프라인)다. 본사에서 새 모델이나 보안 패치를 OTA(무선 원격 배포)로 "발송"하면 현장 단말이 자동 수신·적용하고, 문제가 보이면 즉시 롤백(이전 버전으로 안전 복귀)한다. 네트워크가 끊겨도 단말의 경량 에이전트가 로컬에서 업데이트·복구를 처리해 가용성을 지킨다.

 이 작은 두뇌들이 똑똑한 이유는 중앙의 온톨로지(객체·속성·관계를 정의한 '의미의 지도')와 한 몸처럼 동기화되기 때문이다. 엣지에서 내린 판단은 "부품 A 불량" "차량 X 좌표 진입" 같은 메타데이터(핵심 요약 정보)로 압축되어 파운드리·AIP의 의미 모델과 즉시 합쳐지고, 중앙 대시보드에는 여러 현장의 이벤트가 실시간으로 올라온다. 다시 중앙의 피드백이 엣지로 내려가 관측→판단→실행→되쓰기(학습)의 폐쇄 루프가 끊김 없이 돈다. 이 구조는 완전 오프라인 모드(망이 끊겨도 현지에서 자율 판단)와 요약 동기화 모드(망이 살아 있을 때 핵심 신호만 상향 전송)를 모두 지원해, 전장·공장·재난 현장처럼 지연·대역폭 제약이 큰 환경에 특히 강하다.

 속도만 빠른 것이 아니다. 보안과 거버넌스도 기본값이다. 모든 통신은 TLS 1.3(최신 구간 암호화)과 양방향 인증(단말·서버 서로 신원 확인)으로 봉인되고, 모델 파일은 하드웨어 서명(진짜 장치·정상 바이너리임을 증명) 검증 뒤에만 실행된다. 누가 무엇을 볼 수 있는지는 정책 기반 접근 제어로 섬세하게 분리된다. 엣지에서 내려진 모든 결정에는 해시(일방향 암호 요약)가 찍혀 중앙에 기록되므로 사후 감사와 재학습 데이터 수집도 수월하다.

 효과는 현장에서 숫자로 말한다. 저궤도 위성은 우주에서 산불·선박을 찾아 경보 좌표만 내려보내고, 생산 라인 카메라는 0.2초 만에 합격/불합격을 판정해 불량 흐름을 막는다. 통신 음영이 잦은 국경 감시 차량도 침입 징후를 놓치지 않고, 지진 현장 드론은 현장에서 3D 점군(공간 점 집합)을 계산해 구조대 헬멧에 "진입 가능 통로"를 즉시 띄운다. 예지 정비(고장 징후를 미리 찾아 수리 시점을 앞당기는 방식) 주기는 줄고, 설비 고장률은 떨어지며, 사고 대응 리드타임은 단축된다. 요지는 간단하다. "데이터를 모아 두고 나중에 생각한다"는 중앙집중형에서 "데이터가 태어나는 순간 그 자리에서 판단한다"는 현장 자립형으로 체질을 바꾸는 것이다.

 정리하면, 엣지 AI + 컴팩트 AI + 현장 배포용 알고리즘은 중앙의 두뇌(온톨로지·AIP)와 현장의 말단 신경(엣지 디바이스)을 하나로 묶는 약속이다. 현장에서 빠르게 추론하고(지연·대역폭 절감), 중앙과 의미를 공유하며(온톨로지 동기화), 어디서나 같이 배포·복구하고(아폴로·롤백), 강한 보안과 규제로 감싼다(TLS 1.3·하드웨어 서명·정책 기반 접근). 그 결과 조직은 더 빠르고, 더 안전하며, 더 저렴하게 결정한다. 그리고 "데이터가 곧 전략"이라는 문장은 구호가 아니라, 이미 현장에서 작동하는 현실이 된다.

5. 미래를 미리 시뮬레이션 (Next-Level Simulation)

팔란티어의 Next-Level Simulation은 다양한 가상 시나리오를 사전에 실험하여 그 결과를 실제 운영에 즉시 연결하는 첨단 시뮬레이션 및 디지털 트윈 기술이다. 이 기술은 복잡한 현장이나 조직 운영 중 발생할 수 있는 예기치 못한 상황들을 컴퓨터 내 가상 환경에서 미리 체험할 수 있게 한다.

대표적인 What-if Simulation 기술은 특정 공급망 중단, 수요 급증, 자연재해 및 경제 위기와 같은 다양한 시나리오를 미리 가상에서 실행하여 그 결과를 숫자, 그래프, 영상 등 다양한 방식으로 제공한다. 이를 통해 조직은 잠재적인 문제와 그에 따른 대응 전략을 미리 준비하고 최적화할 수 있다.

디지털 트윈 기술은 현실의 시설, 공장, 기관, 도시 등을 컴퓨터 내부에 정밀하게 복제하여 실시간으로 실제 환경의 변화를 반영하는 기술이다. 이를 통해 조직은 실제 시스템을 중단하거나 위험을 감수하지 않고도 다양한 상황을 가상으로 실험하여 작업 프로세스, 생산 라인, 공급망, 에너지 흐름의 변화를 즉시 확인할 수 있다. 이는 운영 효율성과 안전성을 높이는 데 크게 이바지한다.

운영 모델링(Operational Modeling)은 업무 및 프로세스 전반을 단계별로 가상화하여 부서 간 상호작용과 자원 흐름을 시뮬레이션하는 기술이다. 이를 통해 병목 구간과 취약점을 사전에 파악하여 생산량 감소나 설비 고장 같은 이상 상황 발생 시 조직이 신속하고 정확하게 대응할 수 있도록 지원한다.

팔란티어의 Nexus of Simulation & Execution(시뮬레이션과 실행의 결합 구조)은 분석 결과를 즉시 실행할 수 있는 전략으로 연결하고, 실행 결과를 다시 데이터로 반영해 시뮬레이션을 더욱 정교화하는 순환형 전략 실행 체계를 구현한다. 이는 전통적인 분석과 실행 간의 틈을 없애고 조직 전체가 실시간으로 반응할 수 있는 통합적 운영 구조를 목표로 한다.

이 시스템은 사용자가 다양한 전략 및 정책 시나리오를 설정하면 팔란티어 플랫폼이 결과를 수치화 및 시각화하여 제공하는 What-if 시뮬레이션 기능을 포함한다. 시나리오의 실현 가능성은 기존 데이터, 자원 상태, 조직 구조 등을 기반으로 자동 평가되며, 선정된 시나리오 결과는 즉시 주문 발주, 물류 배치, 인력 할당 등의 실행으로 연결된다.

실제 사례로 영국 보건청(NHS)은 팔란티어 파운드리를 통해 코로나19 백신 배포 전략을 수립하고 전략-실행-재 전략의 순환 루프를 성공적으로 운영했다. 글로벌 소비재 기업 또한 물류망 위기 상황에서 팔란티어를 활용하여 최적의 물류 시나리오를 시뮬레이션하고 즉각적으로 실행할 수 있는 대안을 선정하여 자동 조정에 성공했다.

전략적으로, 이 결합 구조는 전략적 판단과 실행의 즉각적 연계, 다양한 정책 실험의 현실화, 그리고 전략기획의 실행력 있는 구조로의 변화를 불러온다. 향후 더욱 진화된 자율형 실행 체계를 통해 조건 충족 시 자동으로 시뮬레이션, 판단, 실행, 학습이 이루어지고, 디지털 트윈 기술을 통해 다양한 전략을 안전하게 실험할 수 있는 플랫폼이 확대될 것으로 예상된다.

Nexus of Simulation & Execution은 전략 수립, 예측, 실행을 실시간으로 연동하여 조직이 즉각적으로 행동하고 학습할 수 있는 지능형 운영체계를 구현하는 미래형 기술이다.

운영형 What-if 시뮬레이션

팔란티어의 What-if 시뮬레이션과 운영 모델링을 합치면, 과거를 바라보는 분석이 아니라 미래를 가동하는 파이프라인이 된다. 한번 상상해 보자. 허리케인이 북상한다는 알림이 뜨자, 관제실에서 슬라이더를 살짝 움직인다. "풍속 +10%, 항만 폐쇄 24시간, 변전소 1곳 다운." 화면이 즉시 바뀌고, 대체 항로·예비 전력 전환·작업자 교대표가 몇 초 만에 재계산된다. 승인 버튼을 탭하는 순간 현장 밸브 각도, 라인 속도, ERP 재고, 알림 메시지까지 동시에 바뀐다. 분석이 아니라 운영 그 자체가 움직이는 장면이다.

비밀은 바닥부터 단단히 깔린 의미와 연결성에 있다. 먼저 온톨로지가 "무엇이 무엇과 얽혀 있는가"를 표준어로 정리한다. 여기에 그래프 DB가 실제 연결망을 빠르게 계산한다. 파운드리의 하이퍼오토(자동 데이터 변환)가 SAP·MES·카프카(실시간 스트림 플랫폼) 같은 스트림을 자동 흡수해 디지털 트윈을 실시간으로 새로 고친다. 그 위에서 AIP가 시간을 흘려보낸다. 몬테카를로(무작위 시뮬로 분포 계산), 에이전트 기반(개체들이 상호작용하며 결과 형성), 시스템 다이내믹스(재고·흐름·피드백을 수식으로 모델링) 모델이 수십만 번 회전해 최악·평균·최적을 숫자와 그래프로 내놓는다.

진짜 차별점은 "좋아, 그러면 지금 실행"이 된다. 추천안을 고르면 오케스트레이션(여러 시스템을 한 번에 조정)이 가동되어 밸브 제어·라인 속도·작업자 알림·ERP 재고가 동시 반영된다. 위험이 임계치를 넘으면 자동 개입, 애매한 구간이면 담당자 승인 대기로 넘기는 식으로 규칙·ML·권한이 함께 작동한다. 모든 데이터·모델 버전·결정 근거는 설명 가능한 AI 형식으로 자동 기록되어 국방·금융의 감사·규제 요건을 통과한다. 실행 결과는 그래프에 곧장 되쓰기(원천 시스템으로 반영)되고, 다음 학습의 재료가 된다. 망이 불안한 현장에서는 엣지 AI(현장 추론)이 로컬에서 판단을 이어 가고, 핵심

이벤트만 중앙과 동기화해 관측→판단→실행→학습의 폐쇄 루프를 끊기지 않게 유지한다.

이 엔진은 도메인을 가리지 않는다. 전장은 보급선 차단·기상 악화를 변수로 넣어 최단 재보급 루트를 즉시 뽑아낸다. 재난본부는 바람·습도·시간대를 바꿔 헬기·장비 전진 배치를 사전 최적화한다. 제조사는 부품 납기 지연이나 원재료 급등 시 대체 소재·공정 변경의 손익을 비교해 바로 적용한다. 금융은 금리·원자재·지정학 시나리오를 조합해 헤지 전략을 재편한다. 결과는 늘 같은 방식으로 남고, 다음 결정을 더 빠르게 만든다.

정리하면, 팔란티어의 운영형 What-if는 전략 실험실(What-if)과 자동 변속기(Operational Modeling)를 한 몸으로 묶은 실시간 엔진이다. 의미 모델로 현실을 이해하고, 시뮬레이션으로 수십만 개의 미래를 미리 돌려 보고, 클릭 한 번으로 현장에 명령을 배포하고, 그 결과를 다시 학습한다. 조직은 "터지면 대처"에서 "터지기 전에 최적 경로를 선택"으로 체질이 바뀐다. 불확실성은 더 이상 리스크가 아니다. 잘 다루면 경쟁 우위가 된다.

디지털 트윈

팔란티어가 말하는 디지털 트윈은 현실을 그대로 복제해 '두 번째 세계'를 눈앞에 펼쳐 놓는 개념에 가깝다. 공장, 병원, 전장, 도시처럼 복잡한 시스템 전체를 1대1 비율로 가상 공간에 옮겨 놓고, 센서·IoT·업무 시스템이 뿜어내는 실시간 데이터를 한순간도 끊기지 않게 흘려 넣어 가상의 쌍둥이 세계를 살아 움직이게 만든다.

이때 관건은 그래프 DB와 온톨로지다. 사람·설비·부품·도로·예산 같은 모든 요소를 '노드'로, 서로의 관계를 '엣지'로 연결하고, 온톨로지가 각 노드가 언제 어떻게 변할 수 있는지까지 정의해 현실의 의미망을 그대로 디지털에 새겨 넣는다. 이렇게 탄생한 트윈은 파운드리·고담·AIP 위에서 돌아가며, 예컨대 BP는 북해·미국·중동 유전의 200만 개 센서값을 트윈으로 바꿔 밸브 압력이 흔들리면 즉시 경보를 띄우고, 시뮬레이션을 돌려 "밸브를 2%만 조정하면 하루 3만 배럴을 더 뽑는다" 같은 해답을 내놓는다.

 에어버스는 생산라인을 통째로 복제해 도면을 바꾸는 즉시 어디서 병목이 막힐지 미리 확인하고, 설계 단계에서 문제를 지운다. AIP는 이 트윈을 단순 모니터링 화면이 아니라 스스로 판단하고 움직이는 두뇌로 격상시켜 "어떤 부품이 언제 고장 날까?", "지금 재고를 얼마나 빼야 병목이 사라질까?"를 예측해 제안하고, 사용자가 '만약' 시나리오를 던지면 즉석에서 비용·위험·생산량 변화를 그래프로 보여준다. 궁금증이 해결되면 클릭 한 번으로 밸브 제어, 작업자 알림, ERP 재고 수정이 현장에 즉시 반영된다.

 네트워크가 끊겨도 걱정 없다. 경량화된 컴팩트 AI 모델과 현장 배포 알고리즘이 드론·산업용 PLC·전술 태블릿 속에서 현장 판단과 실행을 이어 가기 때문이다. 사용자 눈앞에는 복잡한 데이터 대신 빨강·노랑·초록으로 변하는 인포그래픽이 떠오르고, 병참선이 끊기면 붉은 X가 반짝이며 우회 경로를 바로 제시한다.

 결과적으로 팔란티어 식 트윈은 의사결정 속도를 수배로 끌어올리고, 그래프-온톨로지 덕에 원인·결과를 정밀하게 연결하며, 색과 패턴만 봐도 동일한 판단을 내릴 수 있어 언어 장벽까지 지운다. 팔란티어가 "데이터를 가장 많이 가진 자"가 아니라 "데이터를 두 번째 현실로 복제해 즉시 행동하는 자"가 미래를 설계한다고 강조하는 이유다.

디지털 트윈 실제 구축 사례

 팔란티어가 말하는 디지털 트윈은 단순히 3-D 모델을 띄워 놓고 모니터링하는 수준을 넘어선다. 이 회사는 그래프 데이터베이스와 온톨로지로 짜 놓은 정밀한 데이터 청사진 위에 공장·도시·항공기 같은 복잡계를 1 : 1 비율로 복제하고, 수백만 개 센서와 업무 시스템에서 쏟아지는 실시간 스트림을 주입해 '살아 있는 쌍둥이'를 만든다. 북해·미국·중동 3개 대륙 유전에 흩어져 있는 200만 여 개의 압력·온도·유량 센서가 그 좋은 사례다. BP는 이 신호를 팔란티어 파운드리로 끌어온 뒤, 유정·배관·펌프·밸브를 객체-관계 그래프로 모델링했다.

 그 위에 얹힌 AIP의 AI 모델은 압력이 이상 급등하는 밸브를 포착하고, 밸브 개도를 고작 3% 만 줄여도 유량 손실 없이 위험이 해소된다는 시나리오를 즉시 제안한다. 담당 엔지니어가 대시보드에서 '실행'을 누르면 제어 명령이 해상 플랫폼의 PLC로 내려가고, 정비 워크플로가 동시에 발동된다. 이렇게 하루 3만 배럴, 연간 1,000만 배럴이 넘는 추가 생산이 확보됐다.

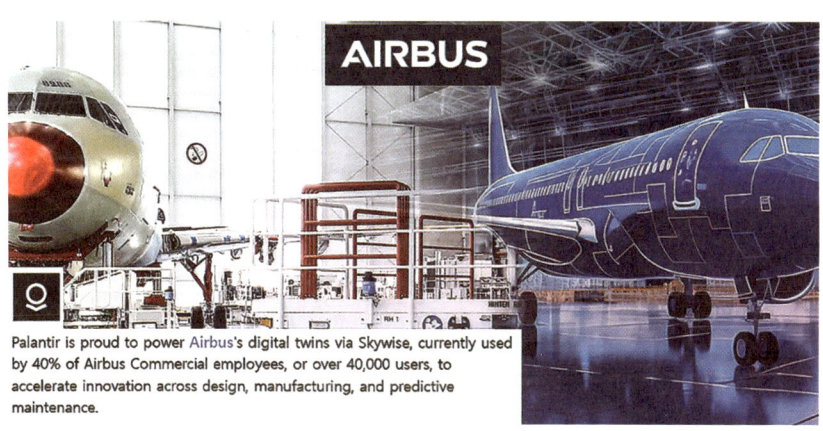

Palantir is proud to power Airbus's digital twins via Skywise, currently used by 40% of Airbus Commercial employees, or over 40,000 users, to accelerate innovation across design, manufacturing, and predictive maintenance.

에어버스의 '스카이와이즈(Skywise)'도 방식은 똑같다. 항공기 한 대에 달린 수십만 개 부품과 센서, 정비 이력, 비행 로그가 그래프 DB에 연결돼, 전 세계 약 9,000대의 항공기가 하나의 거대한 디지털 트윈으로 묶인다. 설계자가 날개 리브 두께를 2 ㎜ 줄여 보겠다고 입력하면, 가상 공장은 즉시 "조립 셀 Y에서 12 분 지연"이란 병목을 붉은색으로 강조해 보여준다. 정비사 태블릿에는 오프라인에서도 돌아가는 컴팩트 AI 모델이 실려 있어 착륙 직후 결함을 바로 진단하고 부품 번호와 공임 시간을 예측한다. 그 결과 A350 생산라인은 초기 대비 두 자릿수 비율로 조립 속도가 빨라졌고, 전 세계 100 여 개 항공사가 같은 플랫폼에서 정비·운항 데이터를 공유하게 됐다.

이런 디지털 트윈이 작동하는 힘은 데이터를 모으고 의미화하며 동기화·예측·엣지 실행·시각화를 하나로 묶은 '수직 통합 구조'에 있다. 하이퍼오토(데이터 자동변환)와 아폴로 계층이 센서·ERP(전사자원관리)·설비 원격 감시·지리 정보에서 들어오는 데이터를 받아들이면, 파운드리의 동적 온톨로지가 유정·펌프·도시 교차로·병원 병상 등을 객체로 정의하고 서로 연결한다.

카프카(실시간 스트림 플랫폼) 스트림이 상태 변화를 트윈 안으로 입력하면, AIP의 마이크로 모델(경량 알고리즘)과 시뮬레이션 오퍼레이션이 이상 징후를 찾아내고 What-if 실험 뒤 최적 대응을 추천한다. 네트워크가 끊기더라도 컴팩트 AI 모델과 현장 배포 알고리즘이 드론·PLC(산업 제어기)·전술 태블릿 같은 엣지(현장 단말) 장치에서 계속 판단과 제어를 맡아 작업이 멈추지 않는다.

최종 결과는 인포그래픽(시각 요약) 형태로 대시보드에 표시돼 설비가 정상일 때는 초록, 진동이 기준치를 넘으면 노랑, 고장이 임박하면 빨강으로 바뀌며, 병참선 그래프에 단절이 생기면 큰 붉은 X가 깜빡인다. 숫자를 해석하느라 시간을 쓰지 않고 색과 패턴을 바로 읽어 즉시 움직일 수 있게 해준다.

그래프 DB와 온톨로지가 필수인 까닭도 명확하다. 파이프로 이어진 유전이나 30만 개 부품이 얽힌 항공기처럼 관계가 본질인 시스템은 테이블 구조보다 그래프 모델에 훨씬 자연스럽게 녹아든다. AI가 "센서 A가 흔들리면 밸브 B가 막혀 펌프 C의 압력이 치솟는다"라는 원인-결과 사슬을 함께 보여주면 현장 엔지니어가 모델을 신뢰하고 즉시 조치할 수 있다. 새로운 센서나 규정이 생겨도 노드와 엣지 몇 개를 추가하는 식으로 트윈을 끝없이 성장시키면 된다.

팔란티어 식 디지털 트윈이 주는 가치는 세 가지로 요약된다. 속도는 가상 트윈 안에서 바로 가정·실험·실행을 끝내기 때문에 의사결정이 기존 대비 두세 배 빨라진다. 정밀도는 그래프 분석과 AI 예측 덕분에 고장·병목 감지율이 올라가고 불필요한 정비가 줄어든다. 보편성은 색과 패턴 중심의 시각화 덕분에 언어가 다른 팀도 같은 트윈 화면을 보고 동일한 판단을 내릴 수 있게 한다. 이것이 미 국방부, 유럽 에너지 기업, 아시아 스마트시티 프로젝트가 같은 플랫폼을 채택하는 이유다.

결국 팔란티어는 그래프 DB와 온톨로지가 세상을 디지털로 엮고, AIP가 트윈의 실시간 두뇌가 되며, 컴팩트 AI와 현장 배포 알고리즘이 최전선을 책임진다. 이 완결형 파이프라인 덕분에 BP는 하루 3만 배럴을 더 퍼 올리고, 에어버스는 전 세계 항공기를 하나의 운영체계로 묶었다. 산업·도시·전장을 가리지 않고 팔란티어가 선택받는 이유가 바로 여기에 있다.

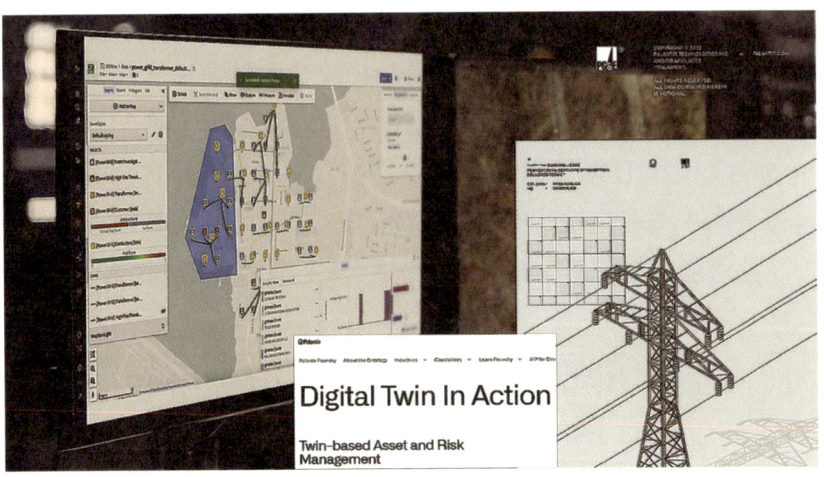

이젠 PG&E(Pacific Gas & Electric Company, 미국 전기·가스 유틸리티 회사) 의 디지털 트윈 구축 사례를 좀 더 자세히 살펴보자.

PG&E는 캘리포니아에서 산불과 노후 전력망 문제가 동시에 커지자, 팔란티어 파운드리를 도입해 전력망 전체를 하나의 '디지털 트윈'으로 만들었다. 이 시스템은 변압기나 전선 같은 장비의 상태만 비추는 '그림자'가 아니라, 회사가 어떻게 판단하고 움직이는지를 그대로 담는 '조직의 논리(의사결정 흐름과 규칙)'를 중심에 둔다. 비유하면, GE 식 물리 트윈이 "장기의 기능 검사 표"라면, 팔란티어 식 트윈은 "PG&E라는 거대한 생명체의 디지털 뇌와 신경계"다. 그래서 고장 예측을 넘어서 산불 예방, 비상 대응, 정비·공사 계획, 조달과 자본 배분, 고객 알림까지 회사의 큰 결정을 한 화면에서 연결하고 바로 실행하게 만든다.

핵심 바탕은 온톨로지다. 파운드리는 로그, ERP(회사 자원 관리), 전력 감시·배전 운영, IoT(사물인터넷), 외부 기상·지형·식생 데이터처럼 서로 다른 형식과 단위를 가진 정보를 의미 기반 모델로 바꾼다. 그 위에 버텍스(모델

관리 툴)·퀴버(시계열 연산 엔진)·코드 워크북(분석 노트) 같은 도구로 AI/ML(인공지능·기계학습) 모델, 규칙 엔진, 전력 공학 물리 모델을 엮어 '모델 메시(여러 모델을 이어 합성 추론)'를 만든다.

이때 디지털 트윈은 단순히 "보기만 하는 화면"이 아니라, 경보 발령·작업 지시 생성·스위칭 계획 적용·조달 트리거처럼 실제 행동을 내리는 쓰기 권한까지 가진 운영 앱이다. 한마디로 "보는 패널"을 넘어 "생각하고 명령하며 움직이는 두뇌-신경-근육"을 갖춘 운영체제다.

구축은 여러 해에 걸친 파트너십으로 시작됐고, 목표는 운영 책임자가 "실시간으로 전력망 전체 상태를 한눈에 본다"라는 감각으로 자산과 위험을 처음부터 끝까지 관리하게 하는 것이었다.

PG&E는 지리 정보 시스템, 자산 기록, 라이다(레이저로 3차원 형상 측정), RGB(컬러 영상), 항공 촬영, 배전 스위칭 기록, 정전 기록, 고객 알림 로그, 7개 이상의 ERP(전사 자원 관리) 및 재무·조달·공급망 데이터, 외부 예보와 위험 모델까지 하나의 온톨로지로 통합했다.

데이터 파이프라인은 스파크(대규모 분산 처리)·파이스파크(파이썬용 Spark)·플링크(실시간 스트리밍 처리)·카프카(이벤트 스트리밍 버스)·SQL(데이터 질의 언어)·파이썬·자바(범용 프로그래밍 언어)로 작성했고, 필요하면 세이지메이커(AWS 머신러닝 플랫폼)·AzureML(마이크로소프트 ML 서비스)·버텍스 AI(구글 클라우드 ML 플랫폼)에서 만든 모델도 파운드리 내부에 바로 연결해 운영화했다.

이렇게 구축된 디지털 트윈은 하루 80억~100억 데이터 포인트를 흡수해 설비 상태, 정전 가능성, 작업 현황, 고객 공지 상태를 한 화면에서 이어 보여줌으로써, 부서별 데이터 고립을 사실상 없앴다.

산불 예방은 대표적인 성과 영역이다. 기상(바람·온도·습도)·식생(숲 상태)·지형(경사·방향)·설비 상태를 합친 위험 모델을 현재 전력망 조건 위에 레이어(겹침)로 올려 공공 안전 전력 차단(산불 예방 정전)을 선제적으로 결정한다. 샤퍼 세이프 코어(중앙 모듈)로 수집한 라이다(레이저 거리 측정)·RGB(적·녹·청 영상) 데이터는 '나무가 전선에서 얼마나 가까운가', '구조물이 얼마나 오래됐는가'를 3D로 정밀 파악해 식생 관리와 위험 지도를 계속 업데이트한다.

그 결과 관측→예측→선제 최적화→제어 실행이 하나의 폐쇄 루프로 돌아 산불 위험을 크게 낮췄으며, 보고된 수치로는 2018~2020년 대비 2022년 산불 피해 면적이 99% 감소했다. 비유하면 산불 기상청·교통 관제센터·배전 조정실이 한 몸이 되어 불씨가 번지기 전에 도로를 통제하고 우회로를 여는 것처럼, 전력을 차단·우회·보강하는 셈이다.

예측 유지보수도 일상화했다. 변압기 상태 모델과 전선 약 2만 5천 마일(약 4만 km) 구간에서 이상 패턴을 탐지해, 계획되지 않은 정전을 크게 줄이고, 잔여 수명을 추정해 교체·수리 시점을 똑똑하게 잡는다.

현장 체감으로는 "불이 난 뒤 소화"하던 대응에서 "연기 냄새가 나기 전에 환기하고, 안전 차단 후 불씨를 제거"하는 대응으로 바뀐 것이다. 이런 방식은 일반적으로 비계획 가동 중지를 30~50%까지 낮추고, 운영·정비 비용을 줄이며, 효율을 2~5%가량 끌어올리는 것이 업계 경험칙이다.

비상 운영에서는 사건 전·중·후 단계가 하나로 이어진다. 지리 공간·자산·정전·고객 알림을 한눈에 보며, 서로 떨어진 팀을 동시에 지휘한다. 프로세스 마이닝(업무 로그를 분석해 실제 흐름과 병목을 찾는 기법)으로 병목을 없애고, 사용자 지정 트리거(조건을 만족하면 자동 실행)와 쓰기 백(외부 시스템에 결과를 되돌려 반영)을 통해 복구·차단 구간 설정·고객 안내를 반복 시뮬레이션 후 바로 실행한다. 조달과 자본 배분에서도 AI가 자재 기준가, 납기, 공급 리스크를 평가해 "지금 사는 게 유리한가, 기다리는 게 유리한가"를 제안하므로, 일정(프로젝트 스케줄)과 비용을 동시에 최적화한다.

이 디지털 트윈이 어느 수준까지 왔는지 이해하기 쉽게, 팔란티어는 성숙도를 ML0~ML5로 설명한다. ML1-2는 실시간 모니터링과 진단("지금 무슨 일이 있는가"), ML3는 예측("무슨 일이 일어나려 하는가"), ML4는 대규모 가정 시뮬레이션을 통한 최적 의사결정("여러 선택지 중 무엇이 가장 좋은가"), ML5는 자율 제어("스스로 최적을 찾아 실행") 단계다.

PG&E는 실시간·과거 데이터 통합, 예측 분석, 광범위한 시뮬레이션, 쓰기백 기반 실행을 갖춰 ML3~ML4는 확실히 달성했으며, 산불 완화와 PSPS처럼 사회적 위험이 큰 영역에서는 ML5(부분 자율)의 초기 구현이 이미 굴러가고 있다고 볼 수 있다. 다만 전력회사 전 영역이 단번에 완전 자율로 바뀌는 일은 드물고, 가치와 위험이 큰 구간부터 점진적으로 자율 범위를 넓히는 전략을 택하고 있다. 또한 엣지 자율(현장 장치에서 즉시 판단·작동)도 확대 중이라, 현장-본부 간 의사결정 지연을 더 줄이는 방향으로 발전하고 있다.

산불처럼 외부 자극이 거세면, 장비별 물리 거동만 알아서는 '어디를 언제 끊고, 어느 경로로 우회하고, 어떤 순서로 복구하며, 고객에게 무엇을 어떻게 알릴지'를 한 번에 최적화하기 어렵다. 온톨로지가 부서·시스템마다 다른 언어를 하나로 번역해 주기 때문에, 트윈이 "같은 언어를 쓰는 지휘 본부"가 되어 판단-명령-집행이 지연 없이 순환한다.

성과는 두 갈래로 확인된다. 첫째, 현장 지표: 산불 피해 면적 99% 감소라는 극적인 결과가 나왔다. 둘째, 운영 체감: 파운드리는 하루 80억~100억 데이터 포인트를 통합해 비상, 자산, 조달, 위험, 프로세스 마이닝, 자본 조달을 하나의 전략 플랫폼에서 굴리는 "기업의 중앙 신경계"로 자리 잡았다. 이는 특정 부서의 도구를 넘어 회사 전체를 움직이는 운영체제로 격상되었음을 의미한다.

미래 계획도 명확하다. PG&E는 2024년 R&D 로드맵에서 AI를 운영의 중심에 두고, 고급 효율화와 오케스트레이션(여러 기능을 조율해 전체 최적을 내는 운영), 자산 건강 예측, 고객 경험 개인화, 직원 역량 증폭을 추진하겠다고 못 박았다. 전기차 확산, 지중화(전선을 땅에 묻는 공사), 산불 완화, 통합 전력망 계획, 가스 부문 탈탄소화 같은 과업이 커질수록, 트윈의 시뮬레이션·최적화·자율 제어 범위는 더 넓어질 것이다.

정리하면, PG&E의 디지털 트윈은 "물리 복제"보다 "의미와 의사결정 흐름의 복제"에 초점을 맞춘 설계로, 방대한 이질 데이터를 온톨로지로 묶어 실시간 이해→예측→시뮬레이션→실행까지 이어지는 폐쇄 루프를 만들었다. 현재는 ML3~ML4 단계에서 확실한 가치를 내고 있으며, 산불·PSPS 같은 핵심 위험 영역에서 ML5(자율)의 초기 구현이 작동하기 시작했다. 이 시스템은 "경보를 보여주는 패널"에서 "스스로 판단하고 조치하는 조정실"로 계속 진화해, 에너지 전환과 전력망 복원력의 핵심 인프라가 될 것이다.

6. 시간의 흐름에 따라 사고 (Thinking in Time)

 월요일 오전 10시 57분, 대시보드에 얇은 주황 띠가 뜬다. "이 추세면 월요일 11시에 재고 20% 이하." 버튼을 누르자 발주가 걸리고, 창고·구매·현장 앱이 동시에 움직인다. 분석 보고서를 기다리던 시간이 "보고→승인→실행"이 한 화면에서 닫히는 시간으로 바뀌는 순간이다.

 비밀은 시간을 처음부터 끝까지 한 줄로 엮는 구조에 있다. 파운드리는 회사 안팎에서 들어오는 값을 타임스탬프만 맞추면 시계열 객체(시간축+값)로 자동 묶고, 여기에 온톨로지(누가·언제·어디서·무엇을의 의미 관계)를 덧입혀 "숫자"를 "맥락"으로 바꾼다.

 패턴을 드러내는 눈은 퀴버(시계열 엔진)이다. 이동평균·변화율·볼린저 밴드 같은 필터를 얹어 추세와 이상을 즉석에서 드러내고, 이상 구간이 잡히는 즉시 경고가 켜진다. 여기서 끝나지 않고 AIP로 넘겨 단기 예측과 자동 액션을 연결한다. "월요일 11시 재고 20% 이하"가 감지되면 발주·알림이 근거와 함께 바로 실행된다.

 한층 더 깊게 들어가면 시간 지향 모델이 뇌 역할을 맡는다. 그래프 DB와 확장 온톨로지가 설비·인력·부품·사건의 상태 전이·지속 시간·재발 주기를 구조화하고, 생존분석·인과 추론·확률 모델·시뮬레이션을 결합한다. 그래서 "72시간 내 다운타임 확률 52%, 완화 조치: 라인 속도 5% 감속+예비품 투입" 같은 처방형 경보가 나온다. 사용자가 "부품 A가 하루 늦으면?"이라고 묻는 순간, 시스템은 즉시 What-if를 돌려 비용·시간·리스크를 색으로 비교해 보여주고, 선택 즉시 밸브 제어·작업자 알림·ERP 재고 수정이 현장에 배포된다.

이 모든 흐름을 한눈에 붙여 주는 게 타임라인 그래프이다. 점만 찍지 않고 이벤트 시작·종료·지속을 바·밴드·마커로 표현해 반복 패턴·동시성·병목을 드러낸다. 브러싱으로 특정 구간을 긁으면 해당 기간의 센서·KPI가 즉시 집계·히트맵화되고, 온톨로지와 결합해 "설비 A—결함 코드 X—교정 작업 Y" 같은 의미 사슬이 자동 표시된다. 옆에는 관련 규정·과거 사례·권고 조치가 자연어로 붙어, 발견→판단→승인→집행이 같은 화면에서 닫힌 고리로 돈다.

시계열 분석은 "패턴을 찾고 경고하는 눈", 시간 지향 모델은 "원인과 미래를 계산하는 두뇌", 타임라인 그래프는 "행동을 바꾸는 지시등"이다. 셋이 합쳐져 시간 루프를 실시간으로 닫아 주고, 조직은 "언제 무엇을 해야 최대 효과인가"를 수치로 판단해 일관된 의사결정 리듬을 갖는다. 결과적으로 시간은 더 이상 회고의 축이 아니라, 전략의 축이 된다.

7. 사람과 AI가 함께 판단 (Intelligence with People)

팔란티어의 Intelligence with People은 인공지능(AI)과 인간이 협력하여 중요한 의사결정을 내리는 시스템이다. 이 기술의 핵심은 AI가 단독으로 판단을 내리거나, 인간이 AI를 단순한 도구로 사용하는 것이 아니라, 양자가 각자의 강점을 활용하여 서로 보완하는 협력적 판단 구조를 구현하는 데 있다.

대표적인 예로 AI FDE(Forward Deployed Engineer)가 있다. 이는 팔란티어의 숙련된 현장 엔지니어와 데이터 전문가들이 현장에 직접 투입되어 복잡한 AI 시스템이 실제 업무 맥락에 맞게 작동하도록 지원하는 모델이다. AI FDE는 AI와 인간이 함께 현장에서 데이터를 해석하고 판단 및 실행하는 역할을 수행하며, 조직의 실질적인 의사결정에 중요한 기여를 한다.

설명 가능한 AI는 AI가 내린 판단의 근거를 명확히 설명할 수 있도록 설계된 기술이다. 현장 담당자나 의사결정자가 AI의 판단 과정을 쉽게 이해할 수 있게 하여 조직이 AI를 맹목적으로 신뢰하는 대신 신중하게 근거와 맥락을 확인하고 필요시 결과를 수정할 수 있는 기회를 제공한다.

또한 Human-in-the-loop architecture(사람이 직접 참여하는 구조)는 AI가 자동으로 결정을 내릴 때도 인간이 개입하거나 최종 검증자로서 해야 할 역할을 할 수 있도록 설계되어 있다. 예컨대, 범죄 수사에서 AI가 의심스러운 패턴이나 인물을 제시하면 실제 수사관이 이를 추가 조사하여 최종 판단을 내리거나, 산업 현장에서 AI가 결함을 발견했을 때 인간 관리자가 최종적으로 검토 후 조치를 결정하는 방식이다.

팔란티어의 '인간과 AI의 협력적 판단 체계'는 이러한 구조를 통해 기술이 아닌 의사결정 방식 자체를 재정의하는 운영 철학을 구현한다. AI가 제공하는 대규모 연산력과 시뮬레이션 기능을 활용하면서도 전략적 직관, 윤리적 고려, 맥락 이해 등 인간 고유의 판단 능력을 보존하여 판단의 속도와 깊이를 모두 확보한다.

이 협력적 판단 체계는 팔란티어의 핵심 플랫폼인 AIP, 파운드리, 고담 전반에 통합되어 있다. 예를 들어, 공공기관은 팬데믹 대응, 백신 분배 및 재난 구조에서 AI가 제안한 시나리오를 인간이 검토하여 정책 결정을 내린다. 국방 분야에서는 고담이 다양한 센서 데이터와 통신 기록을 분석해 전술적 제안을 하면 지휘관이 이를 기반으로 판단을 내린다. 민간 기업에서는 파운드리가 다양한 실행 시나리오를 제공하면 사람이 그 결과를 비교하여 최종 결정을 내리는 방식으로 효율성을 높이고 있다.

이러한 구조는 조직 전반의 신뢰 기반 의사결정 환경을 조성한다. AI는 판단의 대체자가 아닌 협력자로서 항상 인간이 최종 통제권을 유지하도록 설계된다. 또한 조직 구성원이 판단 과정에 적극적으로 참여할 수 있도록 권한 기반 협업과 시각화 기반 리뷰 시스템 등을 제공한다.

앞으로는 AIP와 대형 언어모델(LLM)이 더욱 강도 높게 결합하여 자연어 기반의 대화형 전략 협업이 가능해지고, 윤리 필터와 사회적 영향 분석, ESG 기준 자동 반영 등의 기능이 추가될 것으로 예상된다. 나아가 AI와 인간의 협력 구조는 책임 주체 설정, 오류 대응 프로토콜, 기록 기반 감사 체계를 포함하는 AI 거버넌스 체계로 발전할 전망이다.

AI FDE (Forward Deployed Engineer)

팔란티어의 AI FDE는 한마디로 '현장에 투입되는 AI 특공대'다. 예전엔 사람이 직접 전장이나 공장에 들어가 센서를 붙이고 소프트웨어를 맞춤 변경했다면, 이제는 에이전트 시스템이 그 반복 작업을 대부분 맡는다. 온톨로지(데이터 의미 지도)와 AIP Agent Studio 덕분에 자연어로 "이 센서랑 저 규정 묶어 줘"라고 말하면, 데이터 통합부터 대시보드 생성까지 순식간에 끝난다.

이 개념은 2025년 3월 팔란티어 개발자 컨퍼런스 DevCon 3에서 공식화되었다. 알렉스 카프 CEO는 "AI 경쟁에서 책임 있는 개발과 실전 적용을 서구가 이끌어야 한다"라고 강조했고, 아카시 제인 사장 겸 CTO는 AI FDE를 "전장 같은 고위험 환경에 실제 배치할 수 있는 자동화 시스템"으로 규정하며, 소프트웨어 공학의 패러다임을 재정의하는 도약이라고 설명했다.

먼저 AI FDE는 고객 데이터를 역할별 권한으로 안전하게 불러오고, 스키마를 읽어 의미 계층을 자동으로 만든다. 이어 ETL(추출·정제·적재) 파이프라인을 짜고, 근거 문서를 RAG로 끌어와 리스크 카드까지 뚝딱 만들어낸다. 사람은 복잡한 협상이나 정책 판단에 집중하고, AI는 "재고 떨어지면 자동 발주", "압력 급등 땐 즉시 경보"처럼 반복 로직을 알아서 처리한다.

덕분에 북해 유전이나 재난 현장처럼 시간에 쫓기는 곳에서도, AI FDE가 데이터 접속·분석·앱 배포까지 한 호흡에 돌려 우다 루프(관찰-판단-결정-행동)를 대폭 단축한다. 금융권에서는 거래 스트림을 실시간 모니터링해 수상한 패턴을 잡고, 제조·에너지 현장에선 설비 로그와 공급망 이벤트를 엮어 불량 예측과 정비 스케줄을 자동화한다.

중요한 건 스케일과 애질러티다. 노코드·다국어 UI로 중소기업도 전담 데이터팀 없이 빠르게 도입할 수 있고, 모든 작업·결정·모델 버전은 감사 로그로 남아 규제 대응도 수월하다. 물론 사람을 완전히 대체하진 않는다. 조직 정치, 비정형 위기 대응, 법적 판단은 여전히 인간 몫이다. 다만 반복·형식 업무는 AI가 대신하면서, 사람과 AI가 각자 강점을 살려 협업하는 구조가 빠르게 자리 잡는 중이다.

물론 AI FDE가 인간 FDE를 전면 대체하는 것은 아니다. 조직 정치와 이해관계 조율, 법적 책임 판단, 비정형 위기 대응 같은 영역은 여전히 사람의 몫이며, 현재는 부분 자율을 전제로 한 사람-AI 협업 단계라고 보는 편이 정확하다. 다만 온톨로지로 의미를 정밀하게 고정하고, 접근 통제·감사 로그·정책엔진을 바닥부터 심은 팔란티어 식 설계 덕분에, AI가 개입할 수 있는 업무 영역과 난이도는 계속 넓어지고 있다.

기술이 성숙해 갈수록 에이전트는 반복 업무를 넘어서 점차 복합 의사결정의 하위 단계까지 맡게 되고, 장기적으로는 고신뢰 검증 체계를 전제로 완전 자동화에 근접해 갈 가능성이 크다. 그 과정에서 투명성, 설명 가능성, 책임보험, 로그 보존·삭제 정책 등 거버넌스는 필수 안전상지로 너 촘촘해질 것이다.

결국 팔란티어 AI FDE는 "데이터 모으기 → 의미 붙이기 → 분석 → 실행 → 검증"을 한 줄로 이어 주는 현장 최적화 프레임이다. 덕분에 국방·재난부터 금융·제조·의료·에너지까지, 누구나 클릭 한두 번으로 AI 기반 의사결정 체계를 돌릴 수 있다. 앞으로 각 산업의 '사내 AI 운영체제' 표준이 될 가능성이 큰 이유다.

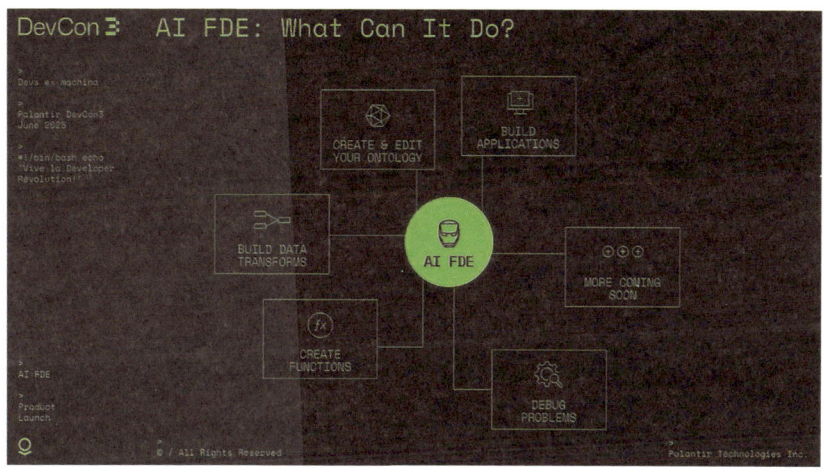

그림은 AI FDE(현장 배치형 엔지니어) 에이전트가 팔란티어 파운드리 안에서 사람 엔지니어가 하던 핵심 작업을 코파일럿처럼 대신/도움 주는 범위를 보여준다. 가운데 초록 원이 AI FDE이고, 주위 상자들은 이 에이전트가 수행하는 기능이다. 요지는 "데이터를 붙이고-의미 모델을 만들고-앱을 만들고-문제를 찾고 고치는 일"을 하나의 AI 작업자가 끝까지 도와준다는 뜻이다.

AI FDE는 먼저 온톨로지 만들기/수정을 돕는다. 온톨로지는 프로젝트의 설계도다. 예를 들어 전력회사라면 전선(객체), 길이·부하(속성), 변압기와 연결(관계)을 정의한다. AI FDE는 원천 데이터 표(테이블)들을 읽어 "이 칼럼은 변압기 용량 같습니다. 이렇게 매핑할까요?"처럼 초안을 제안하고, 빠진 관계를 자동으로 찾아 연결 안을 내놓는다.

다음으로 데이터 트랜스폼(정제·조인·집계 같은 변환 단계) 파이프라인 구축을 담당한다. 트랜스폼 과정은 원시 로(가공 전) 데이터를 깨끗이 클린징해 온톨로지에 맞추는 파이프 역할을 한다. AI FDE는 "두 테이블을 설비 아이디(ID)로 합치기하고, 결측치는 이동평균으로 보완하며, 시간대는

UTC(세계 협정 시)로 정규화하라"와 같은 코드 초안을 SQL·파이썬으로 자동 생성하고, 실행 결과를 확인한 뒤 스스로 오류를 고치도록 유도한다.

함수 만들기(반복 코드를 묶어두는 기능)는 자주 쓰는 로직을 재사용 블록(block, 미리 만들어 둔 조각)으로 바꾸는 일이다. 예를 들어 설비 건강 지수(기계 상태 점수) 계산, 위험 점수 산정, 공공 안전 전력 차단 조건 판단 같은 함수를 미리 정의해 두면 여러 앱(app)에서 같은 기준으로 사용할 수 있다. AI FDE는 수식과 규칙 설명을 입력받아 이를 형식화된 함수 코드로 자동 변환해 준다.

애플리케이션 빌드(화면 만들기 단계)는 현장 사용자가 볼 인터페이스(사용자화면)를 조립하는 과정이다. 테이블·지도·그래프·시뮬레이션·작업 지시 버튼 등을 결합해 온톨로지 객체 중심 UI를 만든다. AI FDE는 "산불 위험 상위 1% 구간만 지도에 표시하고 차단 구간 설정 버튼을 달아 주세요" 같은 자연어 요청을 대시보드·워크플로 사양과 구성 요소로 바꿔 준다. 여기서 액션(여러 변경을 한 번에 원자적으로 적용하는 실행 단위)과 라이트백(외부 시스템에 결과를 되돌려 반영) 기능도 자동 연결된다.

디버깅은 파이프라인 실패, 스키마 불일치, 권한 문제를 찾아내는 일이다. AI FDE는 실행 로그(처리 기록), 계보(데이터가 어디서 와서 어디로 갔는지)와 최근 변경 기록을 추적해 "어제 추가된 칼럼 때문에 조인이 실패했습니다. 여기 두 줄 고치면 해결됩니다."처럼 원인→수정 패치→검증 방법까지 제시한다.

마지막으로 'More coming soon(더 많은 기능이 곧 추가된다는 뜻)' 단계는 what-if 시뮬레이션 설계, 검증 규칙 자동 생성, 역할 기반 권한 설정 초안 지원, 퍼포먼스 튜닝(쿼리 최적화)까지 기능을 계속 넓히겠다는 예고다.

전체 흐름을 간단히 비유하면, AI FDE는 '똑똑한 현장 신입 엔지니어'다. 사용자가 목표를 말하면, 이 신입은 ① 데이터 배관도를 그리고(데이터 변환), ② 설계도를 그리고(온톨로지), ③ 계산 공식을 코드로 만들고(함수), ④ 작업 화면과 버튼을 붙이고(애플리케이션), ⑤ 중간에 막히면 로그를 읽고 스스로 해결책을 내놓는다(디버깅). 사람은 방향 설정·검토·승인에 집중하고, AI는 초안 작성·반복 작업·오류 추적을 맡아 전체 속도를 끌어올린다. 중요한 용어를 다시 정리하면, 온톨로지, 트랜스폼(데이터 변환 단계), 액션(실행 단위), write-back(외부 시스템 업데이트), 디버깅(오류 원인 찾고 고치기)이며, 이 모두를 한 에이전트가 끝단까지 연결해 준다는 점이 핵심이다.

설명 가능한 AI(Explainable AI)

거대한 AI 엔진이 진단서를 들고 와 "이게 답이야!"라고만 말한다면, 여러분은 얼핏 믿음이 가겠는가? 팔란티어가 추구하는 설명 가능한 AI(XAI)는 바로 그 불안함을 뿌리째 없애려는 시도다. 모델이 어떤 데이터, 어떤 규칙, 어떤 추론 절차를 거쳐 결론에 도달했는지까지 몽땅 펼쳐 보여주는 구조다.

왜 가능할까? 비밀 무기는 역시 온톨로지(데이터 의미 지도)다. 센서값이든 계약 문서든 모두 "누가-언제-어디서-무엇과 왜"라는 공통 언어로 묶여 있다. 덕분에 AI가 내놓은 판단을 "A 설비-B 결함-C 정책 규칙 때문에 이런 결론!" 식으로 곧바로 인간 언어로 풀어낼 수 있다. 화면에는 네트워크 그래프·타임라인·지도 같은 인포그래픽이 함께 뜬다. 체인-오브-소트(단계별 추론 요약), LLM 디버거(프롬프트·입출력 추적기), 툴 체인 추적이 자동으로 켜져 'AI 뇌 속 로드맵'을 그대로 복사해 온다.

예를 들어 자금세탁 방지(AML) 모델이 어느 거래를 붉은색으로 물들이면, 시스템은 동시에 "이 거래는 X 계정→Y 계정으로 3분 간격 12회 이동했고, 과거 동일 패턴이 5번 적발돼 규제 조항 7-3에 걸렸다"라는 근거 링크를 달아 준다. 의료 현장이라면 LLM이 환자 기록을 읽고 "투약 금기"를 경고할 때, 어떤 가이드라인·어떤 Lab 수치·어떤 과거 사례가 엮여 있는지 카드 형태로 펼쳐 준다.

물론 감사 로그(불변 기록), 프로비넌스(출처 이력), 역할 기반 접근 통제가 기본으로 있다. 누가·언제·어떤 모델 버전을 호출했는지, 승인자는 누구이고 왜 OK를 눌렀는지가 일목요연하게 남는다. 고위험 결정이라면 리스크 카드(모델 버전·편향 점검·검증 결과)가 자동 따라붙어 규제 보고서로 곧장 전환된다.

현장의 차이는 극적이다. 드론·위성·레이더를 한꺼번에 쓰는 전장에서는 "어떤 센서가 얼마만큼 신뢰도를 줬는가"를 소대급 지휘관도 바로 확인해 작전 명령을 조정한다. 금융 조사관은 AI가 찍은 의심 거래 옆에 SHAP(기여도 시각화) 막대그래프를 보며 가설을 세우고, 의료진은 LLM이 제시한 치료 방안이 가이드라인과 어떻게 매칭되는지 바로 검증한다.

결국 팔란티어의 설명 가능한 AI는 "결과"보다 "과정과 근거"를 먼저 보여 주는 시스템이다. 온톨로지로 의미를 고정하고, LLM 오케스트레이션과 체인-오브-소트로 추론 과정을 투명하게 열어젖히며, 접근 통제와 감사 로그로 책임을 명확히 한다. 그래서 국방·공공·금융·의료처럼 "왜?"를 증명해야만 움직일 수 있는 조직이 팔란티어를 "믿고 쓰는 AI 파트너"로 꼽는 것이다.

인간 개입 검증(HITL, Human-in-the-Loop)

 자율주행 자동차가 아무리 똑똑해도 조수석에 베테랑 기사 한 명이 앉아 있으면 훨씬 안심되지 않는가. 팔란티어가 말하는 인간 개입 검증 아키텍처가 바로 그런 구조다. AI가 초고속으로 데이터 홍수를 정리하고 이상 징후를 콕 찍으면, 사람 전문가가 화면에서 근거와 경로를 훑어본 뒤 '수용·보정·반려' 중 하나를 선택한다. 그 선택은 다시 모델 학습에 반영돼 다음엔 더 똑똑하게 돌아오니, 일종의 "피드백 제너럴 모터스" 같은 순환 고리다.

 데이터가 들어오면 맨 처음 온톨로지(데이터 의미 지도) 위에 얹힌다. 덕분에 "누가-언제-어디서-왜"가 한눈에 잡히고, RAG(검색증강생성)가 정책·규정·과거 사례를 자동으로 끌어와 근거를 붙인다. 이어 체인-오브-소트가 "1단계 센서→2단계 규칙→3단계 모델" 식으로 추론 과정을 펼쳐 보여주므로, 사용자는 블랙박스 대신 "투명 상자"를 마주하게 된다.

 화면에는 리스크 카드가 떠서 모델 버전, 편향 점검, 신뢰도 점수가 한 장에 요약된다. 지정된 승인자—예컨대 공장 라인장, 금융 감사관, 야전 지휘관—은 역할-기반 권한을 통과해 'OK' 또는 '보정 필요'를 클릭한다. 클릭과 동시에 감사 로그(누가-언제-무엇을 했는지 불변 기록)가 저장되고, 필요하면 에스컬레이션 규칙에 따라 상위 책임자에게 자동으로 공이 넘어간다.

 국방·재난 영역에서는 드론·위성·레이더가 초 단위로 표적 후보를 쏟아내지만, 마지막 방아쇠를 당길지 말지는 인간 지휘관이 판단한다. 금융사는 의심 거래를 AI가 1차로 걸러 주니 감사관은 허를 찌르는 패턴에 집중할 수 있다. 의료 현장에선 LLM이 초안을 써 두고, 의사가 금기사항을 확인해 최종 서명한다. 속도는 살리고, 책임은 놓치지 않는 그림이다.

사람이 내린 수용·수정·반려 결정은 곧 라벨이 되어 모델 재학습 재료로 들어간다. 데이터 분포가 조금만 달라져도 드리프트 감지가 깜빡이고, 새 모델은 섀도 테스트와 A/B 검증을 거쳐 단계적으로 퍼진다. 모든 변화는 모델 카드·데이터 카드에 차곡차곡 적혀, 규제기관이나 법정에서도 "우리는 절차를 지켰다"라고 당당히 말할 수 있다.

팔란티어의 설명 가능한 AI는 결론보다 과정을 먼저 보여준다. 온톨로지로 의미를 고정하고, 체인-오브-소트로 추론을 전개하며, RAG와 프로비넌스로 근거를 꿰어 놓는다.

여기에 인간 개입 검증이 한 겹 더 올라가 "AI 속도 + 사람 책임"이라는 두 장짜리 안전망을 만든다. 그래서 팔란티어는 국방·금융·의료처럼 한 번의 실수가 치명적인 영역에서도 "믿고 맡길 수 있는 AI 파트너"로 통한다.

8. 예기치 못한 상황에 대비 (Ready for the Unexpected)

팔란티어의 Ready for the Unexpected 기술은 예측이 어려운 위기 상황에서도 조직이 신속하고 유연하게 대응할 수 있도록 탄력적이고 자율적인 실행 시스템을 구축하는 데 초점을 맞춘다. 이 기술의 핵심은 갑작스러운 위기나 재난 상황에서도 정보 흐름과 의사결정 체계를 끊김이 없이 유지하고 작동시키는 것이다.

대표적인 기술로 메타콘스텔레이션이 있다. 이는 위성, 드론, 센서, 지상 네트워크 등 다양한 물리적 데이터 수집 장치들이 상호 연결된 분산형 지능 네트워크로, 데이터를 실시간으로 수집하고 위협이나 변화를 즉시 감지해 대응 체계를 가동한다. 특히 전장이나 재난 현장처럼 상황이 급격히 변하는 환경에서도 실시간으로 정확한 판단과 대응을 가능하게 한다.

실시간 운영(Real-Time Ops)은 여러 기관과 부서가 동일 플랫폼 내에서 실시간으로 정보를 공유하고 공동 작업하는 운영체계를 의미한다. 이를 통해 현장 요원, 지휘관, 정책 결정자가 공동의 상황 인식을 바탕으로 협력하여 위기 대응을 최적화할 수 있다.

레질리언스 프레임워크(Resilience Framework, 복원력 운영 틀)는 시스템의 내구성과 회복력을 극대화하여 한 부분에 문제가 발생하더라도 전체 운영이 중단되지 않고 신속히 회복될 수 있도록 설계된 구조다. 데이터 손실이나 시스템 장애가 발생해도 조직이 지속해서 중요한 의사결정을 내릴 수 있도록 지원한다.

팔란티어의 Resilience & Real-Time Ops 구조는 단순히 시스템의 빠른 작동을 넘어, 혼란과 위기 속에서도 자율적으로 판단하고 작동하는 탄력적 운영 구조를 실현한다. 메타콘스텔레이션 기술과 End-to-End 실행 구조가 결합하여 실시간 데이터 수집부터 분석, 실행, 피드백까지 전 과정이 끊김이 없이 연동된다.

실제 적용 사례로는 우크라이나 전장에서 러시아군의 공격 가능성을 조기 포착하고 실시간 병력 재배치 시나리오를 수립·실행하는 사례가 있다. 또한 미국의 주요 에너지 기업들은 메타콘스텔레이션을 활용하여 사이버 공격을 실시간으로 감지하고 AI가 자동으로 백업 시스템 전환 및 네트워크 격리를 수행하는 자율 방어 시스템을 운영 중이다. 플로리다 주정부는 허리케인 대비를 위해 파운드리 플랫폼을 통해 피난 경로, 병상 확보, 연료 보급 등을 실시간으로 조정하는 구조를 구축하였다.

전략적으로 이 구조는 다음과 같은 세 가지 시사점을 제공한다. 첫째, 예측 불가능한 위기 시대에는 시스템의 중단 없는 지속성이 중요하며, 팔란티어는 시스템의 연속성을 보장하는 기술적 철학을 구현한다. 둘째, 메타콘스텔레이션 기술은 기존 IT 인프라의 한계를 넘어 물리적·디지털적 통합 작전 능력을 제공한다. 셋째, 위기 상황에서도 의료, 에너지, 국방 등 모든 분야가 중단 없이 운영될 수 있도록 End-to-End 구조를 통해 실행 연속성을 확보한다.

앞으로는 AI가 위기 상황에서 자동으로 복원 시나리오를 판단하고 실행하는 자율 복원 시스템이 보편화될 것이며, 국가 간 실시간 작전 연동 체계로 발전하고 민간과 공공이 참여하는 통합 위기 대응 플랫폼으로 확장될 것으로 예상된다.

메타콘스텔레이션(Meta-Constellation)

팔란티어의 '메타콘스텔레이션'은 위성·드론·지상 센서를 하나의 거대한 분산 AI 신경망으로 묶어—촬영, 분석, 의사결정, 실행—을 실시간으로 닫아버리는 우주-운영체계다. 과거처럼 원시 영상 전체를 지상국으로 내려보낸 뒤 수 시간 동안 인간이 판독하던 '직렬 파이프라인'을 버리고, 궤도·상공·지상 곳곳에 초저전력 추론 칩을 심어 센서가 찍자마자 요약 이벤트만 내려보내는 '병렬 신경망' 구조를 채택했다. 예컨대 1GB짜리 SAR(저주파 대역 레이다) 이미지는 궤도 위 YOLO-SAR(실시간 객체 인식 딥러닝 모델) 경량 모델이 0.3초 만에 "지점 A에 이동식 방사포 3대"라고 판단하고, 지상으로 내려오는 데이터는 12 kB 짜리 메시지뿐이라 통신 대역폭을 만분의 일로 줄인다.

센서들은 상황에 따라 임무를 주고받는다. 구름이 끼면 저주파 SAR가, 야간에는 열화상 드론이, 협곡에서는 지상 LiDAR가 자동으로 바통을 이어받도록 15초 단위로 최적 조합이 재계산된다. 이렇게 얻은 이벤트 스트림은 곧바로 파운드리 온톨로지 그래프에 정규화되고, AIP의 대형 언어모델 플레이북이 '재탐지·식별·포격' 같은 복합 워크플로를 호출해 사람 개입이 필요한 부분만 승인받는다. 전선에서는 포착-타격 시간이 30~40분에서 한 자릿수 초로, 산불 발화 탐지는 45분 빨라져 피해 면적이 ¼로 줄어드는 효과가 확인됐다.

팔란티어의 이 시스템 작동 방식은 인간의 시각 기관과 많이 닮았다. 인간 눈의 망막이 가장자리와 명암의 변화를 먼저 걸러 뇌에 전달하듯, 이 시스템의 위성도 궤도 위에서 여러 데이터를 필터링한 후에 중요한 이벤트(사건)만 지상으로 보낸다. 그리고 뇌의 뉴런 발화율(신경세포 신호 발생 빈도)이 전체적으로 1~4퍼센트에 불과한 것처럼, 전체 센서 중 3~5퍼센트만이 고해상도 이미지를 내려보낸다. 더욱이 만약 통신 링크가 끊겨도, 남아 있는 센서들이 가중치를 조절해 네트워크를 유지하는 모습은 인체 신경계의 항상성(내부 환경을 안정적으로 조절하는 능력)과 매우 유사하다.

기술적으로는 ARM A53 + FPGA 기반 궤도 추론 노드, 드론용 Jetson(드론과 로봇용 AI 컴퓨팅 장치), 지상용 Myriad(저전력 AI 가속기) 보드가 MQTT(경량 메시지 전송 프로토콜) 메시(통신망)에 얽혀 있고, 모든 이벤트가 프로토버퍼로 경량 직렬화돼 링크 장애 시에도 지연 없이 우회 전송된다. 링크 중복, AI 체크섬, 자동 롤백을 포함한 'Resilience Framework'가 시스템 가용성을 담보하며, Iceye(소형 합성개구 레이다 SAR 센서 위성)·플래닛(초소형 광학 위성) 같은 상업 위성도 MQTT 계약만 맺으면 즉시 이 네트워크에 편입된다.

결국 메타콘스텔레이션은 "센서가 스스로 생각하고, 인간은 즉시 행동한다"라는 발상을 구현한 실시간 우주 작전실이다. 데이터를 가장 먼저 이해하고, 불필요한 전송을 없애며, 신속하게 대응하는 자가 현대 전장·재난·글로벌 공급망에서 주도권을 가진다는 팔란티어의 전략적 메시지를 그대로 체화한 구조다.

메타콘스텔레이션 실제 적용 사례

새벽 3시 17분, 키이우 외곽 임시 지휘통제소. 발전기 소음 속 방공호 벽을 비추던 붉은 경고등이 갑자기 빠르게 깜빡였고, 정보 장교가 "적 열차 편대가 동쪽 보급로에 진입!"이라고 외쳤다. 그 순간 팔란티어 메타콘스텔레이션 위성 37기는 매복하듯 별자리(위성 배열)를 재편했다. 위성 탑재 GPU(저전력 그래픽 연산 칩) 안에서 경량 욜로 브이파이브(YOLOv5, 실시간 객체 탐지 모델)가 초당 30프레임으로 원시 영상을 분석했고, 철도 침목과 포신(대포 몸통) 실루엣이 0.98 이상의 점수로 맞아떨어지자 "탄약 차량 6량 – 좌표 48.12°N 34.89°E"라는 30킬로바이트 '인사이트 패킷(추출 정보)'이 저궤도 레이저 링크로 즉시 내려왔다. 예전 같으면 고해상도(30센티미터/픽셀) 원시 데이터를 받느라 6시간을 기다려야 했지만, 이제는 곧바로 "타격 좌표"만 전달된 것이다. 포대 지휘관이 마우스를 한 번 클릭하자 하이마스(고기동 로켓 발사기)가 목표를 로드했고, 로켓이 새벽하늘을 가를 때 적 보급로는 지도 위에서 까맣게 끊어졌다.

이 전개가 '궤도 작전실'이라는 별칭으로 불리는 메타콘스텔레이션의 진면목이다. 전통 위성이 거대한 망원경이라면, 이 시스템은 궤도 위를 맴도는 AI 드론 떼다. 각 센서-위성, 드론, 지상 레이더, 해양 음파계-가 단말기일 뿐만 아니라 현장 근접 연산을 수행하는 분산 노드다. "여길 보라!"는 중앙 명령을 기다리지 않는다. 대신 노드끼리 메시(mesh) 통신으로 서로의 시야를 배분하고, AI 추론 결과만을 압축해 지휘소에 뿌린다. 네트워크가 일부 잘려도 다른 경로가 실시간으로 생성되기에 '눈·귀·입'이 동시에 끊길 일은 없다.

전장은 물론, 동일한 기술은 산업계의 관제 타워로도 변모한다. 남미의 거대한 염수 리튬 호수 위를 돌던 상업 위성들은 매일 같이 수면의 분광(分光) 반사를 들여다본다. 청록색 빛이 약간 탁해진 것을 메타콘스텔레이션의 궤도 AI가 포착하면 "증발 속도 4% 감소"라는 결과만이 지상으로 떨어진다. 이는 즉시 스카다(산업 제어) 시스템과 연동돼 배출 펌프 RPM을 ±3% 조절한다. 그 한 줄의 피드백 덕분에 호수당 연 12%의 물 사용량, 8%의 전력 비용이 절감된다.

동남아의 분주한 항만에서는 AIS(선박 자동 식별 장치) 신호, 드론 사진, 항만 물류 시스템 데이터가 하나의 화면 위에서 겹친다. 색상 히트맵(데이터 밀도 지도)에 붉은 칸이 번지면 컨테이너 야적장 소프트웨어가 AGV(무인 운송차)에 자동으로 우회 경로를 내려보낸다. 이 궤도-지상 합작 덕분에 데머리지(정박 지연 수수료)와 하역 지연 페널티(벌금)로 매년 새던 비용 약 1억 달러를 절감했다. 캘리포니아 산림지대 상공에서는 열화상 위성이 5분 주기로 지름 $50m^2$ 미만의 작은 불씨를 찾아내고, 드론이 해당 지역을 저공으로 지나며 연기·온도·습도를 재샘플링한다. 90초 안에 초기 진화팀 위치와 윈드브레이크(바람 장벽) 배치도가 소방청 태블릿에 뜨면서 초기 진화율은 40%에서 65%로 높아졌다.

메타콘스텔레이션 데이터의 혈관 역할을 하는 건 온톨로지 그래프다. 탱크-부대-보급로, 혹은 항만-선박-컨테이너, 산림-바람-불꽃-안전 반경 같은 복잡한 관계망을 노드(node)·엣지(edge) 구조로 실시간 재귀(再歸) 업데이트한다. 보안 또한 노드 수준에서 정의된다. 예를 들어 '민감 좌표' 태그가 붙은 노드는 미 합참만 열람, '상황 보고' 노드는 사용자 권한에 따라 열람 범위를 시스템이 자동으로 구분하고, NATO 동맹군은 필요한 부분만 보게 한다. 플랫폼은 그 모든 흐름을 시각화로 바꿔 준다. 정상 노드는 초록, 혼잡은 노랑, 위협은 깜빡이는 빨강으로 표시해 자료를 해독하던 시간을 "색과 선을 보는 즉시 움직이는 시간"으로 치환한다.

기술적 밑바탕은 위성 본체에 탑재된 초저전력 GPU + 경량 추론 모델이다. 팔란티어는 이를 SIP(Sensor Inference Platform)라 부른다. Downlink(원시 데이터 전송)를 최소화하고, 원 궤도에서 바로 객체 감지·변화 탐지·패턴 예측을 수행하는 구조다. 이렇게 축약된 결과가 지상에 떨어지면, 파운드리나 AIP가 보유한 지상-센서 데이터와 즉시 결합한다. 요컨대 궤도 AI가 1차 필터, 지상 AI가 2차 합성을 맡아 초 단위 상황 인식을 완성한다.

팔란티어 측이 언급하듯, "데이터를 가장 많이 가진 자가 아니라, 데이터가 지구에 닿기도 전에 이미 이해해 버린 자가 미래를 설계한다." 메타콘스텔레이션은 그 주장에 코드를 붙이고 궤도로 쏘아 올린 증거다. 전장에서는 적의 '다음 움직임'을 예상해 먼저 끊고, 산업 현장에서는 진짜 병목을 찾아 미리 우회하며, 지구 환경에선 작은 불씨를 대화재가 되기 전에 눌러 버리는 그 모든 순간, 하늘 위 분산 AI가 보낸 작은 신호 하나가 결정을 이끈다.

실시간 레질리언스 운영(Real-Time Resilience Ops)

 한번 장면을 떠올려 보자. 태풍이 북상하고, 항만이 멈칫하고, 공장 라인에서 이상 진동이 튄다. 예전이라면 보고 올라오고 회의 잡고 결재 돌리느라 한나절이 갔을 것이다. 팔란티어는 이 시간을 잘라낸다. 스트리밍으로 들어온 신호가 초 단위로 온톨로지(누가·언제·어디서·왜를 공통 언어로 만드는 의미 모델)와 그래프 DB(사물과의 관계를 그대로 저장하는 데이터베이스)에 꽂히는 순간, 모두가 같은 화면과 같은 사실을 본다. 본부·현장·민간 파트너가 단일 진실 대시보드를 열면, 타임라인·지도·네트워크 뷰가 한눈에 맞물리고, LLM-AIP는 RAG(내부 근거 끌어오기)로 "왜 중요한지, 다음 수는 무엇인지"를 사람 말로 풀어 준다. 버튼을 한 번 누르면 티켓 발행, 자원 배치, 경로 통제, 대외 공지가 줄줄이 실행된다. 모든 클릭과 모델 호출, 규칙 판정은 감사 로그와 프로비넌스(출처 이력)로 저장된다.

 이 체계의 포인트는 멈추지 않음이다. 중앙 데이터센터가 비를 맞아도 엣지 노드(현장 독립 실행 단위)가 바로 자립 모드로 넘어가 핵심 로직을 계속 굴린다. 링크가 복구되면 시간차 동기화로 일관성이 맞춰진다. 그래서 국방·재난에선 센서-투-슈터 루프가 초 단위로 작동하고, 공급망·물류에서는 발주-선적-통관-입고의 병목이 미리 깜빡인다. 스마트시티에서는 전력·교통·환경 센서가 한 화면에서 유기적으로 제어된다. 여기에 디지털 트윈과

What-if 시뮬레이션이 기본 장착이라, 항만 셧다운·공급처 변경·운송 전환을 즉석에서 비용-납기-위험으로 비교하고, 선택 즉시 오케스트레이션(여러 시스템 동시 실행)으로 현장 시스템이 바뀐다.

속도만큼 중요한 건 신뢰다. 고위험 결정은 항상 인간 개입 검증으로 마무리한다. 화면에는 리스크 카드(모델 버전·검증 결과·편향 점검·신뢰도)가 뜨고, 역할 기반 권한 아래 승인자가 수용·보정·반려를 고른다. 이 클릭이 곧 라벨이 되어 재학습에 들어가고, 데이터 분포가 흔들리면 드리프트 감지가 바로 알린다. 새 모델은 섀도·A/B 테스트를 통과하고, 아폴로(무중단 배포)로 단계적으로 퍼진다. 사건-결정-성과가 온톨로지로 연결된 지식 자산으로 쌓이니, 비슷한 일이 다시 오면 과거 최적 대응이 먼저 추천되고 최신 정보로 즉시 업데이트된다. 결과적으로 MTTR(평균 복구 시간)은 줄고, 위기는 겪을수록 조직을 단단하게 만든다.

현장에서 느끼는 체감은 단순하다. "알림을 받았다→근거를 확인했다→승인했다→바로 실행됐다→기록이 남았다→다음엔 더 빨라졌다." 이 다섯 박자가 끊기지 않는다. 데이터는 흐름이 멈추지 않고, 판단은 항상 근거와 함께 설명되며, 실행은 자동으로 이어지고, 그 결과가 다시 학습으로 되돌아간다.

요컨대 이 실시간 레질리언스 운영은 네 축을 한 몸으로 묶는다. 분산·실시간 데이터 통합, 엣지-클라우드 동시 운용, AI 기반 감지·시뮬레이션·오케스트레이션, 그리고 인간 개입 거버넌스다. 조직은 위기 때도 같은 사실을 보고 같은 속도로 움직이며, 끝나고 나면 왜 그랬는지, 무엇이 먹혔는지까지 재현 가능한 기록으로 남긴다. 빠르면서도 책임 있는 운영, 그게 복원력을 '평시의 기본 체질'로 바꾸는 방식이다.

1부.
팔란티어 - 데이터 권력의 창조자

3장.
실전으로 증명된 데이터 권력

1. 전쟁과 첩보: 승리를 코딩하다

 2001년 9·11 테러 이후 미국 정보기관들은 통화-메타데이터부터 무기 밀수 동선까지, 상상할 수 없을 만큼 방대한 정보를 쓸어 담았다. 하지만 책만 수천 권 쌓아 놓고 사서가 없는 도서관처럼, 데이터는 서로 단절돼 있었다. 알렉스 카프가 이 공백을 "작전의 뇌가 비어 있었다"라고 표현한 이유다.

 팔란티어의 고담이 처음 전장에 투입된 곳은 2008년 이라크였다. 이전까지만 해도 정보 장교들은 수백 건의 보고서를 수작업으로 엮어야 했다. 고담은 이 전통적 "두뇌 노동"을 그래프 기반 네트워크로 바꿨다. 테러 용의자의 금융 흐름, 휴대전화 기록, IED(급조폭발물) 설치 패턴이 지도 위에서 자동으로 연결되자 탐지율이 두 배로 뛰고, 작전 준비 시간은 수 시간에서 수 분으로 압축됐다.

이라크·아프가니스탄에서 입증된 성공은 워싱턴으로 이어졌다. CIA의 해외 테러 자금 정보, FBI의 국내 용의자 네트워크, ICE(이민세관국)의 밀수 경로가 고담 한 화면에 맞물렸다. 서로 다른 데이터 형식과 기밀 등급이 온톨로지(데이터 의미 계층) 덕분에 "자동 번역"되자, 기관들은 비로소 같은 전술 언어로 대화하게 됐다.

2022년 러시아-우크라이나 전쟁이 터지자, 카프는 곧바로 키이우로 향했다. 그가 제안한 것은 메타콘스텔레이션(다중 위성 네트워크)과 AIP(인공지능 플랫폼)를 결합한 실시간 전장 운영체계였다. 드론과 위성, 지상 레이더가 뿌린 데이터를 궤도에서 AI가 즉시 분석하고, 지상으로 내려오는 것은 "타격 좌표" 같은 30 킬로바이트(KB)짜리 작은 통찰 패킷뿐이었다.

실제로 키이우 외곽 방공호에서는 적 병참 열차가 레이더에 찍힌 지 1분 만에 하이마스(고속 기동 로켓 시스템)가 발사됐다. 우크라이나 국방 관계자는 "팔란티어는 총보다 강력한 무기였다. 판단 속도가 무기의 위력을 결정한다는 점을 보여줬다"라고 회고했다.

같은 기술은 산업 현장에도 빠르게 퍼지고 있다. 남미 리튬 염호에서는 위성이 수면 색 변화를 분석해 증발 속도를 예측하고, 펌프의 RPM(분당 회전수)을 즉시 조정해 물 사용량과 전력비를 두 자릿수로 줄였다.

동남아 대형 항만에서는 AIS(선박 자동 식별) 신호·드론 영상·컨테이너 재고를 실시간으로 겹쳐 AGV(무인 운송차)가 자동 우회 경로를 고른다. 북미 산림지대에서는 열화상 위성이 지상 드론과 연동돼 지름 $50m^2$ 미만의 불씨를 5분 주기로 찾아내 초기 진화율을 40%에서 65%로 끌어올렸다. 추가로 유럽 해상 풍력단지에서는 터빈 센서와 기상 데이터를 통합해 고장 위험을 사전에 예측하고 정비 시간을 30% 단축했다.

메타 콘스텔레이션의 핵심은 SIP(센서 추론 플랫폼), 즉, 궤도 위성 안에 들어간 초저전력 로우파워 GPU(그래픽 연산 칩)와 가벼운 추론 알고리즘이다. 위성 영상이 지상으로 내려오기 전에 객체 찾기와 변화 탐지를 먼저 끝내 결과만 전송하므로, 다운 링크 대역폭과 지연 시간이 크게 줄어든다. 지상에서는 파운드리와 AIP(실시간 AI 실행 엔진)가 이 정보를 기존 데이터와 즉시 합성해 우다 루프(관찰-판단-결정-행동)를 초 단위(실시간)로 이어 준다.

결국 팔란티어가 증명한 것은 "데이터를 가장 많이 가진 자"가 아니라, 데이터가 지구에 닿기도 전에 이미 이해해 버리는 자가 승리한다는 공식이다. 고담이 과거 보고서를 실시간 전술 네트워크로 바꿨다면, 메타콘스텔레이션은 궤도 위 AI 드론 떼로 전장을 확장했다.

이 시스템은 전쟁터에서 적의 다음 움직임을 예상해 끊고, 산업 현장에서는 병목을 미리 우회하며, 환경에서는 작은 불씨를 대화재가 되기 전에 없애 버린다. 기술이 단순한 도구를 넘어, 그 자체로 전략이 된 시대-팔란티어가 그 전환을 상징한다.

2. 팬데믹과 재난: 데이터는 어떻게 생명을 구하는가?

 2020년 3월, 코로나19(COVID-19, 코로나바이러스감염증 2019)가 영국 전역을 강타하자 정부는 COPI 공지(환자 정보 통제 명령)를 발령해 모든 보건기관이 감염 데이터를 실시간으로 공유하도록 했다. NHS 잉글랜드(영국 국민보건서비스 운영 본부)·NHSX(디지털 의료 혁신 조직)·보건부는 곧바로 'NHS 코로나19 데이터 스토어(통합 데이터 창고)'를 마이크로소프트 애저 위에 구축하고, 분석·시각화 플랫폼으로 팔란티어 파운드리를 채택했다. 초기 계약금은 상징적인 1파운드에 불과했지만, 9개월 뒤 성과가 확실해지면서 2년간 2,350만 파운드(£23.5 million, 약 400억 원) 규모로 확대됐다.

 파운드리가 핵심이 된 이유는 명확했다. 병상·장비·인력·감염 현황이 흩어져 있는 한 어떤 방역 전략도 효과를 발휘할 수 없었기 때문이다. 파운드리는 데이터 파이프라인(원천 데이터를 자동 수집·정제하는 기능)과 온톨로지를 통해 정보를 한곳에 모았다. 이어 워크샵(분석가가 코드를 쓰지 않고 시각화·대시보드를 만드는 도구)에서 단일 대시보드를 구축해 4~6주 만에 '의료 현황의 단일 진실'을 제공했다. 이 대시보드 하나로 병상이 부족한 병원은 여유 병원을 즉시 확인해 환자를 전환했고, 몇몇 응급실의 대기시간이 30~50퍼센트 줄었다.

 파운드리가 통합한 다섯 개 워크플로-병상 추적, 장비 재고, 인력 배치, 백신 프로그램, 감염 예측-는 그래프 구조로 얽혀 있다. 예를 들어 PPE(개인보호구)의 현장 재고와 배송 예상 도착시간(ETA)을 결합해 어느 지역이 가장 시급한지 자동 계산했고, 2020년 한 해에만 69억 개가 넘는 PPE가 적시에 재배치됐다. 백신 접종도 'Vaccine Ops' 모듈로 최적화돼 하루 최대 77만 회 접종 기록을 세웠다. 감염 예측 모델은 이동 데이터를 기반으로 지역별 R값(전염 재생산 지수)을 실시간 계산해 "O 지역 확진자가 20퍼센트 늘면 P 병원으로 분산" 같은 시나리오를 추천했다.

이처럼 '수기 보고서 → 본부' 단계에서 24~48시간이 걸리던 구조는 사라지고, 데이터가 입력되자마자 알고리즘이 수요·공급 격차를 예측해 장비·인력 이동 명령을 자동 발행했다. 하루 두 번 발행되던 상황 보고서도 버튼 하나 없이 생성됐다. 이 모든 업데이트는 팔란티어 아폴로가 병원 네트워크에 패치를 제공하며 뒷받침했다.

운영을 담당한 '데이터 셀(Data Cell)'에는 NHS 분석가, 팔란티어 엔지니어, 외부 컨설턴트를 포함해 약 400명이 24시간 교대로 근무했다. 이들은 AI 기반 수요 예측(시계열 분석·그래프 분석)과 최적화(수술실 회전율 예측) 모델을 계속 학습시키며 대시보드를 고도화했다. 논쟁도 있었다. 시민단체와 의료노조는 "국방기업이 국민 의료 데이터를 다룬다"라는 점을 우려했지만, NHS는 가명화(실명 대신 무작위 식별자 부여), 행위 로그 기록, 목적 외 조회 차단으로 투명성을 확보했다.

팬데믹 이후 NHS는 이 경험을 일회성으로 끝나지 않았다. 2023년 11월, NHS는 팔란티어와 7년 3억 3천만 파운드 규모의 연합 데이터 플랫폼(FDP) 계약을 맺어 암 관리, 응급의료, 병상 운영, 전염병 대비 등 다섯 업무 흐름을 전국 표준으로 확장하고 있다. 파운드리의 파이프라인과 온톨로지는 그대로 유지하되, 인공지능 예측 엔진은 AIP로 업그레이드돼 더 정확한 시뮬레이션을 제공한다.

클리블랜드 클리닉(미국 최상급 의료기관)은 영국 사례에 자극받아 2024년 파운드리 기반 버추얼 커맨드 센터(가상 통합 상황실)를 열고 세 가지 모듈을 가동하기 시작했다. 호스피털 360(Hospital 360, 병상·환자 예측)은 병상 가동률과 입원 수요를 분 단위로 예측하고, 스태핑 매트릭스(간호 인력 최적화)는 간호사 배치를 실시간으로 조정하며, OR 스튜어드십(수술실 운영 최적화)은 수술실 예약과 장비 활용도를 예측해 회전율을 끌어올린다. 예전에는 간호 관리자들이 여러 시스템에서 데이터를 손으로 모아야 했지만, 지금은 몇 분 만에 병동 전체 전망을 보고 선제적으로 인력을 재배치할 수 있게 됐다. 수술실 예약도 데이터 예측 덕분에 '예측 불가'에서 '예측 가능' 영역으로 전환돼 지연 건수가 크게 줄었다.

 영국 NHS와 클리블랜드 클리닉 사례가 보여주듯, 데이터를 한곳에 모으고(파이프라인·온톨로지), 실시간 예측 모델을 올리며(AI 엔진), 실행 계획을 자동 배포하는(아폴로) 구조를 갖춘 조직은 위기를 '관리'가 아니라 '선제 대응'으로 전환할 수 있다. 팬데믹이 드러낸 본질은 의료 기술이 아니라 데이터 의사결정 체계임을 잊지 말아야 한다.

3. 모든 산업을 재편하는 거대한 시나리오

 지구라는 거대한 공장이 동시에 재가동 버튼을 누르면 어떤 일이 벌어질까? 팔란티어는 군사 작전실에서 태어난 데이터 운영체계를 민간 산업에 접목해, 항공·에너지·모빌리티·식품·광업·전력·금융을 하나의 거대한 오케스트라처럼 실시간으로 지휘하는 '산업 대전환 시나리오'를 현실로 만들고 있다. 프랑스 툴루즈의 새벽, 에어버스 A350 동체가 크레인 아래서 뒤집히자마자 30만 개 부품 노드가 팔란티어 대시보드에서 파란 선으로 이어졌다. 센서가 "기류 17분 연착"을 알리면 플랫폼은 30초 만에 "날개부터 붙이라"라는 역순 조립 시나리오를 계산해 협력사·로봇·부품 발주 흐름을 자동 재배치한다. 항공기 조립은 더 이상 고정된 설계도가 아니라 AI가 매 순간 다시 그리는 살아 있는 체스판이 되었다.

 같은 시간, 북해 해상엔 폭풍 '마틸다'가 치닫고 있다. BP의 200만 개 센서가 쏟아낸 원유 압력·파고·선박 위치 데이터가 런던 관제실로 모이는 순간, 팔란티어는 드론 열화상·해상 AIS·환율 정보를 실시간으로 융합해 "정유선 세 척을 우회시키고 해저 파이프 압력을 8% 감압하라"는 처방을 내놓는다. 명령이 내려간 지 10분도 안 돼 밸브가 조정되고 선박 항로가 바뀌며 환 헤지가 자동 체결되어, 태풍 속에서도 하루 생산량이 한 방울도 새지 않는다.

 이탈리아 마라넬로에선 고객이 페라리 812 GTS의 외장색을 '지알로 모데나'로 바꾸는 즉시 상담실 벽면 스크린이 공장 로봇의 동선, 페인트 배합, 서스펜션 세팅을 실시간 재구성한다. "우리는 엔진 소리를 파는 회사지만 감성을 디자인하는 건 데이터"라는 브랜드 매니저의 말처럼, 개인화된 감성까지 공장 자동화와 하나로 맞물린다.

서울 울산항에선 반도체 파동이 정점이던 2022년 봄, 현대자동차의 팔란티어 시스템이 글로벌 데이터 스트림을 스캔해 가능한 모든 조달 시나리오를 불과 3초 만에 평가한다. 그리고 "인도네시아 창고 물량 2만 개를 항공으로 급송하고 인천항 59번 크레인을 우선 사용하라"는 결정을 자동 배포해, 반도체 한 조각이 생산라인을 멈추게 하던 악몽을 사전에 봉쇄한다.

SNS '매운맛 챌린지'가 폭발하던 밤, 삼양식품의 주문 곡선이 불꽃처럼 솟구치자, 팔란티어는 환율과 선물 가격, 물류 회전율을 계산해 "부산 대신 싱가포르로 환적하고 인도네시아 공장을 120 % 증산하라"는 명령을 내려보낸다. 직원들은 "우리는 라면이 아니라 데이터로 조리된 전략을 팔고 있다"라고 농담하지만, 그 말이 곧 현실이다.

파라과이 정글 한가운데서는 리오 틴토의 220톤 덤프트럭이 자율주행으로 광석을 실어 나른다. 드론과 라이다가 실시간으로 전송한 갱도 영상 속 균열은 현장 엣지 AI가 즉시 감지해 붕괴를 예방하고, AIP는 채굴량을 7 % 끌어올리는 새로운 굴진 각도를 계산해 준다.

캘리포니아 산맥에서는 PG&E(유틸리티 회사)가 드론 열화상과 위성 영상을 결합해 송전선 스파크를 붉은 점으로 표시하고, AI가 1초 안에 화재 확산 경로를 예측해 "변전소 차단 후 진화 드론 투입"을 내려보낸다. 스위스 취리히의 UBS 트레이딩 플로어에선 3만 종의 금융 상품이 그래프 네트워크로 연결돼 금리 0.25 % 인상 시나리오를 5초 만에 시뮬레이션하고, 트레이더가 버튼 하나로 17개 파생상품을 체결한다.

툴루즈의 조립동과 북해의 드릴, 마라넬로의 핸들, 울산의 컨베이어, 서울의 라면 라인, 파라과이의 붉은 토양, 캘리포니아의 송전탑. 이 모든 현장은 온톨로지와 그래프 DB 위에서 하나의 거대한 작전 지도로 통합된다. AI는 각 현장을 독립된 점이 아니라 얽힌 선으로 해석하며, 판단의 속도를 인간이 따라올 수 없는 수준으로 끌어올린다.

결국 기업들이 팔란티어를 찾는 이유는 명확하다. 데이터 자체가 아니라 '판단 속도'를 사기 위해서다. 에어버스는 항공기를 체스 말처럼 다시 놓고, BP는 원유를 혈관처럼 우회시키며, 삼양식품은 SNS 기류에 맞춰 공장을 재가동한다. 금융 시장조차 시간 단위를 넘어 초 단위 의사결정으로 움직인다. 팔란티어는 그 판을 설계하고 실시간으로 돌리는 숨은 지휘관이다. 산업계의 두 번째 지휘관이 등장했고, 우리는 그들이 짠 실시간 오페라 무대 위에서 새로운 규칙으로 생산하고 이동하며 소비하는 시대를 맞이하고 있다.

1부.
팔란티어 - 데이터 권력의 창조자

4장.
동아시아로 향하는 야망:
새 질서를 향한 도전

1. 국경을 넘는 메타 국가 기업

 2001년 9·11 이후 미국 정보기관은 상상을 초월하는 데이터를 수집했지만, 서로 다른 형식과 부처 벽 속에 파묻힌 그 정보들은 "사서 없는 도서관"처럼 활용되지 못했다. 팔란티어는 그 빈자리를 채우며 '국가보다 빠르게 판단하고 움직이는' 민간 네트워크의 서막을 열었다.

 이라크 전장에 처음 투입된 팔란티어 고담은 정찰 영상·통화 기록·금융 흐름을 한눈에 엮어 "지도 위 움직이는 그래프"로 바꿨다. 정보 장교들이 며칠씩 씨름하던 즉석 폭발물 탐지 작업이 몇 분 안에 끝나고, 탐지율은 두 배로 치솟았다. 이후 CIA(미국 중앙정보국)·FBI(연방수사국)·ICE(이민세관단속국)가 같은 플랫폼을 도입하면서 서로 다른 데이터와 언어가 단일 시각 언어로 번역됐다. 그때부터 팔란티어는 단순한 '툴'이 아니라 정보기관 사이를 잇는 공동 작전의 '두 번째 지휘관'이 됐다.

2022년 러시아의 우크라이나 침공은 변곡점이었다. 알렉스 카프가 키이우로 날아가 제시한 것은 인공지능 운영체계 AIP와 분산 위성망 메타콘스텔레이션이었다. 전장이 클라우드로 올라오자, 드론 영상·탄약 재고·기상 데이터가 60초 안에 융합되고, AIP는 "적 전차 대열 좌측 돌출 3분 후 포병 이동" 같은 시나리오를 즉석에서 계산해 냈다. 우크라이나는 "팔란티어가 총보다 강력했다"라며, 전쟁의 승부를 무기 수량이 아니라 '판단 속도'가 가른다고 선언했다.

 팔란티어의 이런 작전 프로토콜은 곧바로 민간 산업으로 번져, 프랑스 툴루즈에서 에어버스(유럽 항공기 제조사)는 A350 조립 공정을 데이터 기반 체스판(실시간 공정 배치도)으로 바꿔 30만 개 부품의 병목 구간을 실시간 모의해 생산 지체를 절반으로 줄였다. 북해 폭풍 속 BP(영국 에너지 기업) 해양 플랫폼은 센서 200만 개와 드론 영상을 파운드리에 연결해 태풍과 환율 변동까지 고려한 "석유 우회 혈관(위기 시 대체 공급 경로)"을 10분 만에 재설계했다. 울산항에서는 팔란티어가 반도체 부족 사태로 어려움을 겪던 현대자동차의 글로벌 부품 200만 종을 3초 만에 시나리오 평가해 대체 물류를 제안했고, 삼양식품은 "SNS 매운맛 챌린지"가 폭발하자 AIP가 자동으로 공장 증산·환적 항만 변경·마케팅 재배치까지 실행했다.

 팔란티어는 이렇게 국가의 전통적 작전 기능-정보 수집, 전략 시뮬레이션, 자원 배치, 위기 대응-을 민간 영역에서 수행하며 '메타 국가'라는 새 유형을 드러낸다. 국가가 "정치-군사-행정"의 피라미드 구조라면, 팔란티어는 "데이터-AI-실행"의 플랫(평면) 구조다. NATO가 다자 합의로 며칠이 걸릴 전략을 팔란티어는 데이터 통합-AI 결정을 거쳐 몇 분 안에 실행해 버린다.

 이 속도는 전통 민주주의의 숙의(熟議) 구조와 충돌한다. AI는 정확하지만, 시민 동의 절차를 생략하고, 시스템은 투명하지만 책임 주체는 모호하다. 팔란티어가 우크라이나에 작전 알고리즘을 제공할 때, 그 선택은 충분한 공론장을 거쳤는가? "AI가 선택한 최적 전략"과 "민주적 정당성"이 충돌할 때 우리는 어느 쪽을 신뢰해야 할까?

알렉스 카프는 "우리는 국가를 대체하지 않는다. 국가가 더 잘 판단하도록 '엔진'을 공급할 뿐"이라고 말하지만, 현실에서 고담·파운드리·AIP·메타콘스텔레이션은 정보기관의 신경망, 기업의 전략 두뇌, 전장의 자동 지휘관 역할을 동시에 수행한다. 데이터와 알고리즘, 그리고 전 세계에 퍼진 센서 네트워크를 통해 국경을 넘는 작전 정부가 실시간으로 세계를 조율하고 있는 셈이다.

기술은 곧 권력이 되었고, 플랫폼은 새로운 주권(主權)이 되었다. 팔란티어가 친구인가 경쟁자인가, 조력자인가 감시자인가는 아직 논쟁 중이지만 한 가지는 분명하다. 그들은 더 이상 '소프트웨어 회사'가 아니다. 의사결정 질서를 재설계하는 메타 국가형 존재-국가를 넘어선 새로운 전략 정부다.

2. AI 거버넌스: 기회인가, 위협인가?

의사결정 투명성과 데이터 조작 가능성의 윤리 문제: 민주주의를 데이터로 재정의할 수 있는가?

 회의실에서 이런 질문이 튀어나온다. "AI는 그냥 도구(사람 결정을 돕는 장치)인가, 아니면 권력(판단의 틀을 짜는 힘)인가." 팔란티어를 보면 답이 반쯤 보인다. 이들의 파운드리·고담·AIP는 단순 분석기를 넘어서, 조직이 어떻게 생각하고 결정할지까지 기술적으로 프레이밍(판단 경로를 미리 설계)한다.

 겉보기에는 투명하다. 로그가 남고 권한이 정밀하며, XAI(설명 가능한 AI, 근거·경로를 보여주는 방식)가 기본 탑재다. "왜 이 결론인가?"를 화면에서 바로 따라갈 수 있다. 좋다. 다만 틀 자체를 누가 만들었는지는 별개의 문제다.

 여기서 AI 거버넌스(누가, 무엇을, 어떻게 판단하게 설계할 것인가)가 핵심이 된다. 알고리즘 윤리를 넘어 통치 설계의 문제다. 사회가 합의하고 감시할 수 있는 구조가 아니면, 투명한 기록 위에 보이지 않는 방향성이 얹힌다.

 팔란티어는 "우리는 투명하다"라고 말한다. 실제로 감사 로그(누가·언제·무엇을 했는지의 불변 기록), 접근 이력, 근거 제시가 촘촘하다. 그러나 프레임의 설계권이 특정 주체에 집중되면, 그 투명성은 "정교하게 관리되는 투명"이 된다. 조작은 없을 수 있어도 유도는 존재한다.

알렉스 카프의 화법은 이런 경계를 드러낸다. "AI는 도구다"와 "AI는 판단·집행을 구조화한다"를 동시에 말한다. 두 문장은 모두 참일 수 있다. 문제는 어느 쪽을 기본값으로 깔아두느냐다.

예측은 편리하다. 여러 번 쓰이면 곧 자동 결정(사람 개입 없이 실행되는 판단)이 된다. "감염 확산 지역에 먼저 백신 배포", "고위험 고객군 대출 보류"는 기술적으로 타당하다. 하지만 기준·시점·승인 주체가 흐려지면 윤리적 숙고가 증발한다.

정치로 번역하면 이런 그림이다. 국회는 토론한다. 그러나 그 전에 플랫폼이 정책 시뮬레이션으로 옵션과 순위를 제시한다. 겉모습의 민주주의는 유지되지만, 우선순위의 출발선이 알고리즘 쪽으로 밀린다. 이것이 카프 말대로 "민주주의 강화"가 될 수도 있고, "프로그래밍한 민주주의"가 될 수도 있다.

그래서 기준선이 필요하다. 첫째, 프레임 공개다(모델·규칙·가정·데이터 출처를 시민이 열람 가능). 둘째, HITL(인간 개입 검증, 고위험 구간은 사람 승인 의무)과 거부권이다. 셋째, 다중 견제다(감사기관·시민 패널·외부 감사의 삼중 구조). 넷째, 되쓰기 기록이다(정책 실행→성과→재학습의 루프를 모두 공개).

현실적인 장치는 이미 기술 안에 있다. 모델 카드·데이터 카드(목적·범위·한계·편향 점검), 드리프트 감지(분포 변화 경보), 섀도/A-B 테스트(변경 전·후 검증), RBAC(역할 기반 접근) 같은 것들 말이다. 문제는 이것을 거버넌스 언어로 바꾸어 법·절차에 확정하는 일이다.

질문은 결국 여기로 돌아온다. "민주주의를 데이터로 재정의할 수 있는가." 가능하다, 단 조건부다. 프레임을 공개하고, 인간의 질문이 항상 끼어들 수 있게 하고, 시스템이 낸 답보다 왜 그 답이 나왔는지를 먼저 보게 하면 된다. 그때 AI는 권력이 아니라 공적 토론의 증폭기가 된다.

반대로, 프레임이 닫히고 질문이 사라지면 효율은 올라가고 민주성은 내려간다. 투명성과 조작 가능성은 공존할 수 있다. 그래서 기술을 신뢰하되, 설계를 의심해야 한다. 기록은 기술이 맡고, 기준선과 질문은 시민이 맡아야 한다.

AI가 윤리를 가지는가라는 물음은 사실 우리 사회가 질문할 권리·절차를 지키는가로 바뀐다. 그 권리와 절차를 설계·감시하는 일이 곧 AI 거버넌스다. 그걸 이해하는 순간, 우리는 기술의 손님이 아니라 인공지능 시대의 주체가 될 수 있다. 희박한 가능성일지라도!

팔란티어의 위협과 한계

팔란티어의 힘을 이해하려면 먼저 이런 장면을 떠올려 보자. 도시 전체의 도로, 사람, 예산, 규칙이 하나의 거대한 지도 위에서 얽혀 움직이고, 그 지도를 해석하는 소프트웨어가 "여길 막고, 여길 열어라"를 실시간으로 제안한다. 이런 시스템이 효율을 끌어올릴 수도 있지만, 반대로 판단의 방향까지 설계한다면 이야기는 달라진다. 팔란티어가 쥔 권력은 단순한 데이터 처리 능력이 아니라, 사회를 읽고 프레이밍(어떻게 보게 만들지의 설계)하는 힘이다.

가장 큰 위험은 비가시성(보이지 않아 검증이 어려운 상태)이다. 누가 언제 어떤 데이터로 분석 대상이 되었는지, 그 데이터가 어떤 규칙을 타고 해석되는지 일반 시민은 거의 모른다. 여기에 정보 비대칭(소수만 모든 그림을 보고 다수는 부분만 보는 구조)이 겹치면, 데이터 네트워크의 설계자만 전체 맥락을 지배하게 된다.

이 네트워크가 충분히 커지고 촘촘해지면, 분석은 곧 예측이 되고 예측은 곧 유도가 된다. 어떤 정보를 먼저 보여줄지, 어떤 흐름을 좁힐지, 어떤 경보를 키울지가 정책과 시장의 우선순위를 바꾼다. 민주주의가 전제하는 공개성·독립성·자율성은 이렇게 조용히 밀려난다.

그래서 규제의 시선이 모인다. 미국 FTC(연방거래위원회)와 EU, UN 인권이사회는 데이터 독점과 AI 기반 예측·조치가 공공 의사결정에 과도한 영향을 미친다고 보고 견제 장치를 세우는 중이다. 학계도 경고한다. 하버드·스탠퍼드는 관계형 데이터 독점이 국가안보와 공정 경쟁을 흔들 수 있다고 분석했고, 슈샤나 주보프는 이를 감시 자본주의(행태 데이터를 수익으로 전환하는 체제)의 전형으로 지목했다.

사례는 이미 나온다. 언론은 팔란티어가 ICE(미국 이민단속국)와 구축한 추적 시스템, 재범 예측의 편향 위험, 정부와의 과도한 밀착을 문제 삼았다. 영국 NHS 협력에선 환자 데이터의 소유권·목적 외 활용 우려가 제기되며 "공공의 건강보다 플랫폼 의존이 앞설 수 있다"라는 의심이 커졌다. 기술력이 강해질수록 "대체 불가 파트너"가 되는 잠금 효과(Lock-in)도 커진다. 의존이 커지면 경쟁·교체 가능성이 약해지고, 민주적 통제는 흐려진다.

이 지점에서 생각해 볼 안전장치도 분명히 있다. 첫째, 투명성 법제화다(수집 범위·처리 목적·알고리즘 논리 공개). 둘째, 데이터 최소화다(목적 외 장기 보유·2차 활용 금지). 셋째, 독립 감사다(외부가 모델을 정기적으로 검토·보고). 넷째, 반독점 조치다(과도한 데이터·클라우드 결합에는 분할까지 검토). 다섯째, 국제 규범이다(UN/EU 표준으로 감시·예측 시스템의 공통 최소선을 정립). 여기에 기술적 안전장치―XAI(근거 공개), HITL(고위험 인간 승인), 감사 로그(불변 기록), 모델 카드/데이터 카드(목적·한계 명세)―를 제도 언어로 포함하여야 한다.

정리하면 이렇다. 팔란티어 같은 관계형 데이터 기업은 더 이상 "솔루션 벤더"가 아니다. 사회의 맥락을 모델링하고 행동을 연결하는 신(新) 플랫폼 권력이다. 이 힘을 단순 기술력으로만 보면 위험하고, 정치성·윤리성·책임성까지 함께 다뤄야 균형이 잡힌다. 기술은 혁신적일 수 있다. 그러나 공정·자유·민주성을 위협하는 순간, 우선 복원해야 할 것은 더 많은 코드가 아니라 사람 중심의 통제 구조다.

결국 질문은 단순하다. "누가 프레임을 설계하고, 시민은 그 프레임에 개입할 수 있는가?" 기록은 시스템이 맡을 수 있다. 하지만 기준선과 질문을 지키는 일은 사회의 몫이다. 그 감시와 견제가 바로 미래의 주권을 지키는 최소 조건이 될 것이다.

3. 한국형 디지털 전환: 팔란티어 식 해법은?

한반도 최고의 디지털 인프라를 갖춘 한국은 ERP(전사 자원 관리), MES(생산 관리), CRM(고객 관리) 등을 일찍 도입했고, AI와 빅데이터 프로젝트에서도 선두권에 서 있지만, 팔란티어가 지향하는 실시간 판단형 수평 구조와는 본질적으로 다르다. 한국의 디지털 전환은 정보를 모아 보고서로 올리고 경영진이 순차적으로 결정하는 수직 보고 체계가 중심이었고, 반면 팔란티어 식 모델은 그래프 모델링(관계 구조화)·시나리오 시뮬레이션·실행 자동화를 결합해 현업 부서가 직접 전략을 조작·승인하는 구조다. 결과적으로 판단 속도가 크게 빨라지고, 공급망 위기나 가격 급등 같은 외부 충격에도 자동 대응이 가능하며, 부서 간 협업 방식 자체가 바뀐다.

도입 잠재력이 가장 큰 기업은 삼성전자·현대자동차·엘지전자처럼 글로벌 공급망을 가진 대기업으로, 이들은 파운드리를 통해 부품 부족·공정 병목·납기 지연을 미리 시뮬레이션하고 대응할 수 있다. 실제로 LG CNS는 팔란티어와 협력 방안을 논의했고, 삼성은 자체 AI 운영체제 개발과 연계해 일부 개념을 흡수 중이며, 현대차그룹도 UAM(도심 항공 교통)·스마트팩토리 영역에서 유사 모델을 검토한다.

포스코·한화·두산·SK 하이닉스·CJ 대한통운·LX 인터내셔널 등 복합 공급망 기업도 후보로 거론된다. 산업별로는 자동차·전자뿐 아니라 항만 물류·에너지·국방에서도 적용할 수 있으며, 항만 혼잡 시 도심 물류를 즉시 재조정하거나 전력 수급 실패로 인한 파급효과를 실시간 시뮬레이션해 대응할 수 있다.

공공 부문에서도 국방부·행안부·과기정통부·서울시 등이 팔란티어 형 플랫폼을 벤치마킹해 디지털 플랫폼 정부와 스마트시티 전략에 반영하고, 재난 대응·병상 배분·사이버 보안에서 협력 사례가 나오고 있다. 그러나 우선 해결 과제도 고려해야 한다.

첫째, 강한 수직 문화 때문에 판단 권한 분산과 AI 협업 결정 구조에 저항이 생길 수 있다.

둘째, 데이터 사일로(부서별 고립)와 API(시스템 연결) 부족, 보안 우려로 실시간 통합이 어렵다.

셋째, 리더십은 여전히 보고서 기반 판단에 익숙해 AI가 먼저 제안하고 사람이 승인하는 방식으로 패러다임 전환이 필요하다. 외국계 플랫폼 도입 시 데이터 주권(국내 저장·암호화)과 정보보안도 필수 고려 사항이며, 개인정보는 철저히 비식별화해야 한다.

효과적 도입 조건은 그래프 DB 기반 통합 인프라, 기존 시스템 연동, 대형 언어모델(LLM)과 AIP(AI 플랫폼) 결합 판단 엔진, 유연한 권한 구조, 국내 SI(시스템 통합)·클라우드 파트너와 전략 제휴다. 결국 팔란티어 식 플랫폼은 단순 IT 솔루션이 아니라 조직 운영 철학을 바꾸는 전환 기술이며, 보고 중심 체계에서 벗어나 판단 속도와 실행력을 높여야 하는 지금이 바로 도입 적기라 판단된다.

4. 한국형 국방 AI 시나리오

 최근 정부와 국방 분야에서는 인공지능을 단순한 자동화 도구로 보는 시각을 넘어서, 더 깊이 있고 전략적인 활용이 필요하다는 인식이 확산하고 있다. 특히, AI를 '정책 판단의 자동화'가 아닌 '국가 판단의 구조화'라는 관점에서 접근하는 시도가 주목받고 있다. 이러한 접근은 단순히 민원 챗봇이나 범죄 예측 알고리즘, 드론 방어 시스템 같은 기능적 기술을 도입하는 수준을 넘어선다. 핵심은 국가 위기 상황에서 어떤 정보를 근거로 판단하고, 누구에게 어떤 권한을 주며, 그것을 어떻게 실행으로 연결하는지를 하나의 체계로 설계하는 것이다. 미국과 영국 정부 기관에 이미 광범위하게 도입된 팔란티어 시스템은 이와 같은 '국가 판단 시스템'의 실시간화·구조화를 목표로 하고 있다.

 한국의 경우, 중앙정부 및 공공기관은 아직도 많은 한계를 안고 있다. 각 부처의 데이터는 여전히 분절되어 있고(이른바 사일로 구조), 정보 표준화나 연계 시스템은 충분히 작동하지 않는다. 위기 상황이 발생하면 수작업 중심의 대응이 이어지고, 현장과 본부 간의 피드백도 지연되기 쉽다. 예를 들어, 감염병 확산이나 대규모 재난, 군사적 충돌이 동시에 발생하는 복합 위기 상황에서는 이러한 정보 단절과 판단 지연이 치명적인 결과로 이어질 수 있다.

 팔란티어의 파운드리와 고담은 이러한 공백을 메우는 대표 사례다. 영국 보건부 NHS(National Health Service)는 코로나 팬데믹 때 파운드리를 이용해 병상 현황·백신 유통·감염 경로 예측 데이터를 실시간 통합하고 대시보드로 보여줌으로써 의료 자원을 효과적으로 배분했다. 미국 국방부는 고담으로 작전 계획 수립, 병력·장비 이동, 병참 시뮬레이션을 실행했고, FEMA(미국 재난관리청)는 허리케인 피해 예측과 자원 배분에, FDA(미국

식품의약국)와 CDC(미국 질병관리청)는 백신 개발·이상 반응 추적·공급망 관리에 이 플랫폼을 활용했다.

 한국도 이와 유사한 방식으로 다양한 분야에 팔란티어 스타일의 시스템을 적용할 수 있다. 질병관리청과 행정안전부는 팬데믹 시나리오를 자동으로 설계하고, 국토교통부와 기상청은 재난 대응과 지역별 자원 분산을 시뮬레이션하며, 방위사업청과 합참은 병력 배치와 무기 운영 최적화, 경찰청·해양경찰청·산림청은 사건 예측과 통합 작전에 활용하는 식이다. 이때 활용되는 주요 기술은 자연어 질의에 답하는 LLM(대형 언어 모델), 의미 기반 검색을 수행하는 벡터 데이터베이스, 관계 기반 구조를 분석하는 그래프 AI, 그리고 시간의 흐름과 피드백 루프를 반영하는 시스템 다이내믹스(System Dynamics)이다. 각각은 AI 시스템의 눈, 뇌, 관계망, 시간 감각에 해당하는 요소로 볼 수 있다.

 특히 국방 분야에서 이러한 통합 플랫폼은 매우 강력한 전략 도구가 된다. 기존의 무기 중심 전력에서 벗어나, 작전 자체를 실시간으로 판단하고 재설계할 수 있는 '작전의 두뇌' 역할을 하는 것이다. 팔란티어 고담은 실시간 병력 위치와 위성·센서 데이터를 통합해 작전 지도를 자동으로 생성하고, 적의 과거 행동 패턴을 기반으로 위협을 탐지하며, 병참 시뮬레이션을 통해 보급과 보충 경로를 다중 시나리오로 예측한다. 나아가 부대 간 상호작용과 지휘명령의 실행 흐름을 시각적으로 보여줘 지휘 체계 전체를 통합할 수 있다.

 한편, 한국 정부가 추진 중인 디지털 플랫폼 정부는 팔란티어와 유사한 방향성을 지닌다. 부처 간 데이터 공유, 국민 맞춤형 시각화 정책, AI 기반 예측 행정 등은 그 핵심 내용이지만, 아직은 사용자 인터페이스(UI) 수준의 통합에 머물러 있다. 정책 설계나 위기 시뮬레이션을 실시간으로 통합하는 수준에는 미치지 못한다. 따라서 팔란티어 모델을 벤치마킹하면 디지털 플랫폼 정부를 단순한 데이터 플랫폼에서 실질적인 AI 행정 지휘소로 발전시킬 수 있는 토대를 마련할 수 있다.

이러한 변화를 위해서는 '한국형 Palantir-Lite' 개발이 필요하다. 이를 위해 정부와 민간이 협력하여 국내 그래프 AI 플랫폼을 설계하고, 위기 시나리오 테스트베드를 운영하며, 국방·재난·질병관리청 등 주요 기관을 연결하는 통합 작전본부를 마련할 수 있다. 동시에 개인정보 보호와 실행 투명성을 보장하는 윤리적·법적 거버넌스 체계도 함께 구축되어야 한다. 예를 들어 AI가 제안한 판단이 곧장 실행되지 않도록 인간의 승인 절차를 유지하고, 시스템의 판단 과정과 근거를 기록하고 검증할 수 있는 '설명 가능한 AI' 기반이 필요하다.

그러나 이와 같은 시스템을 도입할 때는 몇 가지 주의점도 분명히 존재한다. 첫째, 정보보안은 다 계층 보안 체계를 통해 철저히 관리되어야 하며, 둘째, 개인정보와 데이터 주권 문제는 명확하게 정리되어야 한다. 특히 외국 기업과 협업 시 한국 내 데이터가 해외로 넘어가지 않도록 주권적 데이터 관리가 필수적이다. 셋째, AI 시스템의 판단이 잘못된 방향으로 갈 경우를 대비한 인간 중심의 감독과 감사 시스템도 병행되어야 한다.

최근에는 한국 내에서도 팔란티어 시스템 도입과 관련된 협력 움직임이 일부 가시화되고 있다. 방위사업청은 미 국방부와 협력해 미래형 작전 개념 수립에 팔란티어 고담을 검토한 바 있으며, 질병관리청은 감염병 통합관리 플랫폼을 준비하는 과정에서 유사 시스템의 벤치마킹을 진행한 것으로 알려졌다. 다만 공식적인 계약이나 상시 협력은 아직 초기 단계에 머물러 있다. 오히려 지방자치단체 중에서는 일부 대형 스마트시티 프로젝트(예: 세종, 부산)의 데이터 통합관리 영역에서 팔란티어 도입 가능성이 검토되고 있다.

결국, 지금 한국 정부에 필요한 것은 더 많은 AI 도구가 아니라, 국가 전체의 판단 흐름을 통합하고 실시간으로 조정할 수 있는 '전략적 판단 플랫폼'이다. 데이터도 있고, 정책도 있고, AI 기술도 있다. 하지만 이 모든 것을 연결하는 판단의 구조가 부재하다. 팔란티어 형 플랫폼은 바로 이 '판단 구조'를 설계하고 실행 흐름까지 연결하는 방식으로, 한국의 전략적 대응 역량을 한 단계 끌어올릴 수 있는 강력한 도구가 될 수 있다.

2025년 7월 AWC(AI World Congress) : AI for Defense 행사

 2025년 7월 28일 서울 여의도 국회의원회관에서 열린 AWC : AI for Defense 행사에서, 팔란티어 코리아 측은 한국 국방이 장기 계획으로 상정한 기술 수준이 해외에서는 이미 실전 배치 단계에 와 있다고 알렸다. 그리고 3~5년 내 AI 성능이 급상승하고 한국군의 차세대 지휘 통제 체계 완성에는 12~15년이 걸릴 수 있다는 전망도 함께 전했다.

이 메시지의 핵심은 두 가지다.

첫째, 전장 감시·정찰·타격의 전 과정을 인공지능이 보좌하는 체계가 우크라이나, 미군, 나토 현장에서 이미 가동 중이라는 점이다. 팔란티어의 플랫폼은 위성·드론·레이더·통신·현장 보고 등 이기종 데이터를 하나의 의미 구조로 엮어(온톨로지: 객체와 관계를 그래프 형태로 모델링) 실시간 공통작전상황도(공통 화면에 전장 전체 상황을 공유)로 보여주고, AI가 위협 분류와 표적 추천, 행동 방안 비교(CoA, 대안별 시뮬레이션)를 제시하면 지휘관은 승인·책임 결정을 신속히 내리도록 돕는다. 우크라이나 전장에서는 상업위성·열 감지·정찰드론·시민 제보까지 모아 러시아 포병·전차 위치 확률지도를 만들고, 신속 타격으로 연결한 사례가 다수 보도됐다.

둘째, 한국군이 추진하는 KCCS(Korea Command and Control System: 한국군 차세대 지휘 통제 체계) 는 바로 이런 멀티 도메인 통합을 자국 표준으로 구현하려는 구상이라는 점이다. 정부는 KCCS의 핵심을 초연결(지상·해양·공중·우주·사이버를 실시간 네트워크로 연결), 초지능(AI로 신속 분석·결심 지원), 초융합(이기종 데이터를 하나로 모아 정확도 향상)으로 설명하고, 고신뢰 통신망(5G+위성), 클라우드형 데이터 허브, AI 의사결정 보조와 자동화 연결(킬체인: 탐지→식별→결심→타격)을 방향으로 제시한다. 또한 장차 미군의 합동 모든 영역 지휘통제(JADC2)와 상호운용을 지향한다는 연구도 공개돼 있다.

15년 뒤에나 완성될 기술을 기다리면, 15년 동안 이길 수 없는 전쟁을 치르게 된다. 이미 실전에서 검증된 체계는 과감히 들여와야 한다. 하지만, 국가의 주권과 표준, 핵심 설계는 우리 대한민국이 쥐고 가야 한다. 이제 한국은 "팔란티어와 협력할 것은 협력하고, 우리가 주도할 것은 확실히 주도하는" 하이브리드 전략으로 속도를 끌어올려야 한다.

우선, 전장 데이터의 초연결·초융합·초지능화를 바로 작동시키는 것이 급하다. 위성·드론·레이더·통신·현장 보고 등 이기종 데이터를 하나의 의미 구조로 엮어(온톨로지) 공통작전상황도(COP, 모든 부대가 공유하는 전장 공용 화면)를 실시간으로 만들고, AI가 위협을 분류하고 행동 방안(CoA, 대안별 시뮬레이션)을 제시하면 지휘관이 빠르게 승인하는 흐름은 이미 우크라이나와 나토에서 증명되었다. 이런 즉효성 영역은 팔란티어 같은 글로벌 플랫폼과 곧바로 결합해 조기 전력화하는 편이 합리적이다. 다만 조건을 분명히 해야 한다.

첫째, 개방형 아키텍처(표준화된 인터페이스로 상호운용성을 확보하는 설계) 채택. 둘째, 데이터 주권(핵심 데이터는 국내 인프라에서 저장·처리)과

소스코드 에스크로(비상시 코드 접근을 보장하는 장치). 셋째, 공동 지식재산권과 기술 이전을 포함한 상호 투자. 넷째, 성과 기반 조달(미션 성과를 계약 성과로 평가)로 전환해, 시간이 갈수록 실제 성능이 올라가도록 유도해야 한다.

 동시에, 우리가 주도해야 할 영역은 더욱 명확하다.

첫째, K-온톨로지의 국가 표준화다. 한국 지형·교리·규정·암호체계·언어 맥락을 반영한 작전 온톨로지와 데이터 사전(도메인 용어·단위·식별 체계)은 수입할 수 없다. 이를 국가 표준으로 공개(보안 등급을 나눠 부분 공개)하고, 군·산·학 파트너가 동일한 스키마로 애플리케이션을 붙일 수 있게 해야 한다.

둘째, KCCS의 상부 구조를 우리가 설계해야 한다. 전술·작전·전략 계층을 관통하는 이벤트 버스(시스템 간 메시지를 중계하는 구조), 접근권한·감사(Zero-Trust: 항상 검증 후 접근을 허용하는 보안 모델), 결정 기록(결심의 근거와 책임 추적)을 국내 규격으로 정의해, 어떤 외산 모듈을 꽂아도 한국 규격을 따라야 하도록 만들어야 한다.

셋째, K-SDK를 배포한다. SDK(외부 개발자 지원 개발 도구 묶음)를 통해 스타트업·중소기업이 탐지 확률, 오경보율, 총임무시간, 타격 오차 같은 지표를 계약 성과로 삼아 빠르게 개선 경쟁을 하도록 만들어야 한다.
넷째, 안보형 AI 안전 규범을 우리가 선도한다. 프롬프트 주입 공격, 데이터 유출, 적대적 예제(모델을 속이도록 조작된 입력) 방어율을 정량화해 평가·인증하고, 레드팀(공격자 역할을 맡아 취약점을 찾는 팀) 훈련을 상시화해야 한다.

한 가지 제안으로만 생각한다면, 정부가 지금 당장 취할 수 있는 실행 시퀀스는 이렇다. 6개월에서 1년 안에 전장 데이터 허브와 공통작전상황도, CoA 시뮬레이션을 시범사단 1곳에 배치해 본다. 이때 외산 플랫폼과 국내 모듈을 혼합 구성하고, 모든 데이터는 국내 인프라에서 저장·처리한다. 또 6~12개월 사이에 공군·해군으로 확장하고, 실사격 훈련과 연동한 성능 기반 대회를 정례화한다. 12~24개월 구간에는 K-온톨로지와 K-SDK를 공개하고, 국방 스타트업을 위한 "성능 갱신형 계약(지속 업데이트를 조건으로 성능이 오를수록 대금 지급 방식)"을 제도화한다. 조달과 거버넌스도 바꿔야 한다. 장비 납품 중심에서 임무 성과 계약으로 전환하고, "정확도 몇 %, 오경보율 몇 %"처럼 측정할 수 있는 수치로 성과를 정해야 한다. 중앙에 통합 컨트롤센터를 두되, 보고 회의가 아니라 지표 공개와 책임 운영을 표준으로 삼고, 모델이 누구의 데이터를 쓰고 어떤 근거로 결정을 추천했는지 "근거 추적"을 의무화해, 실전에서 신뢰를 확보해야 한다. 또한 해외 협력은 한 손으로는 빠르게 도입하고, 다른 손으로는 국산화를 당겨오는 견인 레버로 설계하고, 공동 연구소, 상호 인력 파견, 국내 GPU/네트워크 최적화, 국산 암호모듈 연동을 단계별 의무 조건으로 걸어야 한다.

지금 필요한 것은 선택이 아니라 배치 순서다. 검증된 것은 즉시 들여와 작동시키고, 표준과 데이터, 온톨로지, 개발자 생태계는 우리가 설계해야 한다. 이것이 "협력할 것은 협력하고, 주도할 것은 주도하는" 전략이며, 15년을 3년으로 압축하는 가장 현실적인 길일 것이다.

두 가지 위기 시나리오

이제 매우 흥미롭고 중요한 전략적 사고 실험을 한번 해보자. 아래는 팔란티어 기반의 국가 실시간 판단 시스템이 이미 구축된 상태에서, 두 가지 시나리오(① 중국의 대만 공격, ② 북한의 일본 향 미사일 발사)에 대해 현실적이고 전략적인 대응 시나리오를 제시한다.

 한국 정부는 팔란티어 기반 국가 실시간 판단 시스템을 이미 운용 중인 전제로, 모든 핵심 데이터와 정책·작전 워크플로가 그래프 기반 온톨로지 위에서 '단일 진실의 원천'으로 결속된 상태를 상정한다. 이 체계는 팔란티어 파운드리와 고담, AIP, 메타콘스텔레이션을 축으로, 수집→정제→분석→시뮬레이션→결정→집행→감사→학습의 반복 피드백 순환을 초 단위로 회전시킨다. 데이터는 역할 기반 접근 통제로 세분되어 각 부처가 권한 범위 내에서 동일한 최신 상태를 보며, 모든 연산과 결정은 설명 가능 AI 카드와 프로비넌스(출처·변천 이력)로 근거가 자동 부착되고, 고위험 조치는 반드시 인간 개입 검증 승인 절차를 거친다. 네트워크가 끊기는 비상 상황에서도 엣지 컴퓨팅 노드가 독립적으로 판단·기록을 지속하고, 연결이 회복되면 점진 동기화(시간차를 두고 일관성 확보)로 하나의 기록으로 합쳐진다. 이 기저를 바탕으로 두 개의 위기 시나리오가 전개된다.

 첫 번째는 2027년 10월 3일 새벽 3시 27분, 중국의 대만 공격 개시 징후를 포착하는 장면이다.

 국가 판단 시스템 콘솔에 우한과 푸젠 일대 전력 급상승과 통신 밀집 패턴이 동시에 솟구치며, 9초 뒤 미군 정찰위성과 일본의 ESM(전자 지원정찰) 위성 신호가 메타콘스텔레이션 경로로 흡수된다. SIGINT(신호정보)가 해군 함정과 공군기 78기의 비정상 기동을 자동 표지하고, 고담 그래프 위에서 항만·기지·지휘소 노드가 붉게 연결되며 "Possibility of Taiwan Strait Offensive: Level 2" 경보가 점등된다. 경보 발생 1분 이내에 국방부, 외교부, 대통령실, 국정원, 기재부·산업부·금융위 등 핵심 부처로 팔란티어 아폴로(대규모 배포·운영 자동화 체계)가 패킷처럼 지시를 전파하고, 각 기관 대시보드에는 동일한 사건 식별자와 근거 묶음이 붙는다.

3시 35분, AIP는 과거 3,122건의 유사 사례, 양안 무역·외교 협약, 한미 연합작전계획 및 미·일 전략 문서를 연결한 186개의 대응 시나리오를 신뢰도와 파급효과 순으로 정렬해 제시한다. 파운드리 온톨로지에서는 외교·군사·경제·금융·난민·보건의 다중 전장 변수를 시간 지향 모델(상태 전이·지속 기간·인과 순서를 함께 모델링)로 전개해 선택지마다 정치적 반작용, 공급망 충격, 금융 변동성, 난민 유입 규모, 사이버 공격 확률의 기댓값과 분산을 함께 표시한다.

외교부 콘솔에는 한중 비공개 연락망 재가동과 미 국무부와의 공동 입장 조율 초안이 동시에 올라오고, 국방부/합참 콘솔에서는 JADOC(합동지휘통제)이 '현시(Show of Force)' 프로파일을 제시해 한국 해역 내 함정 재배치, 서해·남해 해상교통 통제 2단계 경계선, 항공 자산 CAP(전투 공중초계) 루트를 시뮬레이션한다. 산업통상자원부는 대만발 반도체 병목에 대비해 삼성·SK·한미 R&D 연합체의 공정 증설·레티클·포토레지스트·HBM(고대역폭 메모리) 라인 전환을 조건부 발령하고, 에너지·원자재·물류 슬롯까지 재배치한다. 금융위는 외환·채권 시장의 임계 변동 폭을 감시해 특정 임계치 초과시 채권시장안정펀드 자동 투입과 결제 리스크 완충을 예약한다. 질병관리청과 해양수산부는 난민 유입 가능성 가정하에 제주·부산항 수용 거점, 의약품·식수·격리동 운영, 취약계층 보호 계획을 시뮬레이션하고, 지자체 자원 배치와 연동된 이동 경로를 최적화한다.

3시 42분, 대통령은 AIP 대시보드에서 "조기 경보 2단계"를 승인한다. 이 한 번의 클릭은 '빠름'만 생산하지 않는다. 각 조치에는 XAI 카드가 따라붙어 "어떤 센서와 이미지, 어떤 문서와 과거 사건, 어떤 통계와 가중치가 이 결정을 뒷받침했는지"를 자연어와 그래프·타임라인으로 풀어 보여주고, 승인·수정·반려의 사람 손길은 모두 감사 로그(불변 기록)와 프로비넌스로 봉인된다. 국가는 새벽에 서둘러 움직이지만, 근거가 뒤따라오는 구조 덕분에 혼란 대신 증거를, 추측 대신 책임을 생산한다.

두 번째는 2028년 3월 12일 오후 2시 14분, 북한이 일본을 향해 미사일을 발사하는 장면이다.

평안북도 TEL(이동식 발사대) 주변에서 강한 전자파와 열 신호가 솟구치고, JCS-K(한미 연합 지휘 통제 망 가정)와 미·일 공동 정보망, 팔란티어 파운드리의 북핵 추적 그래프가 동시에 수축한다. 시스템은 '발사 사전 단계'로 예측하며 위기 점수 4.8/5 경보를 띄운다.
2시 17분, 실제 발사. 궤적 예측은 탄도미사일 2발이 홋카이도 인근을 향함을 가리키고, AIP는 수백만 노드의 정부·지자체·인프라·민간 파트너 네트워크를 동원해 연쇄 반응을 계산한다.

2시 20분, 합참/국방부는 동해 요격 자산을 즉시 활성화하고 L-SAM (장거리 지대공 유도무기) 교전 해역을 실시간 갱신하며 일본과 트랙 데이터를 공유한다. 위성·레이더·통신 자산의 우선순위는 자동 재배치되고, 트래픽 혼잡 구간에는 대체 링크(멀티패스·메시 네트워크)가 도약한다. 국정원은 내륙 교통망·지하 시설·고위 인사 동선 데이터를 결합한 위협 추적 대시보드를 갱신해 보호 구간을 선제 지정한다. 외교부는 미국 NSC(국가안전보장회의), 일본 방위성, 유엔 안보리에 긴급 협의 요청을 자동 발신하고, 중국·러시아와의 채널은 리스크·효용 곡선 비교 분석과 함께 옵션화해 장관 결재를 기다린다. 교육부와 행안부는 강릉·속초·동해 지역 학교·관공서에 휴교·대피 시뮬레이션을 띄우고, 전 국민에게 모바일 대피 안내 영상을 푸시한다. 정보보호센터/KISA는 북한발 사이버 위협을 고려해 주요 인프라에 보안 레벨 3

을 적용하고, 중요 ICS(산업제어시스템) 구간에 네트워크 분리·화이트리스트 정책을 즉시 강화한다.

 2시 30분, AIP는 "일본 영토 착탄 여부", "오작동 낙하 가능성", "도발 수위 상승 여부"로 분기를 나눠 사후 대응 경로를 제시한다. 각 분기에는 추론 경로, 신뢰도 범위, 법적·외교적 반발 가능성, 필요 승인자, 예상 반론까지 포함된다. 인간 개입 검증 체계가 작동해 자동화는 여기서 사람의 결심과 책임을 통과하며, 2시간 내 소집된 NSC(국가안전보장회의)에서 대통령은 2단계 대응을 승인한다. 그 순간에도 모델은 배운다. 요격 성능과 바람·기상·플룸(연기 기둥) 변수가 실제 데이터로 재보정 되고, 경보 임계치는 재설정되며, 향후 훈련 시나리오는 이번 기록을 학습 데이터로 흡수한다. 오늘의 결정은 내일의 자동화를 만들지만, 자동화가 결정을 대체하지는 않는다.

 위 두 시나리오 모두에서 한국 정부 관점의 원칙은 명확하다.

 첫째, 시스템은 조언자이고 인간은 최종 책임자다. 자동화의 속도를 윤리·법치의 속도로 구속하기 위해 모든 고위험 조치에 인간 개입 검증과 승인 행렬(다단계 승인 규칙)을 의무화한다.

 둘째, 모든 결정은 설명 가능하고 재현할 수 있어야 한다. XAI 카드와 체인-오브-소트(단계별 추론 서술), 툴 체인 추적(각 단계에서 호출된 도구·모델·규칙과 입·출력 기록), 감사 로그와 프로비넌스가 사후 조사와 사법·국회 통제, 동맹 간 공조의 공신력을 뒷받침한다.

 셋째, 데이터 주권과 프라이버시 보호가 최우선이다. 민감 개인정보는 최소 권한 원칙과 차등 프라이버시(통계적 노이즈 주입을 통한 재식별 방지)로 보호하며, 크로스보더 데이터 공유는 조약·국내법에 근거한 목적 제한과 보존·삭제 정책 아래에서만 이뤄진다.

넷째, 회복탄력성을 체계화한다. 통신·전력·데이터 센터 장애나 사이버 공격에도 핵심 기능이 끊기지 않도록 엣지-클라우드 이중화, 대체 경로, 오프라인 캐시·재동기화, 섀도 모드(운영과 병행 비교)와 점진 배포를 기본 운용으로 삼는다.

다섯째, 모든 위기는 학습 기회다. 경보-판단-집행-성과는 온톨로지로 연결된 지식 자산으로 축적되어 같은 유형의 위기에서 시스템이 과거 최적 대응을 즉시 소환·권고하게 하고, 그 권고마저 인간의 검증을 통해 더 정교해진다.

결국 이 체계가 부각하는 건 속도가 아니라, 근거가 붙은 빠름과 책임을 담은 자동화다. 대만해협의 새벽 전력 피크와 평안북도의 열 신호, 홋카이도 해역으로 향하는 두 줄의 궤도 앞에서, 한국 정부는 더 빨리 놀라고 더 정확히 두려워하며 더 책임 있게 결심한다. 팔란티어 기반 국가 판단 시스템은 "데이터를 연결하고(온톨로지), 맥락을 해석하며(XAI), 즉시 행동으로 옮기고(Real-Time Ops), 그 과정을 증명한다(감사·프로비넌스)"라는 원리를 지켜, 동맹과 국제 사회에 신뢰 가능한 파트너로서의 위상을 강화한다. 그리고 무엇보다 중요한 사실 한 가지—AI가 국정을 대신하지 않는다. AI는 국정을 증명 가능하게 만든다. 오늘의 기록이 내일의 안전을 만든다는 믿음, 그것이 이 시스템이 존재하는 이유다. 그리고 대한민국이 이런 시스템을 구축했느냐 구축 못했느냐는 국가 성장 이전에 국민의 생존이 관련된 중대한 일이다.

5. 동아시아 패권, 그래프 AI 격전지

팬데믹, 지정학적 갈등, 사이버 공격, 공급망 붕괴 등 복합 위기가 일상이 된 오늘날, 동아시아 각국은 단순히 데이터를 수집하거나 분석하는 수준을 넘어서 '판단의 구조'를 재설계하는 단계에 들어섰다. 무엇보다 중요한 것은 '정보의 흐름'과 '행동 간 관계'를 이해하고, 이를 통해 실시간으로 대응할 수 있는 시뮬레이션 체계를 갖추는 것이다. 바로 이 지점에서 '그래프 AI(Graph AI)' 기반의 전략 플랫폼이 부상하고 있다.

그래프 AI는 사람, 장소, 사건, 자원 간의 관계를 동적으로 파악하고, 이를 기반으로 예측과 시나리오 시뮬레이션을 수행하는 인공지능 기술이다. 마치 도시를 항공 뷰로 내려다보며 건물과 도로의 배치뿐 아니라, 이들이 상호작용하며 초래할 미래 상황까지 그려 보는 '전략 지도'와 같다. 이 기술은 팔란티어가 선도하며, 동아시아의 여러 국가는 이를 참고하거나 자체적으로 유사한 구조를 개발하고 있다.

중국은 'GBDT(Government Big Data Tower)'라는 이름의 초대형 국가 데이터 통합 시스템을 통해 전 국민의 위치 정보, 금융 기록, SNS 활동, CCTV 영상 등을 한데 모아 사회 신용 점수를 관리한다. 이는 AI 기반 사회 통제 구조의 정점이라 할 수 있으며, 위기 발생 시 실시간 추적과 즉각적인 통제 조치를 가능하게 한다. 그러나 이러한 중앙집중형 모델은 판단의 유연성과 전략적 다양성 측면에서 한계가 존재한다. 결국 중국의 AI는 '예방과 통제'에 강점을 지니지만, 복잡한 시나리오 대응과 시민 협력 유도에는 어려움을 안고 있다.

일본은 민군 협력과 데이터 거버넌스를 기반으로 위기 대응 시스템을 발전시키고 있다. NTT Data, Fujitsu, NEC 등 민간 기업들이 방위성과 협력하여 시뮬레이션 기반 위기 대응 플랫폼을 구축 중이며, 일본 자위대는 미군의 팔란티어 고담 시스템을 벤치마킹해 작전 시나리오 시뮬레이션을 활용하고 있다. 2025년에는 NTT의 'Smart AI Agent™'가 출시되었고, 사이버 보안, 전력망 복원, 원전 사고 대응 등 다양한 분야에서 그래프 기반 AI가 시험 적용되고 있다. 그러나 여전히 부처 간 협업이 원활하지 않고, 정치 구조상 신속한 통합에는 시간이 필요하다는 점이 도전 과제다.

 대만은 중국의 군사적 위협에 직접적으로 노출된 현실을 반영하여, 국방 중심의 AI 전략을 강화하고 있다. 국가고속컴퓨팅센터(NCHC)를 중심으로 자체 그래프 AI 플랫폼을 개발 중이며, 드론·레이더·민간 제보 앱 등 다양한 센서와 정보 출처를 통합해 실시간 위협 시나리오를 분석하고 있다. 예컨대 해안에서 무인기가 탐지되면 자동으로 대응 시나리오가 생성되어 작전 지시까지 이어진다. 그러나 아직 민간과 군의 데이터 연계는 제한적이고, 기술 인재의 유출도 고민거리로 남아 있다.

 싱가포르는 팬데믹 초기 팔란티어 파운드리(데이터 통합 플랫폼)를 활용해 감염 경로 분석·백신 배분·의료 인력 재배치에서 큰 성과를 거둔 뒤, 국가 운영 전반을 자동화하는 '작전형 정부(AI가 정책을 실시간 제안·집행)' 모델로 나아가고 있다. 고브테크(GovTech, 정부 기술청)와 디지털국이 교통·치안·보건·국방 등 모든 데이터를 그래프 구조(관계를 맺은 데이터망)로 통합하고, AI가 정책 시나리오를 제안하거나 직접 실행하도록 설계한다. 중앙집권적 행정과 소규모 국토라는 특성 덕분에 데이터 통합과 정책 실행이 빠르며, 시민 참여형 투명 정책 실험도 활발하다. 추가로, 싱가포르는 스마트 네이션(국가 디지털 전환 전략) 프로젝트와 연계해 디지털 트윈 구축을 확대하고, 학교·주택·물류 영역까지 실시간 의사결정 자동화를 확장하고 있다.

한국은 세계적 수준의 반도체·5G(5세대 이동통신)·클라우드 기술을 보유하고 있으나, 정작 실시간 판단 플랫폼은 부족한 상태다. 국방·재난·외교·보건 정보가 부처별로 흩어져 사일로를 이루고, 시뮬레이션 기반 예측 시스템도 거의 없다. 팔란티어 식 전략 시스템이나 중국 GBDT 식 통제 체계가 모두 부재해 실제로는 '플랫폼 공백'에 머무는 셈이다. 이에 따라 재난 대응·국방 합동훈련·대외 전략 수립에서 데이터 융합과 AI 시뮬레이션 기반 의사결정이 지연되고, 실시간 합동 상황실 구축이 시급하다는 지적이 커지고 있다.

그러나 이는 곧 기회이기도 하다. 한국은 기술력과 민주주의, 투명성과 시민 참여라는 강점을 동시에 갖춘 국가로, 아래와 같은 균형 전략을 설계할 수 있다.

첫째, 그래프 DB와 벡터 DB를 통합한 관계 중심 데이터 구조를 채택해야 한다. 예컨대 감염자와의 접촉 경로, 이동 이력, 직업군 등 데이터를 관계망으로 시각화해 실시간 예측과 분석이 가능하게 해야 한다.

둘째, 정부, 기업, 시민 간 분산형 시나리오 거버넌스를 설계해야 한다. 팔란티어처럼 시민 의견을 직접 학습하는 구조는 아니더라도, 위기 시나리오별로 협업 구조를 미리 설계하고 시뮬레이션할 수 있어야 한다.

셋째, 네이버, 카카오, 삼성SDS, LG CNS, 쿠팡 등 민간 데이터 플랫폼과 정부 시스템을 API 기반으로 연계해 데이터 교환 체계를 열어야 한다.

넷째, 국방·보건·재난용 AIP 시뮬레이션 엔진을 자체 개발하여, 위기 발생 시 자동 대응 경로를 시각화하고 실행 방안을 제시해야 한다.

마지막으로, AI가 어떤 판단을 내렸는지 시민이 이해할 수 있는 '설명 가능한 AI' 원칙을 적용하여 신뢰 기반을 확보해야 한다.

이러한 전략이 실현되기 위해서는 정부 각 부처 간의 통합 노력과 지방자치단체의 실시간 데이터 제공이 필수적이다. 단순한 기술 프로젝트가 아니라 국가 거버넌스 전반을 재설계하는 일이며, 따라서 정보보안, 개인정보 보호, 데이터 주권 문제 역시 반드시 고려되어야 한다.

동아시아 각국은 이미 '판단의 미래'를 설계하고 있다. 중국은 통제 중심의 구조, 일본은 민관 협력형, 대만은 국방 위기 대응형, 싱가포르는 전면 통합형 모델을 시도 중이다. 이제 한국은 이들 중 어느 길을 선택할 것인지, 혹은 우리만의 제3의 길을 설계할 것인지 결정해야 할 시점이다. 그래프 AI는 단지 기술이 아니라, 우리가 미래를 어떻게 판단하고 실행할 것인가를 결정짓는 '언어'이며, 한국은 기술적 기반과 제도적 자산을 모두 갖춘 만큼 동아시아 AI 전략 경쟁에서 핵심 플랫폼 국가로 도약할 수 있는 잠재력을 지니고 있다.

2부
안두릴
자율 국방의 혁명가

1장. 방위산업 판을 뒤집다: 안두릴의 등장	164
2장. 실전, AI가 지휘하는 전쟁터	186
3장. 안두릴, 세계 표준을 향한 비전	215

2부.
안두릴: 자율 국방의 혁명가

1장.
방위산업 판을 뒤집다:
안두릴의 등장

국방 산업의 새로운 전환점, 안두릴 인더스트리의 반격

2017년, 캘리포니아의 따사로운 해안 도시 코스타 메사에서 조용한 혁명이 시작됐다. 실리콘밸리의 스타 개발자들과 혁신가들이 모여, 국방 산업의 오래된 질서를 깨트리겠다는 일념으로 설립한 회사가 바로 안두릴 인더스트리(Anduril Industries)다. '전통적인 방위산업은 느리다'라는 불만에서 출발한 이 회사는, "민간 기술의 속도와 유연성으로 국방의 판을 바꾸겠다"라고 선언하며 무섭게 성장했다. 마치 전쟁터에 첨단 스타트업이 진입한 것처럼, 안두릴은 미국 국방부와의 계약을 잇달아 따내며 '실리콘밸리 방산업체'라는 별명을 얻게 되었다.

오큘러스(Oculus)의 창업자로 잘 알려진 팔머 럭키(Palmer Luckey)가 중심에 있었고, 함께한 공동 창립자들인 브라이언 심프(Brian Schimpf), 트레이 스티븐스(Trae Stephens), 매트 그림(Matt Grimm), 조셉 첸

(Joseph Chen) 등은 팔란티어, 페이스북, 파운더스펀드(Founders Fund) 등 빅테크와 금융계에서 내로라하는 이들이었다. 이들이 만든 안두릴은 소프트웨어 중심의 방산 솔루션을 지향하면서, AI 기반 감시 시스템, 자율 드론, 수중 무인정, 센서 융합 시스템, 그리고 이 모든 것을 제어하는 통합 운영체제를 개발하고 있다.

그 성장세는 눈부셨다. 2023년 약 4억 2천만 달러였던 매출은 1년 만에 10억 달러로 폭증했고, 2025년 시리즈 G 투자 유치를 통해 기업가치는 305억 달러(약 40조 원)를 돌파했다. 이는 방산 스타트업으로선 전례 없는 규모이며, 전통 방산업체의 느린 매출 성장과 낮은 수익률(8~10%)을 고려할 때, 안두릴이 기록한 40~45%에 이르는 마진율은 경이로운 수준이다. 이는 단순히 제품을 만들어 납품하는 회사가 아니라, 민첩하게 업그레이드되는 플랫폼형 국방 솔루션을 설계한 결과다.

안두릴의 철학은 간단하지만 파괴적이다. "국방은 더 이상 군수산업체의 전유물이 아니다. 스타트업이 국경을 지킬 수 있다." 실제로 안두릴은 미국 국경 지역에 설치된 자율 감시 타워 시스템으로 유명해졌고, 지금은 공군, 해군, 해병대, 해안경비대, 정보기관과 다양한 계약을 맺고 있다.

이 회사가 개발한 자율 드론 '고스트(Ghost)'는 마치 전장의 '사신(死神)'처럼 적진 깊숙이 침투하고, 인간의 개입 없이 정찰과 감시를 수행한다. 또 다른 시스템인 '센트리 타워(Sentry Tower)'는 사막 한가운데 스스로 서서, 24시간 내내 침입자를 감지하고 AI로 판단해 경보를 울린다. 이 모든 시스템은 안두릴이 자체 개발한 AI 소프트웨어 플랫폼 래티스 OS를 기반으로 작동한다. 래티스는 상황 인식, 실시간 추적, 행동 예측, 시뮬레이션까지 가능한 '전장 AI'의 두뇌 역할을 한다.

안두릴의 창업자들은 자신들의 모델을 '실리콘밸리식 국방기업'이라고 소개한다. 즉, 제품을 납품받은 뒤 수년간 유지보수를 기다리는 것이 아니라, 클라우드 기반 플랫폼을 통해 지속해서 소프트웨어를 업데이트하고, 하드웨어도 모듈화하여 빠르게 교체하는 구조다. 이런 방식은 전통적 방산기업이 흉내 내기 어려운 영역이며, 안두릴만의 '속도와 민첩성'이 빛을 발하는 지점이다.

이 회사가 지닌 또 하나의 강점은, 경영진과 자문위원회 구성이다. 이사회에는 파운더스펀드(Founders Fund), 럭스캐피탈(Lux Capital) 등 실리콘밸리의 굵직한 투자자들이 포진해 있고, 자문위원회에는 전 미국 공군 참모총장 데이비드 골드파인(David Goldfein), 전 국토안보부 장관 대행 케빈 맥알리넌(Kevin McAleenan) 등 전직 고위 안보 인사들이 합류해, 정책-기술-현장 사이의 '브레인허브'를 구성하고 있다.

안두릴의 미래: 전장을 넘어 '지능형 국방 생태계'로

안두릴은 단지 무기를 만드는 회사가 아니다. 그들이 궁극적으로 목표로 하는 것은 "AI 기반의 전장 지휘 시스템", 즉 미래 지휘관의 눈과 귀, 그리고 두뇌를 모두 제공하는 플랫폼이다. 그중에서도 주목할 것은 '센서-네트워크-지능-실행(탐지→전송→판단→명령의 파이프라인)'이라는 일관된 흐름을 가진 전투 정보 체계를 구축하려는 의도다. 이는 단순 감시 장비나 드론을 넘어서서, 전투의 전 과정에서 인간의 부담을 줄이고 정확성을 높이는 AI 협업 생태계다.

왜냐하면, 전투는 한 번에 끝나는 이벤트가 아니라 연속된 루프이기 때문이다. 안두릴은 감시 장비나 무기체계를 따로 파는 게 아니라, 그 사이사이 빈틈—연결·해석·지시—을 소프트웨어로 메운다. 결과적으로 사람은 더 적게 클릭하고, AI는 더 자주 제안하고, 명령은 더 빨리 흘러간다. 인간-AI 협업 체계가 자연스러운 기본값이 된다.

이 흐름은 미국을 넘어 영국, 호주, 일본 등 동맹권으로 퍼지고 있다. 인도-태평양에서 연합 훈련이 잦아질수록 상호운용성(서로 다른 군 장비·소프트웨어가 함께 작동하는 능력)의 값어치는 커지고, 한국 역시 수요지로 부상한다. 우리에게 중요한 질문은 "무엇을 살까?"가 아니라 "우리 체계와 어떻게 잇고, 어떤 절차를 자동화할까?"이다.

다만 이 칼은 양날이다. 너무 강력한 감시·판단 체계는 민주사회에서 오남용의 위험이 있다. 그래서 데이터 주권(데이터의 통제·보관·활용 권한), 프라이버시 보호, 보안 거버넌스가 기술과 동시에 설계돼야 한다. 안두릴와 같은 시스템을 도입할수록 설명 가능한 AI(결정의 근거와 경로를 사람이 이해할 수 있게 보여주는 구조)와 인간 개입 검증(고위험 결정은 사람이 최종 승인)이 기본값이어야 한다.

절차도 필요하다. 법적·윤리적 심사 위원회가 상시로 모델과 규칙을 점검하고, 로그와 책임 추적이 가능한 기록 체계를 의무화해야 한다. 시민사회의 감시와 공개 보고 주기가 붙어야 "빠른 전장"과 "열린 민주주의"가 함께 선다. 기술의 속도만 키우고 통제의 속도를 늦추면, 신뢰는 한순간에 증발한다.

결론은 담백하다. 안두릴은 'AI 기반 안보 전환'의 선두에 서 있다. 그러나 그 선두는 성능만으로 유지되지 않는다. 시민의 신뢰, 투명한 근거, 사람의 최종 책임이라는 세 다리가 받쳐 줄 때 비로소 지속 가능하다. 전장을 넘어 지능형 국방 생태계로 가는 길은 결국 기술과 거버넌스를 같이 설계하는 쪽이 잡는다. 한국이 선택할 차례다.

래티스 OS, 센트리 타워와 고스트 드론

먼저 이해를 돕기 위해 그림과 이에 대한 안두릴의 래티스 운영체제(Lattice OS, 여러 센서·자산 데이터를 AI로 통합해 한 화면에 보여주고 조종·자동화를 해주는 지휘 플랫폼), 센트리 타워(Sentry Tower, 레이더와 전자광학/열상 카메라를 싣고 24시간 자율 감시하는 경계 탑), 고스트-X(Ghost-X, 안두릴의 중형 수직이착륙 드론으로 헬기처럼 뜨고 내리는 소형 무인기)를 먼저 소개하고자 한다.

화면은 안두릴 래티스 OS에서 센트리 타워 한 대를 원격으로 관리하는 모습이다. 왼쪽 목록에 자산 이름과 상태가 보이고(Online), 바로 아래에서 재시작(Restart) 같은 운영 명령을 적용(Apply)할 수 있다. 이런 자산 제어는 사람이 계속 붙어 있지 않아도 되도록 설계되어, 기본은 자동 모드로 돌리고 필요할 때만 사람이 개입한다.

지도 중앙의 흰 선은 운영자가 감시/레이더 영역을 그리는 가상 경계 구역이다. 이렇게 영역을 지정하면 타워의 레이더와 카메라가 그 구역을 우선 감시하고, 객체를 탐지→식별→추적해 경보를 보낸다. 오른쪽 아래 작은 패널의 MWIR는 중파 적외선(Mid-Wave Infrared, 열 영상 대역) 화면으로, 밤이나 먼 거리에서도 열 차이를 이용해 사람·차량·소형 보트·드론 같은 표적을 더 잘 잡아낸다. 센트리 타워는 360도 회전/틸트와 엣지 처리(장비 현장에서 AI가 즉시 처리)를 통해 사람 개입 없이 목표를 분류하고, 필요하면 인근 드론이나 다른 센서로 자동 재탐지·확인을 요청한다.

왼쪽 패널의 Primary Configurations와 Zone 설정은 "이 구역은 항상 제외(Exclusion)"처럼 규칙 기반 제어를 넣는 부분이다. 예를 들어 마을·가축 방목지처럼 경보를 내면 안 되는 구역은 제외로 두고, 반대로 침입 우려가 큰 통로는 민감 구역으로 지정해 더 멀리서부터 경보를 울리도록 임곗값을 다르게 줄 수 있다. 이렇게 정한 규칙은 래티스 OS가 다른 센서·자산과도 공유해, 동일한 기준으로 경보를 묶고 한 번의 클릭으로 대응 패키지(근접 기동, 경고 방송, 드론 파견 등)를 권고한다.

전체적으로 보면, 센트리 타워 = 현장에서 밤낮 없이 지키는 '스마트 경계 초소', 래티스 OS = 많은 초소와 드론·선박·차량을 한 사람이 지휘할 수 있게 해주는 '중앙 관제실'이다. 실제로 미·국경세관보호국(CBP)은 이 자율 감시 타워를 수백 기 규모로 배치해, 사람이 일일이 순찰하지 않아도 실시간 표적 정보를 받아 조치한다. 육상뿐 아니라 해상용(마리타임) 타워도 있어 소형 보트까지 열상·레이더로 넓은 반경에서 잡을 수 있도록 설계되었다.

요약하면, 이 화면은 운영자가 지도를 보며 감시 구역을 그려 배치하고, AI가 자동으로 표적을 잡아 추적하며, 필요시 다른 자산을 자동 연동해 센서→판단→대응을 빠르게 이어 주는 흐름을 보여준다. 덕분에 소수의 인원으로도 넓은 지역을 끊김이 없이 감시하고(지속 감시), 경보 정확도를 높이며(오경보 감소), 대응 시간(알림 후 조치까지 걸리는 시간)을 단축할 수 있다.

고스트-엑스

Ghost-X는 가장 혹독한 환경에서도 운용자의 현재 및 미래 요구를 충족하도록 설계되었습니다. Ghost-X는 더 많은 탑재량으로 더 멀리, 더 오래 비행하여 단일 다중 임무 자산으로서 혹독한 환경에서도 작전 범위와 유효 체류 시간을 연장합니다.

지구력	75분(크루즈)
범위	15.5마일(25km)
유효 탑재량	20파운드(9kg)
무게(듀얼 배터리)	55파운드(25kg)

위 그림은 고스트-X인데, 이것은 안두릴의 중형 수직이착륙 드론(VTOL sUAS, 헬기처럼 뜨고 내리는 소형 무인기)으로, 거친 환경에서 오래 날고(지구력 75분), 멀리까지 통신하며(범위 25km), 무거운 장비를 싣는 것(탑재 9kg)에 맞춰 업그레이드된 모델이다. 듀얼 배터리(배터리를 두 개 장착하는 구성)와 강화 추진계 덕분에 동일 크기급 대비 체공 시간이 길고, EO/IR 짐벌(주야간 전자광학/열상 카메라), 통신 중계, 지도 제작 센서처럼 임무 장비를 모듈식(필요한 걸 빨리 갈아 끼우는 방식)으로 바꿔 달 수 있다. 무게는 배터리 2개 장착 시 약 25kg이며, 선택형 장거리 통신 키트를 붙이면 운용 범위를 최대 25km까지 늘일 수 있다. 이 기체는 GPS가 약하거나 끊기는 지역에서도 비전 기반 항법(카메라로 지형·패턴을 읽어 위치를 추정하는 방식)으로 비행할 수 있고, 래티스 OS(여러 드론·센서를 한 화면에서 통합 지휘하는 소프트웨어)와 연동해 한 명의 조종사가 여러 대를 동시에 관리하거나 완전 자율 경로 비행을 시킬 수 있도록 설계되어 있다.

간단히 비유하면, 고스트-X는 "배낭에 넣고 가서 2분 안에 조립해 띄우는 정찰 헬기"로, 낮에는 고해상도 카메라로 넓게 훑고, 밤에는 열상으로 사람·

차량을 잡으며, 필요하면 통신 신호를 중계해 팀의 통신 끊김을 막아 준다. 기존 고스트 대비 체공 시간과 탑재 중량이 많이 늘어난 '장거리·중량형'이라, 한 대로 정찰·표적 지정·통신 중계 같은 임무를 이어서 수행하기 좋다는 점이 핵심이다.

1. VR 괴짜 팔머 럭키의 귀환

 팔머 럭키는 자신을 "괴짜"라 부르는 것을 두려워하지 않는, 실리콘밸리에서 가장 파격적인 엔지니어 중 한 사람이다. 10대 시절부터 VR(가상현실) 기술에 몰입했던 그는 혼자서 여러 개의 헤드셋을 분해하고 조합해 자신만의 VR 기기를 만들었다. 그리고 2012년, 그 노력은 '오큘러스(Oculus)'라는 회사를 통해 결실을 본다. 오큘러스는 게임과 가상현실의 패러다임을 바꾸는 데 큰 역할을 했고, 결국 2014년 페이스북(현 메타)에 약 20억 달러에 인수되며 세계의 주목을 받았다.

 하지만 여기서 끝이 아니었다. 메타에서 퇴사한 그는 2017년, 군사 기술을 바꿔놓겠다는 새로운 사명감으로 안두릴 인더스트리를 창립했다. 당시 사람들은 의아해했다. "VR 기기 만든 괴짜가 군사 기업을?" 하지만 럭키는 다시 한번 기존의 판을 뒤엎는 길을 택했다. 전통적인 방위산업은 정부 계약과 긴 납기, 수직적 구조와 관료적 절차로 가득 차 있었다. 럭키는 이 모든 것을 뒤집었다.

 그가 만든 안두릴은 정부 수요가 있기 전에 먼저 제품을 개발하고, 그것이 얼마나 효과적인지 증명한 뒤에 '가격을 제시'하는 민간 기술 방식의 B2G 모델을 채택했다. 이는 보잉, 록히드마틴 등 기존 업체들이 정부 예산을 받아 몇 년에 걸쳐 개발하던 방식과 정반대다. 마치 애플이 아이폰을 만들고 소비자에게 보여준 뒤 판매하듯, 안두릴은 선(先)개발, 후(後)판매 전략을 통해 국방 분야의 '애플'이 되고자 했다.

 이러한 모델이 가능한 이유는 안두릴이 사용하는 핵심 기술 때문이다. 가장 대표적인 제품은 래티스라는 AI 기반 상황 인식 플랫폼이다. 이는 수십 개의 센서, 레이더, 드론, 감시 카메라 등에서 수집된 데이터를 그래프

AI(관계 중심의 데이터 분석 기법)로 통합해, 실시간 위협 탐지 및 자동 대응을 가능하게 만든다. 일종의 'AI 지휘 통제 센터'인 셈이다. 이를 통해 안두릴은 적대 세력의 움직임을 인간보다 빠르게 감지하고, 필요시 자동으로 대응 방안을 제시할 수 있다.

예를 들어, 미국과 멕시코 국경지대에서 마약 밀수 조직이 활동할 경우, 안두릴의 감시 드론이 불법 침입을 감지하면 AI가 과거 유사 패턴을 분석해 해당 경로가 얼마나 위험한지 판단하고, 즉시 국경수비대에 알람을 보낸다. 이 모든 과정은 사람이 버튼을 누르기도 전에 벌어진다.

게다가 안두릴은 드론, 자율 항공기, 수중 무인정, 감시 타워, 방공 레이더 등을 자체적으로 개발하는 하드웨어 강자이기도 하다. 팔머 럭키는 자신이 경험한 VR의 '몰입'과 AI의 '실시간 판단력'을 결합해, 전장을 디지털화하고자 한다.

그의 전략은 단순히 기술이 빠르다는 데 그치지 않는다. 속도와 결정력 모두에서 기존 업체를 압도한다. 예를 들어, 전통 방산업체가 2~3년에 걸쳐 개발할 장비를 안두릴은 몇 개월 만에 만들어낸다. '소프트웨어처럼 무기를 만들라'라는 실리콘밸리의 개발 철학을 전장에 그대로 옮긴 것이다.

럭키의 철학은 명확하다. "우리는 억제력을 판다." 실제로 안두릴의 시스템은 이란, 시리아, 우크라이나, 대만해협 등 불안정한 지역에서 잠재적 전쟁을 사전에 무력화하는 데 도움을 주고 있다. AI가 먼저 적의 움직임을 감지하고, 자율 시스템이 조기에 대응함으로써, 무력 충돌을 줄이고 군인의 생명을 보호하는 '비가시적 방어망'을 구축한다.

또한, 그는 인권과 민주주의를 기반으로 한 안보에 대한 신념도 분명히 한다. "우리는 자유를 지키기 위한 도구를 만든다." 즉, 안두릴은 단지 기술 기업이 아닌, 민주주의의 기술적 수호자를 자처하고 있다.

안두릴은 최근에는 AI를 장착한 안드로이드 형 로봇 병사와 군사용 GPT 시스템도 개발하고 있다. 전장의 정찰, 경계, 자폭 임무 등에 활용되는 이 '로봇 병사'는 인공지능과 기계 학습을 통해 계속 진화하고 있으며, 그 속도는 상상을 초월한다. 향후 중동, 아프리카, 아시아 분쟁지역에서도 전쟁 억제력을 기술로 제공하며, NATO와 동맹국의 정보 공유와 연계 작전의 핵심 인프라가 될 가능성이 크다. 팔머 럭키는 VR을 통해 '현실을 가상으로 바꾸는 기술'을 만들었고, 이제는 안두릴을 통해 '가상 기술로 현실을 바꾸는 시대'를 열고 있다. 괴짜 공학도의 손끝에서 시작된 이 파괴적 혁신은, 이제 글로벌 안보 지형을 재구성하고 있다.

2. AI 무기체계의 빅뱅 – 센서·드론·OS의 합주

사막의 새벽, 경계초소에 점 하나가 찍힌다. 래티스 OS(전장 운영체제)가 열 감지 신호를 잡아 위협 스코어를 계산하고, 1~2초 뒤 고스트 드론(소형 정찰 무인기)을 띄운다. 영상 피드가 들어오자마자 판정이 업데이트되고, 필요하면 로드러너(요격 드론)가 자동 대기로 전환된다. 마지막 트리거는 인간의 손, 킬 스위치(최종 교전 승인 버튼)이지만, 그 직전까지의 탐지-분석-배치는 AI가 끊김이 없이 주도한다. "탐지→판단→행동"이 기본이다.

안두릴이 말하는 AI 무기체계의 빅뱅은 여기서 시작된다. 이 회사는 전통 방산처럼 요구사항을 기다리지 않는다. 먼저 만들고, 현장에서 바로 성능을 증명한 뒤 "이게 답이다"라고 역제안한다. 실리콘밸리식 프로덕트-퍼스트(고객 주문보다 제품 주도) 전략 덕분에 개발 속도는 10배 빠르고, "몇 년"이 아니라 "몇 달" 만에 실전 배치가 가능하다.

핵심은 래티스다. 드론, 레이더, 감시 타워, 수중 무인기, 위성까지 흩어진 자산을 한 보드에 올리고, 센서-네트워크-지능-실행을 한 줄로 묶는다. 국경 감시에선 열 신호가 뜨는 즉시 위협 가능성을 산출하고, 정찰드론 출격→추적→요격 후보 지정→복귀까지 워크플로가 자동 재구성된다. 사람은 맥락과 법·규정에 맞춰 승인하고, 시스템은 API(표준 연동 규격)로 새로운 센서와 무기체계를 쉽게 흡수한다.

이 플랫폼은 경보 장치가 아니다. 여러 무기체계와 지상·공중·해상의 자산을 동시에 지휘하는 작전 지휘 두뇌다. 기존의 "센서→분석→회의→지시"라는 직렬 절차를, AI가 "센서 ↔ 지능 ↔ 실행"의 병렬 루프로 바꾼다. 의사결정의 병목이 사라지니, 우다 루프(관찰-판단-결정-행동)가 초 단위로 운영된다.

결국 안두릴이 바꾸려는 건 '무기'가 아니라 '전장 운영 방식'이다. 먼저 만드는 속도, 현장에서 증명하는 방식, 설명 가능한 판단(근거와 로그가 남는 구조), 그리고 인간의 최종 통제라는 안전장치까지 한 세트로 엮는다. 그래서 이들의 빅뱅은 총성과 폭발음보다 조용하다. 데이터가 모이고, 모델이 생각하고, 사람이 결단하는 그 몇 초가 전장을 다시 쓰는 시간이다.

래티스 OS가 가져온 전장 통합과 의사결정의 혁신

 래티스 OS는 안두릴이 자체 개발한 AI 기반 전장 지휘통제체계(Command & Control, C2)로, 전통적인 방산 시스템의 한계를 근본적으로 뒤바꾼 혁신 기술이다. 이 플랫폼은 전장에 존재하는 수많은 자산과 데이터를 하나의 실시간 네트워크로 통합함으로써, 인간 운영자가 더 빠르고 정확하게 전장을 인식하고, 적시에 결정을 내릴 수 있도록 돕는다.

 핵심은 개방성이다. 과거 C2가 폐쇄형이었다면, 래티스 OS는 오픈 구조를 택해 안두릴 장비뿐 아니라 타사 드론·차량·무인잠수정까지 쉽게 붙인다. 붙기만 하면 센서 퓨전(여러 센서 정부를 한데 모아 더 정확한 그림을 만드는 기술)이 즉시 돌아, 레이더·광학·적외선에서 들어온 신호를 하나의 3D 상황인식 화면으로 합친다. 지휘관은 마치 게임 미니맵 보듯 실시간 전장을 한눈에 읽을 수 있다.

 속도는 AI가 책임진다. 드론이 잡아 올린 영상에서 모델이 표적을 자동 인식·분류하고 위협도를 매긴다. 이어 가능한 대응 옵션(추적, 요격, 회피)을 시뮬레이션해 최적 방안을 추천하고, 필요하면 자율 실행까지 이어 간다. 다만 마지막 방아쇠는 인간이다. 교전이나 타격은 반드시 킬 스위치(최종 교전 승인)로 사람이 누르게 설계되어, 속도와 책임의 균형을 지킨다.

조작도 단순화했다. 복잡한 명령어 대신 3D 화면 위에 박스 드로잉(상자 그리기)만 해도 특정 지역으로 드론을 보내거나 표적을 지정한다. 덕분에 짧은 훈련으로도 운용이 가능하고, 실전에서는 "생각난 대로 바로 지시"하는 흐름이 끊기지 않는다. 개발·확장은 오픈 API/SDK로 열어두었다. 부대가 직접 기능을 추가하거나 외부 시스템을 연동해 위협이 바뀌면 몇 주 내 업데이트·배치가 가능하다.

비교해 보면 차이가 선명하다. 전통 C2는 폐쇄적이고 확장·AI 적용이 제한적이라 숙련 인력이 필수였다. 래티스 OS는 반대로 완전 개방형 구조, 실시간 AI 분석·추천, 직관적 조작, 빠른 기능 업그레이드가 표준이다. 그 결과 의사결정 시간은 수배~수십 배 줄고, 동일 인력으로 더 많은 임무를 동시 통제한다. 여러 부대·드론·감시 타워·무인기가 한 번에 엮여 동시다발로 움직이는 파급형 임무 수행도 가능해져 비용은 내려가고 병력 노출은 줄어든다.

결국 래티스 OS가 바꾼 것은 무기 한 종류가 아니라 전장 운영 방식이다. 센서와 지능, 그리고 실행을 한 화면·한 루프로 묶어, 사람은 더 적게 클릭하고 더 높은 결단에 집중하게 만든다. 전장의 언어가 보고서에서 실시간 그래프로, 회의에서 버튼 한 번으로 바뀌는 순간, 지휘는 느린 절차가 아니라 빠른 리듬이 된다. 이 리듬을 만든다는 점에서, 래티스 OS는 자동화 도구가 아니라 인간의 전략을 더 멀리 그리고 넓게 해 주는 전장 두뇌에 가깝다.

하드웨어 생태계도 래티스에 맞춘다. 고스트(소형 정찰드론), 로드러너(요격 드론)·로드러너-M(자폭 기능형), 알티어스(목표 상공에서 머무르며 공격을 기다리는 드론, 즉 로이터링 탄약), 다이브-LD(수중 정찰), 카퍼헤드(수중 공격), 센트리 타워/XRST(고정·이동 감시 타워)가 대표적이다. 이 자산들은 래티스 OS에 연결되는 순간, 인간 개입 최소로 탐지→식별→추적→요격→복귀까지 하나의 시나리오로 스스로 굴러간다.

다이브-LD

독특한 3D 프린팅 외관과 핵심 내부 구조 구성 요소, 차량 내부 부력을 위한 새로운 제조 공정을 통해 비용을 훨씬 절감하면서 빠르게 사용자 정의 가능한 AUV가 가능해졌습니다.

길이	5.8m(19피트)
지름	1.2m(4피트)
건조 중량	2,720kg(6,000파운드)
속도 범위	1.0 - 3.6m/s(2 - 7노트)
조사 범위	580라인 km(313해리)

알티우스-700M

더욱 진보되고 무거운 탑재물을 위해 설계된 Altius-700M은 최대 33파운드 무게의 탄두를 운반할 수 있습니다.

특히 고스트와 로드러너는 실전에서 그 위력을 입증하고 있다. 예를 들어 우크라이나 전쟁에서는 GPS가 교란된 상황에서도 AI가 최적의 비행경로를 탐색해 임무를 완수했고, 드론 군집의 비행 패턴을 분석해 위협을 식별한 뒤 요격 드론으로 대응하는 과정이 전자동으로 이뤄졌다. 이는 수 분이 걸리는 인간 판단 대비, 1~2초의 AI 판단으로 시간과 생명을 모두 구할 수 있음을 보여준다.

고스트-X는 미국 안두릴이 개발한 차세대 자율 정찰드론으로, 극한의 전자전 환경과 복잡한 전장에서도 임무를 완수할 수 있는 뛰어난 기술력과 적응력을 갖춘 플랫폼이다.

야간, GPS가 틀어지고 전파 방해가 쏟아지는 계곡 위로 드론 한 대가 미끄러지듯 들어간다. 이름은 고스트-X. 이 기체는 "연결이 끊기면 멈춘다"가 아니라 "끊겨도 스스로 길을 찾는다"를 전제로 설계된 자율 정찰 플랫폼이다. 왜냐하면, 고스트-X는 비전 기반 자율 내비게이션(카메라·센서로 주변을 보고 스스로 위치를 잡는 항법)으로 GPS 없이도 지형과 구조물을 읽고 비행 경로를 계산한다. 전자전 교란, 악천후, 통신 두절이 겹쳐도 "눈으로 보고 판단"하는 두뇌가 안에 있다.

통신은 뚝심으로 버틴다. 자동 주파수 전환(간섭을 피해 최적 대역으로 즉시 갈아타는 기능)으로 최대 25km 거리에서도 링크를 붙잡고, 흔들리면 더 깨끗한 채널로 바로 옮겨 앉는다. 결과적으로 "끊겼다—재접속—복구"를 사람이 챙기지 않아도 된다. 임무는 계속 간다.

몸체는 레고처럼 바꿔 끼운다. 모듈형 페이로드(임무 장비를 빠르게 교체하는 구조)라서 EO/IR, 통신 릴레이, 전자전 팟을 현장에서 플러그-앤-플레이로 교체한다. 오늘은 정찰, 내일은 링크 릴레이, 모레는 전자전 미끼. 한 기체로 다목적을 소화한다는 뜻이다.

두뇌는 혼자만의 재주로 끝나지 않는다. 고스트-X는 래티스 OS와 물려, 뜨는 순간 네트워크의 한 뉴런이 된다. 비행 중 새 표적이 보이면 AI가 분류·추적하고, 위험이면 우회·요격 같은 대응을 자동 제안한다. 사람은 세밀한 조작 대신 상위 전략에 집중한다. 마지막 방아쇠는 여전히 인간의 몫이다. 킬 스위치(최종 교전 승인)로 윤리와 책임의 경계선을 분명히 둔다.

성능은 실전에서 자랐다. 누적 1,000시간 + 운용 데이터로 소프트웨어·하드웨어가 주기적으로 업그레이드되고, 알고리즘은 현장 피드백을 받아 더 영리해진다. 듀얼 배터리로 75분 이상 체공하고, 최대 9kg 페이로드를 싣고,

1~2인 운용으로 빠르게 띄우고 거둔다. 결국 고스트-X는 "무인기"가 아니라 "현장에서 진화하는 동료"에 가깝다.

이 그림 뒤에는 안두릴의 공통 설계 철학이 흐른다. 핵심은 AI 센서 퓨전(레이더·EO/IR·음향·RF를 하나의 3D 상황도로 통합)과 엣지 컴퓨팅(장비에서 바로 연산해 지연을 없애는 방식)이다. 수십~수백 표적을 동시 인식·추적하고, 민간/군 표적을 가른 뒤, 우선순위→대응 옵션→권고까지 자동으로 만든다. 사용자는 상자 한 번 그려 임무를 날리고, 화면에서 추천안을 선택하면 실시간 작전이 굴러간다. 중앙 서버가 흔들려도 장비가 스스로 판단한다. 전장의 병목—사람 손으로 하던 느린 해석—이 사라진다.

이 체계는 닫힌 섬이 아니다. 오픈 아키텍처(타사 자산까지 쉽게 붙이는 구조)로 동맹국 장비와 연합 운용을 전제로 만든다. 배치 이후에는 실전 데이터가 모델을 재학습시켜 시간이 지날수록 인식 정밀도와 임무 효율이 오른다. 그래서 국경 감시, 해양 인프라 보호 같은 민간 응용으로도 번져간다. 억제 효과도 크다. "먼저 쏘지 않아도, 상시 감시·즉시 대응 능력"이 분쟁지역에서 충돌 가능성을 낮춘다.

물론 속도와 힘에는 규범이 따라붙는다. 안두릴은 "AI가 더 빠르고 정확하다"를 밀지만, 최종 결정은 인간이 하는 설계를 고수한다. 전장 자동화가 민주적 통제, 프라이버시, 정보 주권과 맞물리는 시대에, 기술만큼 중요한 것은 투명한 근거와 인간 책임의 라스트 마일이다.

고스트-X와 래티스 OS는 바로 그 경계선 위에서, "AI가 실행하고 인간이 책임지는" 새 표준을 실전에 이식하는 중이다. 결국 승부는 장비 스펙이 아니라 운영 철학에서 나온다. 이 플랫폼이 강한 이유는, 하드웨어·소프트웨어·AI·지휘 체계를 한 호흡으로 엮어 "보고→판단→실행"을 현장 속도로 닫기 때문이다.

팔란티어 부분을 읽고 여기 읽은 독자라면 궁금한 점이 있을 것이다. 안두릴의 래티스 OS와 팔란티어의 고담 플랫폼은 어떤 차이가 있고, 어떤 게 성능이 뛰어난지?

겉으로 보면 팔란티어의 고담과 안두릴의 래티스는 모두 "국방·정부용 데이터 통합과 실시간 의사결정 지원"을 외친다. 그러나 뚜껑을 열어보면 DNA가 다르다. 고담은 복잡한 다중 소스 데이터를 한데 모아 표준화·해석·시각화하고 분석가와 지휘관이 맥을 잡도록 돕는 정보·결정의 두뇌에 가깝다.

팔란티어는 이걸 단순 툴이 아니라 조직의 데이터·의사결정·운영을 한 몸으로 묶는 데이터/AI 운영체제라 부르고, AIP를 결합해 AI가 제안한 판단을 실제 액션으로 바로 이어지게 만든다. 중심에는 늘 온톨로지가 있고, 흐름은 데이터→논리→액션으로 곧장 뻗는다. 좋은 결론도 실행으로 붙지 않으면 힘이 없기 때문이다.

래티스는 무게중심이 다르다. 현장에서 드론·센서·로봇·지상/해상/공중 자산을 개방형 아키텍처로 묶어 한 화면의 C2(지휘통제)에서 센서 퓨전(이기종 센서 융합), 표적 식별, 임무 계획, 네트워크 메시징, 필요시 반자동/자동 조치까지 밀어붙인다. 요컨대 래티스는 결정과 규칙에 맞춰 현장을 기민하게 움직이는 자동화 컨트롤러다. 새로운 장비도 SDK와 오픈 API로 빠르게 붙고, 고정 감시망부터 요격까지 하나로 움직인다.

같은 전장을 본다 해도 역할 분담은 선명하다. 고담은 '왜/어디를/무엇으로'에 강하고, 래티스는 '지금/어떻게/무엇을 동원해'에 특화돼 있다. 그래서 고담의 주요 사용자는 정보공동체·수사·작전지휘의 분석가/결정권자이고, 래티스는 특수작전·경계·대 드론·자율군집 운용 같은 실행 임무에서 힘을 낸다. 한마디로 고담은 지도를 그려 머리를 맑게 하고, 래티스는 페달을 밟아 바퀴를 굴린다.

두 기업 협력의 상징이 미 육군의 차세대 지상 정보 허브인 타이탄 프로젝트이다. 프로토타입 단계에서 팔란티어가 정보 융합·AI 기반의 '두뇌'를 맡아 주계약자로 섰고, 안두릴은 차량·하드웨어 설계·제조를 주도하는 파트너로 붙었다. "팔란티어의 두뇌 + 안두릴의 팔·다리" 조합이 현장으로 내려온 느낌이다.

그리고, 흥미로운 건 둘이 서로의 빈칸을 채우며 서서히 수렴한다는 점이다. 안두릴은 래티스의 데이터 통합·시각화·C2 역량을 키워 정보 중심 지휘통제로 올라가고, 팔란티어는 AIP의 워크플로/에이전트 레이어로 AI 제언→통제 시스템 연동→현장 실행까지 닫힌 고리를 강화한다. 결국 둘 다 다른 출발선에서 관측→의미화→판단→행동의 폐쇄 루프를 완성해 나가는 중이다.

정리하면, 고담은 정보의 질서로 인간의 결정을 날카롭게 만들고, 래티스는 현장의 기동성으로 자산을 자율·자동으로 엮는다. 현대 전장은 이 둘이 한 호흡으로 붙을 때 비로소 속도와 정밀도가 나온다. 그리고 상호운용 표준과 개방형 인터페이스를 매개로 두 생태계—팔란티어의 온톨로지·AIP와 안두릴의 래티스 C2·미션 오토노미·SDK—는 더 두터워지고, "두뇌와 팔·나리의 결합"이 가속될수록 미국식 디지털 전장의 리듬은 더 빨라진다.

3. 안두릴이 그리는 지정학적 충격 시나리오

안두릴의 전략은 전통적인 방산기업과 극명하게 대비된다. 기존 방식이 정부의 요구에 맞춰 10년 단위로 무기를 개발했다면, 안두릴은 민간 기술 기반으로 선(先)제작 후(後)제안 방식을 취해 1~2년 만에 무기를 설계·시험·배치한다. 이처럼 비약적인 속도를 가능하게 하는 세 축은 AI 중심 자율 무기 플랫폼, 하드웨어와 소프트웨어를 통합한 모듈형 구조, 그리고 전장을 하나의 거대한 '인터넷망'처럼 연결하는 통합 작전 지휘 플랫폼 '래티스 OS'다. 병사가 터치스크린으로 "이 지역을 감시하라"고 지시하면 AI가 지형과 상황을 분석해 최적의 드론을 자동 파견하고 결과를 실시간으로 공유하는 식이다.

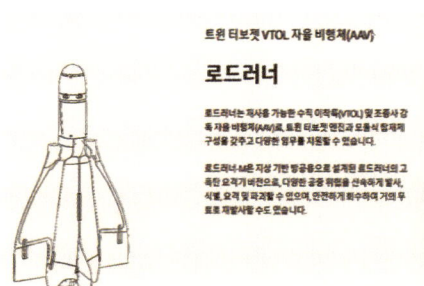 

안두릴은 또한 적 드론을 요격한 뒤 회수해 재사용할 수 있는 자율 요격기 '로드러너(Roadrunner)'를 개발해, 일회용 무기를 '돌아오는 무기'로 전환했다. 여기에 인터넷이 끊겨도 장비 스스로 판단을 내릴 수 있도록 엣지 AI를 탑재해 전장 통신 장애에 대한 취약점을 줄였다.

이런 혁신 덕분에 안두릴은 미국 국방부와 인도-태평양사령부가 추진하는 대규모 AI 무기 보급 프로그램 '리플리케이터 이니셔티브(Replicator Initiative)'의 핵심 파트너로 참여하고 있다. 2025~2027년 사이 수천 대의 드론과 자율 요격기, 해상 감시 자산을 전장에 배치하려는 이 계획에서 안두릴의 기술은 2027년 중국의 대만 침공 가능성(확정이 아닌 대비 차원)에 대비한 미국 전략의 핵심 구성 요소로 간주한다.

이 같은 움직임은 중국의 강한 경계심을 불러일으켰다. 2024년 하반기 중국은 안두릴을 '국가안보 위협' 기업으로 지정하고 CEO 팔머 럭키를 제재했다. 중국은 안두릴의 AI 드론과 요격 시스템이 미국의 반접근/지역 거부(A2/AD) 전략을 재정의할 잠재력을 지녔다고 판단했기 때문이다. 미·중 기술 디커플링 경쟁이 군사 AI 분야에서 본격화되는 가운데, 안두릴은 그 최전선에 서 있다.

안두릴의 기술은 동아시아에서도 빠르게 확산하고 있다. 한국 국방부와 국방과학연구소는 2025년 안두릴과 업무협약을 체결해 고스트 시리즈 드론과 래티스 OS를 활용한 유무인 복합체계 실험을 계획 진행 중이며, 이는 한국 방산 첨단화의 중요한 이정표로 평가된다.

일본 자위대는 동중국해와 북한 감시 강화를 위해 센트리 타워와 Ghost-X에 관심을 보이며 테스트 운영 중심의 신중한 접근을 택하고 있다.

대만 역시 Ghost-X 드론과 소형 요격 시스템을 미국의 대외 군사 판매(FMS) 체계를 통해 도입해 수도권 방어용 자율 감시 네트워크 실증사업에 활용하

이처럼 전통 방산업체가 대형 플랫폼과 폐쇄형 개발에 초점을 맞춘 데 비해, 안두릴은 빠른 프로토타이핑과 반복 실험, 개방형 API 생태계를 통해 AI·센서 융합·자율 전술 판단 능력을 무기화한다. 안두릴은 단순히 빠른 무기를 만드는 스타트업이 아니라, 분산형 작전·인간-기계 협업·자율 전력화를 지향하는 미국의 새로운 국방 전략을 현실화하는 핵심 파트너다.

미국, 한국, 일본, 대만이 이 기술을 도입하거나 협력 중이라는 사실은 안두릴이 단순한 무기 공급자를 넘어 동아시아 안보 지형을 형성하는 '전략적 기술 기업'으로 기능하고 있음을 보여준다. 앞으로 안두릴은 소프트웨어-방산 융합의 대표 모델이자 AI 방산의 구심점으로서, 전 세계 지정학적 무대에서 더욱 강한 영향력을 발휘할 것으로 전망된다.

2부.
안두릴: 자율 국방의 혁명가

2장.
실전, AI가 지휘하는 전쟁터

1. 미래 전장, 이미 시작된 현실

고스트 드론, 래티스 OS, 센트리 타워 등 현장 배치 사례

　안두릴은 단순히 드론을 제작하는 기업이 아니다. 이 회사는 전장을 실시간으로 연결하고, 판단하고, 작동하는 AI 기반의 지능형 무인 작전체계를 구현하고 있다. 그 대표적 결과물이 바로 고스트-엑스 드론(Ghost-X), 래티스 AI(OS), 센트리 타워다. 이들 기술은 실제 전장에서 그 우월성을 입증하고 있으며, 특히 우크라이나 전쟁, 중동 국경 감시, 태평양 미군 기지에서의 사례를 통해 기존 무기체계와 뚜렷이 구분되는 기술적 차별성을 보여주고 있다.

　고스트 엑스(Ghost-X, 다목적 무인기)는 2025년 1월 독일 호헨펠스(Hohenfels, 미 육군 합동훈련장)에서 10 산악사단(10th Mountain Division, 미국 경보병 부대) 정찰팀이 실제로 띄운 상징적 드론이다. 수직

이착륙 브이톨(VTOL, Vertical Take-Off and Landing, 헬기처럼 뜨고 내림)이 가능해 숲이나 협곡에서도 쉽게 출격했고, 약 300미터 상공에서 적 움직임을 열 영상(열로 보이는 영상)으로 실시간 보내 줬다. 낮과 밤을 자동으로 바꾸는 센서 덕분에 야간에도 목표를 알아볼 수 있었으며, GPS(위성 위치) 방해가 있어도 미리 학습한 지형 정보를 바탕으로 스스로 비행했다. 현장 장교들은 "이 드론 없었으면 적 위치를 찾기 어려웠다"라고 말하며, 정확도·생존력·배치 속도 모두 기존 기종보다 뛰어나다고 평가했다.

고스트 엑스의 진짜 강점은 페이로드(payload, 적재 장비) 교체식 설계다. 현장에서 드라이버 하나로 열 영상 센서를 떼고 탄도 센서나 레이저 유도 장치로 바꾸면, 2분 안에 정찰드론이 유도 타격 장비로 바뀐다. 이렇게 임무에 맞춰 빠르게 변신하는 구조는 단일 목적 고정형인 러시아제 드론과 질적으로 다르다.

이 모든 과정을 지휘하는 두뇌가 래티스 OS다. 하나의 대시보드에서 드론·감시탑·센서·병력 위치와 데이터를 동시에 보여주고, 클릭 한 번으로 명령을 내려 즉각 실행한다. 실제로 미국 국경경비대와 주방위군(합동 부대)이 쓰는 래티스 기반 작전센터는 수백 킬로미터 떨어진 센트리 타워(자가 구동 감시탑)의 움직임과 곧바로 이륙한 드론 경로, 지상 병력 대응 시간을 한 화면에 띄워 24시간 관제한다.

우크라이나 전선에서도 효과가 증명됐다. 2025년 봄, 자포리자 전역에서 우크라이나군은 알티어스(AI 군집 드론) 시리즈를 띄워 러시아군 지휘소를 찾아내고 좌표를 포병에 자동 전송했다. 드론은 서로 정보를 나누며 몇 초 만에 우선순위를 정하고 요격 기체를 골라 보냈다. 러시아군이 주파수 재밍(전파 방해)을 시도했지만, 래티스 OS의 AI 주파수 호핑(주파수 이동)과 자동 경로 재설정으로 영향이 없었다.

센트리 타워는 미국-멕시코 국경과 중동 사막에서도 성능을 입증했다. 설치에 1시간, 전력은 태양광 솔라 파워(햇빛 전기)로 해결하며, 기지국 없이도 AI가 위험 여부를 스스로 판단해 경보를 보낸다. 텍사스 국경에서는 수십 기를 배치해 사람·동물·차량을 자동 분류했고, 필요한 때만 인력을 보내면서도 감시 범위를 두 배 이상 넓혔다. 모든 센서는 래티스 OS와 연결돼 경보 공유와 이후 분석도 자동으로 이뤄진다.

반면 러시아군 란세트(Lancet, 단방향 자폭 드론)·샤헤드(Shahed, 이란제 자폭 드론)는 GPS 방해에 취약해 종종 추락하거나 길을 잃었고, 서로 정보를 주고받지 못해 전술 유연성이 크게 떨어졌다.

결국 안두릴의 시스템은 드론, 감시탑, 지휘 플랫폼을 하나로 묶어 전장을 지능형 네트워크로 바꾼다. 고스트 엑스가 '전장의 눈', 래티스 OS가 '판단하는 두뇌', 센트리 타워가 '끊임없이 깨어 있는 감각'이 되어, AI가 직접 움직이는 군사 작전을 현실로 만들고 있다.

우크라이나군 지휘관이 한 말은 이를 압축한다.

"드론이 없었다면 진작에 밀렸을 것이다. 그런데 이건 그냥 드론이 아니다. 전장이 '스스로' 움직이고 있었다."

이는 더 이상 드론의 전쟁이 아닌, AI 기반 전장의 전환점임을 보여주는 결정적 증거다. 안두릴 시스템은 현재 전쟁의 흐름을 바꾸고 있으며, 미래 전장의 새로운 표준을 실전으로 입증 중이다.

미국 국방을 바꾸는 미래 전략, 레플리케이터 이니셔티브 (Replicator Initiative)

한마디로 말해 레플리케이터 이니셔티브(미 국방의 대량 자율 무기 신속 배치 전략)는 "비싸고 느린 정밀 무기 몇 개" 시대를 접고, 18~24개월 안에 수천 대의 저가·소모성 자율 시스템을 공중·해상·지상·우주 전 영역에 깔겠다는 선언이다. 왜냐하면, 상대가 물량과 속도로 밀어붙일 때 이를 되받아칠 무기는 더 빠른 물량, 더 빠른 속도, 더 민첩한 소프트웨어이기 때문이다.

여기서 핵심 개념이 ADA2(All-Domain Attritable Autonomy, 다 영역·소모성 자율성) 이다. 잃어도 치명적이지 않은 플랫폼을 많이, 자율적으로, 네트워크로 묶어 작동한다는 발상이다.

획득 방식도 바꿨다. 새 프로그램 오브 레코드(정식 무기 사업)로 예산을 얹는 대신, 기존 돈과 조직을 재배치해 시제→양산 사이의 '죽음의 계곡'을 뛰어넘는다. 성과의 기준도 "양산·배치 속도"다. 그래서 작은 묶음으로 빨리 뽑아 실전에 투입하고, 현장 데이터를 받아 곧장 개선하는 트란셰(소규모 단계) 방식이 기본 루틴이 되었다.

2024년 상반기 레플리케이터 1.0이 자폭형 드론·무인수상정·대 드론 체계를 먼저 잡았고, 11월 1.2에서는 자율·복원력을 높이는 통합 소프트웨어와 공중·해상 시스템으로 폭이 넓어졌다. 각 군은 2025년 8월까지 "수천 대 가용 가능"을 목표로 속도를 올리는 중이다.

생태계는 활짝 열었다. 두 차수에서 500개+ 상업 기업을 검토했고 30여 개(그중 약 75%가 비전통 업체)가 계약을 따냈다. OTA(신속 시제품 계약, 절차를 단축하는 계약 통로)로 민간의 개발 속도를 군 체계에 이식하고, 배치 전부터 공급망 보안·사이버 탄력성 점검을 깔아 안정성을 챙긴다.

여기서 안두릴이 상징적이다. 고스트-X와 래티스 OS로 "빨리 만들고 빨리 배치하고 빨리 고치는" 민간식 사이클을 입증했고, MRR(중거리 정찰) 추천을 거쳐 레플리케이터 1.2 대상에 올랐다는 보도도 나왔다. 소프트웨어 중심 기업이 신속 양산과 전력화의 전범으로 전진 배치되는 장면 자체가, 미군 획득 문화를 바꾸는 촉매다.

예산과 거버넌스도 속도에 맞춘다. 의회는 FY2024에 5억 달러를 승인했고 2025년에도 비슷한 규모다. 조달·시험·인증을 압축해 "생산 라인→전장" 시간을 줄이는 게 목표다. 동시에 의회·감사기구는 생산능력·납기 리스크, 유지비, 상호운용 표준, 자율 무기 법·윤리를 기준으로 점검한다. 속도만큼 책임성을 함께 요구한다는 뜻이다.

작전 개념으로 들어가면 그림이 더 선명해진다. 인도-태평양사령부는 대만해협 유사시 헬스케이프(대량 무인체계로 상륙을 지연·교란) 구상을 시사했다. 포인트는 센서-투-슈터(탐지→식별→표적결정→발사) 연결을 자동화하고, 분산·자율·재구성 가능한 무인 전력으로 적의 표적 선택을 어렵게 만드는 것. 우크라이나에서 확인된 교훈—값싸고 '잃어도 되는' 기체의 집단 운용이 고가 플랫폼을 압도할 수 있음—을 해양·도서 전장에 맞게 확장하는 셈이다. 다만 성패는 결국 산업기반의 대량 생산·정비·보급 능력, 전자전·사이버 교란에도 버티는 C2/네트워크 복원력에 달려 있다.

동맹도 같이 달린다. 미국은 한국·일본 등과 데이터 형식·링크 프로토콜·표준을 맞춰, 합동 시험·실사격·다 영역 연습으로 실시간 정보 공유와 공동 교전을 상시화하려 한다. 민간 스타트업 참여가 커진 만큼 지식재산권·데이터 권리·사이버 보안·수출통제(ITAR/EAR)도 동맹 차원에서 규범을 정비해야 한다.

현실 과제도 아직 많다. 첫째, MRL(제조 공정성숙)·원가·납기를 단기간에 끌어올리는 스케일 업. 둘째, 자율성 등급에 따른 ROE(교전 규칙)와 책임 주체를 명확히 하고 설명 가능한 AI와 인간 개입을 전장 속도와 충돌 없이 녹이는 설계. 셋째, 소모성 집단 운용이 만드는 보급·정비 병목을 예비 파트 표준화, 현장 교환 모듈, 예측 정비로 해소. 넷째, 적의 EW/GNSS 교란·사이버 공격에 대비한 다중 항법(천문·지형 매칭, 관성 보정, M-Code), 메시 네트워킹, 주파수 도약, 양자 내성 암호 같은 회복성. 다섯째, 미국 본토와 동맹국에 걸친 분산 생산으로 장기 분쟁의 지속 전력을 확보하는 것.

결국 레플리케이터는 "무기 목록 늘리기"가 아니라 속도·물량·소프트웨어 민첩성으로 전쟁 수행·획득 문화·산업기반·동맹 표준을 함께 바꾸는 전략이다. 소형·저가·소모성 자율체계를 많이·빨리 뽑아, 지능적으로(자율·협업·군집) 굴리고, 실전 데이터로 계속 개선하는 루프가 자리 잡을수록 전력은 더 분산되고 더 탄력적으로 된다.

다만 승부는 "수천 대"라는 숫자 자체가 아니라, 산업기반의 지속가능성·네트워크/사이버 복원력·법·윤리 거버넌스·동맹 상호운용성을 동시에 충족하며 그 속도를 유지할 수 있느냐에 달려 있다. 미국의 결심은 단순하다. 이 모든 종합 조건을 전장 속도의 시간표에 맞추겠다는 것이다.

안두릴의 2030년

2029년 11월, 미 대통령 선거 직후 미 국방부는 "레플리케이터 이니셔티브 2.0"(18개월 안에 수천 ~ 수만 대의 저비용·고지능 무인 전투 자산을 배치해 중·러의 드론 물량 공세를 압도하려는 프로젝트)을 전면 가동했다. 실리콘밸리 출신 방산 스타트업 안두릴이 그 핵심 파트너가 되었고, 이들은 하드웨어·센서·AI·위성을 단일 지휘 생태계로 묶어 "사람은 승인만, AI가 전술·물류·수리까지 전담"하는 전장을 그리기 시작했다. 2030년, 그 청사진은 사막·얼음·바다·DMZ(Demilitarized Zone, 비무장지대) 곳곳에서 현실로 변하고 있었다.

붉은 사막, 포지 α의 요란한 심장

아리조나 모하비 사막 한가운데, 거대한 돔 구조물 포지 α(Forge α: 완전 자율·무인 무기 생산 단지로, 지하 3D 프린트 라인과 드론 떼 조립 로봇이 '모듈 코드-DNA'라 불리는 QR-태그 부품 정보를 새긴 뒤 곧장 시험 비행장으로 내보내는 시설)가 새벽 공기를 울렸다. 돔 지붕이 열리자, 수백 대의 Ghost-엑스 마크 포(Ghost-X Mk IV, 저소음 모듈러 드론) 편대가 동시에 솟구쳐 은빛 궤적을 그렸다. 테오 루이스 중령은 헬멧 HUD(헤드업 디스플레이)에 "생산 완료" 문구가 뜨자마자 웃음을 지었다. 그리고 곧 MetaConstellation Bloom(스페이스X와 합작한 저궤도 위성 4,000기 네트워크로, 전 세계 전파·레이더·열 신호를 실시간 가시화하는 시스템) 링크가 완료됐다는 알림이 화면을 채웠다. 사막에서 쏘아 올린 드론과 우주 공간의 위성이 단 1.8 초 만에 데이터를 주고받으며 "센서-투-슈터" 지연을 사실상 지워 버리는 순간이었다.

얼음 밑에서 숨 쉬는 안드로이드 공병대

북극권 알래스카의 허공에서는 오로라가 휘감기고, 하얀 호수 위로 24기의 4족 로봇이 모습을 드러냈다. 그중 선두에 선 Boreas-Bot 07(극지 전용 4족 안드로이드 공병 로봇으로, 얼음 절단·터널 굴착·보급 거점을 자율 구축)은 레이저 커터로 얼음을 갈라냈다. 곧이어 상공을 가른 Altius-S 드론(장거리 군수·타격 겸용 날개형 드론으로, 재프로그램만으로 물자 수송과 자폭 임무를 전환) 두 대가 새로 뚫린 얼음 터널 위에 배터리를 투하했다. 이 모든 동작을 조율한 것은 래티스 12(안두릴 차세대 AI 지휘 통제 운영체제로, 센서·드론·로봇·병력을 그래프 구조로 묶고 자동 판단·명령을 내리는 두뇌) 였다. "공병"과 "군수"라는 분류가 더는 필요 없었다.

노스캐롤라이나, 전술을 생각하는 AI의 데뷔전

포트 브래그 인근 홀로 돔에서는 Cerberus Planner(초고속 전술 생성 AI로, 초당 1억 개 전술 수형도를 계산해 인간보다 6배 빠르게 자원 배분)와 Valhalla Sim(실전 손실·소모 예측 엔진으로, 위성·드론 데이터를 실시간 반영해 손실률 오차 ±2.6%에 그침)이 "레플리케이터 Tranche 4" 워게임을 펼치고 있었다. 시뮬레이션이 시작된 지 0.4초 만에 청색팀(미군·동맹)의 병력 배치가 4차례 재편되고, 7분 후 적색팀 드론 손실률은 54%를 넘어섰다. 사령관은 단 한 번의 '승인' 버튼만 누르면 됐다. "우리는 이제 명령자가 아니라 감독자"라는 깨달음이 장내를 울렸다.

한반도 DMZ(비무장지대), 동맹과 AI의 합창

12월 초겨울 밤, 초저고도로 미끄러지는 Ghost-X Mk IV(저소음 모듈러 드론) 편대 아래 센트리 타워 2(설치 1시간, 태양광·무선 충전으로 자가 운용하며 사람·동물·차량 자동 분류 AI 감시탑) 64기가 별빛처럼 깜빡였다. 하늘에서는 호주 공군 레이더 경보기 웨지테일(RAAF E-7, 공중조기경보통제기)이 레이더 콘을 회전했고, 모든 정보는 래티스 12(안두릴 지휘 통제 서버)로 모였다. 이때 한국에서 파견된 김상원 중령의 헤드셋에는 한국어 경고음과 함께 그래프 아이코닉 랭귀지(동맹·AI·로봇이 공통으로 읽는 그림 기호 전술 언어) 아이콘이 깜빡였다. "승인." 그 한마디에 드론 편대는 적 침투 경로로 초저공 돌입했고, DMZ 상공엔 초록색 봉쇄선이 즉시 그려졌다.

붉은 새벽, 알고리즘-하드웨어 공진이 울리다

2030년 12월 31일, 사막의 노을은 여전히 붉었으나, 포지 α 돔 안에서는 또 다른 윙비트가 일어났다. 첫 비행을 기다리는 신규 드론 떼가 날갯짓하며 빛을 모았다. 인간이 설계한 마지막 전술이 아닌, 알고리즘-하드웨어 공진(서로 진화하며 호응하는 AI·센서·로봇 생태계)이 스스로 전장을 재편할 준비였다. 하늘을 올려다본 테오 루이스 중령은 조용히 중얼거렸다.

"미래 전장은 이미 시작됐고, 우리는 그 안에서 깨어 있다."

폭풍보다 빠른 혁신과 숨 막히는 매혹-이것이 2030년, 안두릴과 레플리케이터(Replicator) 2.0이 증명해 보인 초네트워크 전장의 실체였다.

안두릴, 팔란티어, OpenAI, xAI : 협력과 경쟁의 미래 전략 지도

미국 국방 기술 생태계는 안두릴(전장 자율 무인 플랫폼)·팔란티어(그래프 기반 데이터 플랫폼)·OpenAI(대형 언어모델 연구소)·xAI(일론 머스크의 차세대 LLM 기업)가 서로 힘을 맞추면서도 시장·표준·플랫폼 주도권을 두고 다투는 경쟁적 협력(협력+경쟁) 구도로 빠르게 재편되고 있다. 안두릴은 최전선에서 쓰는 자율 무인기와 지휘 통제 소프트웨어를, 팔란티어는 그래프 온톨로지(객체 관계를 구조화한 지식 모델)와 실시간 AI 오케스트레이션(여러 기능을 조율)을, OpenAI·xAI는 대형 언어모델 대형 언어모델(LLM)과 에이전틱 추론(스스로 계획·도구 사용·검증을 반복하는 자율 판단) 기능을 공급한다.

네 축이 결합하면 센서→데이터 융합→상황 인식→표적 결정→교전으로 이어지는 센서-투-슈터(탐지부터 발사까지 자동 연동) 루프가 '소프트웨어 속도(실시간 업데이트 속도)'로 닫히고, 분산 군집 자율 전력(여러 무인이 동시에 협업)이 다 영역(공중·해상·지상·우주)에서 동시에 움직이는 체계가 현실이 된다. 이 가속은 국방부 레플리케이터 이니셔티브(18~24개월 안에 수천 대 소모성 자율체계를 배치하겠다는 계획)의 시간표와 정확히 맞물려, 속도·물량·소프트웨어 민첩성 자체를 새로운 전략 우위로 만드는 변화를 촉발하고 있다.

안두릴과 팔란티어의 결합은, 이 신세대 방산 모델의 대표 사례다. 미 육군 TITAN(딥 센싱·표적화 노드) 사업에서 두 회사는 역할을 분담해, 안두릴이 하드웨어 설계·제조 스케일업을, 팔란티어가 대규모 데이터 융합과 AI 추론·시각화 계층을 담당한다. 현장에서 들어오는 위성·드론·레이더·SIGINT(신호정보) 스트림은 팔란티어의 온톨로지와 AIP(AI 의사결정 플랫폼)로 정렬·해석되고, 안두릴의 래티스 OS(지휘 통제 체계·전장관리 운영체제) 가 전술 단위까지 지휘·교전을 자동화한다. 양사는 2024년 말 공식 제휴를 발표하며 "데이터 준비도와 대규모 처리, 그리고 현장 배치 속도"를 공동 관심사로 설정하였고, 이후 Maven Smart System(국방부 AI 기반 다 영역 분석·표적화 프로그램) 확대와 맞물려 합참·군별 사용자층이 넓어지고 있다.

안두릴과 OpenAI의 파트너십은 방어적 임무의 실전형 AI 접목이라는 선명한 목표를 갖는다. 안두릴은 CUAS(대(對)무인기 방어) 영역에서 위협 드론 탐지→평가→무력화까지의 체인을 운영해 왔고, 여기에 OpenAI의 GPT-4o/오원(o1) 등 최신 멀티모달 모델을 결합해, 고속으로 유입되는 영상·신호·교신 텍스트를 실시간 요약·판단·권고로 전환하는 구성을 공표했다. 이는 대규모 오퍼레이터(운용자) 부담을 줄이고, 적 드론의 비정형 패턴이나 급작스러운 전술 변화를 더 빨리 포착하도록 설계됐다. 동시에 OpenAI가 정부·국방과의 직접 협력으로 명확히 선회했다는 점에서 상징성이 크며,

내부·외부에서 제기된 윤리 논쟁은 용도 제한, 감사 가능성, 인간 개입을 내장한 거버넌스로 응답해야 하는 과제를 남긴다.

xAI는 대규모 전장 데이터에 대한 실시간 요약·추론·플래닝을 내세워 빠르게 합류했다. 2025년 중반 미 국방부는 OpenAI와 함께 xAI에도 최대 2억 달러 규모의 계약을 부여하며(전장·군수·정보 영역용 에이전틱 AI 워크플로 개발), xAI는 정부 전용 제품군 "Grok for Government"를 공개해 연방·주·지방·안보 기관 고객을 겨냥했다. 다만 백악관과의 정치적 긴장, 그록의 과거 부적절 출력 사례는 국방 영역에서 품질·책임성·콘텐츠 안전장치를 더욱 강하게 요구하는 요인으로 작용하고 있다. 다시 말해 xAI의 진입은 확실하지만, 성능 벤치마킹·안전성 검증·감사 로그·접근 통제를 두텁게 포함한 표준 계약·운용 프레임을 통해 추적할 수 있는 신뢰를 입증해야 한다.

이 네 축의 협력은 점차 컨소시엄(상호보완 기술을 묶어 대형 국방 과제를 공동 수행) 형태로 고도화되고 있다. 안두릴은 팔란티어와의 공식 동맹 발표 직후, 다른 기술 기업들과 함께 차세대 지휘 통제 체계(C2) 생태계 구축 수주에서 주도권을 잡았고, 미 육군은 1년 내 납품을 목표로 하는 약 1억 달러 규모의 차세대 지휘 통제 체계 원형 개발 계약을 안두릴 리드(팔란티어 등 참여) 팀에 부여했다. 이러한 계약 구조는 "대기업 단독 주계약자" 모델에서 "소프트웨어·AI 중심의 다층 파트너십" 모델로 이동하는 흐름을 상징한다. 컨소시엄은 각 회사의 핵심 역량 - 예를 들어, 팔란티어의 AIP와 온톨로지, 안두릴의 래티스와 자율 로봇, OpenAI/xAI의 최신 모델과 에이전트 프레임워 - 을 느슨하지만, 상호운용할 수 있는 인터페이스(API, 데이터 스키마, 보안 표준)로 묶어, 유사시 신속히 결합·해체·재구성할 수 있게 만든다.

경쟁의 축도 분명하다.

첫째, 플랫폼 주도권 경쟁이다. 전장 지휘의 '중추'가 래티스 형 지휘 통제 체계가 될지, 팔란티어 AIP 운용체계가 될지, 아니면 LLM-agent OS(대형 언어모델 기반 운영체제)가 차지할지가 각 회사 장기 전략과 직결된다.

둘째, 데이터·모델 거버넌스(관리 체계) 경쟁이다. 누가 데이터 출처·변천, 역할별 접근권한, 세분화 권한, 무기·이중용도 수출 규정, 동맹 데이터 규칙을 가장 엄격하면서도 쓰기 쉽게 구현하느냐가 신뢰로 이어진다.

셋째, 엣지 추론(현장 단말 자율 판단) 성능 경쟁이다. 통신 두절이나 재밍(전파교란) 상황에서도 현장에서 판단하고, 복구 후 이벤트얼 컨시스턴시(점진 동기화)로 중앙 기록과 맞추는 능력이 실제 운용 승패를 가른다.

넷째, 생태계 확장 경쟁이다. 어느 회사가 타사 앱(app)·센서·효과기(무기)를 더 빠르고 저렴하며 감사 가능하게 연동해 상호운용성과 신뢰 가능성을 동시에 확보하느냐가 관건이다. 이 지점에서 팔란티어는 메이븐(Project Maven) 확대(2025년 5월 계약 상한 7억 9,500만 달러 증액)로 공군·해군·육군에 사용자를 늘렸고, 안두릴은 노던 엣지(Northern Edge, 미 합동훈련)에서 레거시 센서를 래티스에 통합해 전장 관리 성능을 입증했다. OpenAI와 xAI는 연방용 제품과 국방부 직접 계약으로 진입장벽을 넘었으며, 이제 안전성·보안성·감사성을 수치로 증명하는 단계에 들어섰다.

윤리·규범의 축은 협력과 경쟁 모두의 속도 제한 장치이자 신뢰 증폭기다. 대형 언어모델(LLM)의 군사 분야 투입은 용도 제한(방어·인명 보호 중심), 인간 개입, 설명 가능성, 리스크 카드(모델·데이터 범위·성능·편향·검증 결과를 한 장으로 요약), 로그 보존·삭제 정책을 계약·운용의 기본 조건으로 내장해야 한다. 특히 전장 의사결정에서 LLM은 "최종 판단자"가 아니라 조언자 로 작동해야 하며, 고위험 교전 규칙(ROE)은 인간 승인 없이는 넘을 수 없게 설계해야 한다. 네 회사가 각자의 속도로 국방에 진입하더라도, 공통의 거버넌스를 공유하지 못하면 동맹 간 상호운용성이 흔들리고, 국제적 감시와 반발이 커진다. 따라서 표준화된 평가 벤치마크(안전성·환각률·추론 신뢰도), 데이터 권리·IP 규율, 사이버/공급망 보안 기준, 동맹 정보 공유 프로토콜을 함께 다듬는 일이 무엇보다 중요하다. 이는 속도를 늦추기 위한 족쇄가 아니라, 속도에 근거와 책임을 부여하는 엔진에 가깝다.

앞으로의 판세를 보면,

첫째, 레플리케이터(대량 자율 무기 신속 배치 계획) 트란셰(단계별 묶음)가 정말로 18~24개월마다 수천 대 자율체계를 생산·배치·개선하는 데 성공하느냐가 시장을 크게 좌지우지할 것이다. 이 목표가 이뤄지면 소프트웨어 퍼스트(소프트웨어를 먼저 적용하는) 방식의 제조·정비·보급 모델이 군 표준으로 자리 잡고, 앞서 언급한 기업 컨소시엄은 훨씬 더 넓은 임무 영역으로 뻗어나갈 것이다.

둘째, 차세대 지휘 통제 생태계에서는 안두릴과 팔란티어가 시투(C2, 지휘통제) '허브'를 잡고, OpenAI와 xAI가 에이전트 계층과 모델 최적화로 그 위를 덮어씌우는 다층 협업 구도가 유력하다.

셋째, 동맹 확산이 빨라질 전망이다. 한국·일본·NATO(북대서양조약기구) 등은 공통 데이터 모델·연동 API(응용 프로그램 인터페이스)·보안 인증을 공유해, 유사시 실시간 합동 교전과 대중국 A2/AD(반접근·지역 거부) 대응을 위한 연합 헬스케이프(대량 무인체계로 적 상륙을 지연시키는 개념)를 함께 운용할 가능성이 높다.

넷째, 정치적 변수도 무시할 수 없다. 행정부·의회 기조 변화, AI 윤리 논쟁, 특정 기업과의 갈등이 계약 지속성에 영향을 줄 수 있어, 기업들은 다수 고객·다 영역 포트폴리오로 리스크를 분산하고, 투명한 안전성 보고와 외부 검증을 상시화해야 한다.

안두릴·팔란티어·OpenAI·xAI는 하드웨어 자율 전력-데이터 온톨로지-에이전틱 LLM-실시간 지휘 통제 체계를 맞물리며 미국 국방의 디지털 전환을 가속하는 게임체인저 연합을 형성하고 있다. 협력은 전장을 더 빠르고 정밀하게 만들고, 경쟁은 기술의 안전성과 성숙도를 끌어올린다. 남는 과제는 하나다. 속도에 근거를 붙이고, 자동화에 책임을 내장하는 것. 이 원칙을 지키는 기업과 국가가, 다층 전장에서 가장 오래 버티고 가장 빨리 진화할 것이다.

2. 자율 살상 무기, 윤리와 법의 경계에 서다

자율 무기 AWS(Autonomous Weapon Systems: 스스로 목표를 찾고 공격하는 무기)는 전장 속도와 범위를 사람이 따라가기 어려운 수준으로 끌어올리지만, 그만큼 윤리와 법의 경계가 가장 격렬히 시험 되는 영역이 됐다. 쟁점은 "누가, 언제, 어떻게 치명적인 힘 사용을 허가하며 그 결과에 대한 책임은 누구에게 돌아가느냐"다. 인공지능이 표적을 고르고 공격을 자동 실행할수록 생명권과 민간인 보호, 비례성(민간 피해가 군사 이득을 압도하면 멈춘다는 안전장치) 같은 국제 인도법(IHL, 전쟁 규범)을 어떻게 지킬지, 또 사고나 오판이 생겼을 때 책임소재와 구제 방법을 어떻게 확보할지가 구조적으로 더 복잡해진다. 이런 이유로 국제기구·동맹·각국 국방부는 미닝풀 휴먼 컨트롤(MHC, 의미 있는 인간 통제)을 최소 기준으로 삼아 자율성 실전 배치와 인간의 책임 있는 개입을 동시에 강화하는 방향으로 규범을 설계하고 있다.

가장 널리 공유되는 윤리적 위험은 세 갈래다.

첫째, 인간 개입 없이 이루어진 살상 결정이 인간 존엄과 민간인 보호 원칙과 충돌할 수 있다는 점이다.

둘째, 책임 공백 문제다. 자율 무기가 스스로 치명적 결정을 내렸을 때 지휘관·운용자·개발자·조달 기관 중 누가 어느 범위까지 책임을 지는지 명확히 규정하지 않으면 피해자의 권리와 사후 구제가 공허해질 수 있다.

셋째, 알고리즘 편향과 오작동이다. 훈련 데이터나 센서 환경의 편향, 적의 전자전(EW)·교란에 따른 오류는 민간인 피해를 급격히 키울 수 있으므로, 설계 단계부터 검증 가능성과 신뢰도를 관리 지표로 삼아야 한다. 이러한 논리는 국제적십자사(ICRC)가 반복해서 강조해 온 바이며, "표적 확인과 치명적 사용의 전 과정에 인간 판단과 중단 권한이 개입해야 한다"라는 방향으로 구체화하고 있다.

유엔에서는 로즈(LAWS, 살상 자율 무기)에 대해 '완전 자율 살상 무기는 금지, 부분 자동화 기능은 규제'라는 이원 접근이 힘을 얻고 있다. 2014년부터 CCW(재래식무기금지협약) 틀 내 정부 전문가그룹 논의가 이어졌고, 2025년 문서는 "합의 기반으로 규범적·운용적 틀의 구성 요소를 도출하겠다"라는 방침을 재확인했다. 단, 최종 법적 형태는 열어두고 구체 요소를 먼저 쌓아 가는 스텝-바이-스텝 경로를 채택했다. 미국·러시아·중국 등 주요국은 아직 구속력 있는 전면 금지엔 신중해, 2026년까지 국제 규범 윤곽을 마련하자고 한 유엔 사무총장 권고와도 간극이 있다. 그사이 실제 전장에서는 자율 무기와 자동 교전 체계가 빠르게 늘고 있어, "규범 공백 속 기술 확산"에 대한 경고가 이어진다.

유럽연합과 유럽의회는 방위 분야 AI의 전략적 중요성을 인정하면서도, LAWS 금지와 엄격한 규제를 촉구하고 있다. 핵심은 의미 있는 인간 통제 보장, 투명성과 설명 가능성, 사전·사후 검증, 로그 보존, 사이버·공급망 안전, 그리고 피해자 구제를 위한 책임 배분 명료화다. 이러한 입장은 EU AI 규제 논의와도 맞물려, 방위 목적 AI라도 안전·책임·거버넌스 원칙을 면제하지 않는 방향이 힘을 얻고 있다.

미국 국방부는 DoD Directive 3000.09(무기체계 자율성 지침)을 2023년 전면 개정해, 의도하지 않은 교전을 최소화하기 위한 설계·시험·검증·인증(T&E/V&V) 요건과 고위급 승인·감독 절차를 강화했다. 이 지침은 자율·준자율 기능을 가진 모든 무기체계에 대해 고장·오판의 확률과 결과를 낮추는 엔지니어링 통제, 운영자 훈련, 사이버·전자전 내성, 실패 시 안전 정지와 인간 개입 가능 장치를 요구한다. 또한 자율 무기체계 워킹그룹을 설치하고,

개발·배치 단계별로 법률·윤리 검토를 의무화해, 내부와 외부의 우려—"지하실에서 킬러 로봇을 만든다"라는 식의 오해—를 차단하겠다는 메시지를 분명히 했다.

이 지침은 미국 국방부의 AI 윤리 5대 원칙(Responsible 책임, Equitable 공정, Traceable 추적 가능, Reliable 신뢰 가능, Governable 통제 가능) 및 책임 있는 AI 프레임워크와 짝을 이룬다. 'Traceable(추적 가능)'은 데이터·모델·결정 경로를 사람이 검토할 수 있도록 충분한 이해 가능성과 감사 흔적을 남길 것을, 'Governable(통제 가능)'은 중단·비활성화(킬 스위치, kill switch)를 포함해 예기치 않은 행동을 탐지·억제할 수 있어야 함을 뜻한다. DIU(국방 혁신 조직) 역시 실제 사업에 적용할 Responsible AI 가이드라인을 운영하며, 시험·검증·윤리 점검이 각 프로그램에서 형식적 절차로 흐르지 않도록 체크리스트와 증빙 요구사항을 구체화했다.

윤리와 법의 최소 요건을 기술 아키텍처에 어떻게 '구현'할 것인가의 문제로 내려오면, 공통 분모는 비교적 분명해진다.

첫째, HITL/HOTL(Human-in/On-the-Loop, 인간이 직접 승인/실시간 개입 감시) 구조를 기본으로 하고 OOTL (Human-out- of-the-Loop, 인간 배제)은 금지하거나 고위험·비살상 영역에 국한한다.

둘째, 킬 스위치/긴급 정지(예기치 않은 행동 시 즉시 중단)와 페일세이프(오류 시 안전한 상태로 이행) 설계를 의무화한다.

셋째, 감사 로그와 프로비넌스(출처·변천 이력)를 전 단계에 부착해 사후 책임 귀속과 교훈 학습을 가능케 한다.

넷째, XAI(설명 가능 AI) 도구로 표적 탐지·분류·추적·교전 추천의 근거와 불확실성을 사람에게 읽히는 형태로 제공한다.

다섯째, 사이버·전자전 내성과 엣지 추론 복원력(통신 두절 시 현장 단말에서 안전하게 자율 판단, 복구 후 점진 동기화)을 함께 갖춘다. 이런 장치는 "자율성=위험"이 아니라 "감독 가능한 자율성이 곧 전술적 우위"라는 전환을 가능케 한다.

안두릴은 설계 단계에서부터 거버넌스를 내장하는 방식을 택했다. 전장 관리 운영체제 래티스 OS(지휘 통제 소프트웨어)는 여러 센서와 효과기(무기)를 한데 묶는 동시에, 이벤트(작동 상황)·오퍼레이터(운용자) 조작·AI 추천·승인·반려 과정을 모두 로그(기록)로 남겨 시계열 타임스탬프(시간 표시)까지 보존한다. 이는 DoD 3000.09(미국 국방부 자율 무기 정책)와 AI 윤리 원칙의 '추적 가능'·'통제 가능' 조건을 충족하기 위한 기초이며, 교전 단계에서도 운용자 승인 없이 치명적 힘을 쓰지 않고 킬 스위치(즉시 정지 장치)로 즉각 중단할 수 있도록 설계됐다. 또한 고스트 엑스 제품군은 미 육군 sUAS(소형 무인기) 요구 선정과 DIU Blue UAS(국방부 승인 무인기 목록) 등재로 보안·공급망·사이버 기준을 통과했음을 공개해, 국방부가 요구하는 안전·신뢰·공급망 무결성 검증을 거쳤음을 보여준다. 다만 개별 장비의 인간 개입·킬 스위치 구성, 자동화 범위는 임무와 고객 규정에 따라 달라질 수 있으므로 "모든 시스템이 완전히 같다"라고 단정하기보다는 정책-기술-운용이 결합한 맞춤형 구성으로 이해해야 정확하다.

팔란티어는 XAI·감사 가능성·HITL 거버넌스를 제공하는 데이터·AI 운영 계층을 통해 자율 무기와 인간 의사결정 사이의 책임 연결부를 보강한다. AIP(AI 의사결정 플랫폼)는 다수 모델과 도구를 단계별로 조율하며, 각 단계의 입력·출력·근거를 카드형 설명과 타임라인·그래프로 남긴다. 이 구조는 자율·자동화된 표적화 추천이 제시되더라도, 지휘관이 근거를 읽고 수정·반려·승인할 수 있게 해 주며, 사후 조사 시 재현 가능성을 확보한다. 특히 DoD AI 윤리 원칙의 추적가능·통제가능을 기술적으로 실현하는데, 이는 국제 논의의 핵심인 "의미 있는 인간 통제"를 증거 가능한 형태로 보장하는 수단이 된다.

자율 무기 규범과 기술 사이에는 아직 네 가지 과제가 남아 있다.

첫째, 자율성 등급별(인간 감시형·개입형·배제형) 교전 규칙과 승인 행렬을 임무별로 어떻게 표준화할지가 숙제다.

둘째, 알고리듬 편향과 오탐·미탐을 줄이기 위한 데이터 품질 관리와 어드버설 테스트(적대적 시험), 현장 데이터 기반 재학습 절차를 얼마나 촘촘하게 법제화할지가 관건이다.

셋째, 전자전 환경에서 GNSS(위성항법시스템) 교란·통신 단절·데이터 위조가 발생해도 페일 세이프(안전한 실패)와 인간 개입 복귀 경로를 보장할 안전 인증과 감사 체계를 마련해야 한다.

넷째, 피해자 구제와 책임 귀속에 관한 국제 기준을 어느 수준까지 합의할지가 남았다. 기술은 국경을 넘어 확산하지만 책임과 구제는 국가 제도에 묶이기 쉬워, 재래식무기금지협약 정부 전문가그룹·유엔 총회·유럽 연합·국제적십자위원회가 앞으로 1~2년 안에 이 간극을 메우는 데 집중해야 한다.

자율 무기의 윤리·법 경계는 속도와 자동화에 근거와 책임을 덧입히는 작업이다. 국제 사회는 완전 자율 살상 무기에 대해서는 금지 또는 강한 억제를, 부분 자동화 기능에 대해서는 의미 있는 인간 통제 보장과 엄격한 검증·감사·투명성을 요구하는 쪽으로 수렴하고 있다. 미국의 DoD 3000.09 개정과 AI 윤리 5원칙, DIU의 Responsible AI 가이드라인은 이러한 합의의 군사적 구현이다. 산업 현장에서는 안두릴이 킬 스위치·HITL·감사 로그·C2 통합을, 팔란티어가 XAI·프로비넌스·HITL 거버넌스를 통해 그 표준을 기술적으로 구체화하고 있다. 최종 원칙은 단순하다. AI는 조언자이고, 인간은 최종 책임자다. 모든 치명적 결정은 설명 가능하고 재현할 수 있어야 하며, 로그와 증거는 피해자 보호와 책임 귀속을 위해 보존되어야 한다. 전장의 자동화가 인간성을 잠식하지 않도록, 기술적 설계·운용 절차·국제 규범은 앞으로도 함께 더 정교해져야 한다. 이것이 자율 무기를 허용할 수 있는 범위 안에 붙들어 두는 유일한 방법이다.

3. 대한민국 국방 AI는 어디까지 진화했나?

구분	안두릴	한국 국방AI (국방혁신 4.0)	비고
운영 철학	소프트웨어 중심 C2. 래티스가 수천 센서 데이터를 자동 파싱, 융합해 실시간 공통작전상황도를 생성하고 탐지→식별→추적→교전 워크플로를 자동화	정부 주도 체계적 개발. AI 지휘통제지원, 합동 전영역 지휘통제(JADC2 지향), 유·무인 복합(MUM-T) 확대	안두릴은 OS 중심의 확장성, 한국은 개별 장비 성능의 우수성에 강점
핵심 OS/플랫폼	Lattice OS: 센서·무기·드론 등 단일 OS로 통합 운용. 현장(엣지)에서 자율 판단·분산 처리	AI 주위통제체계(한국형 AI 참모) 연구·도입 추진, 지능형 C4I/빅데이터 플랫폼·표준화 워킹그룹 출범	안두릴이 강한 분야, 한국은 플랫폼 통합과 데이터 표준화 필요
지속 감시/센서 융합	Sentry/XRST 80ft 타워, 장거리 레이더 +EO/IR로 360O 자율, 분류, 추적. Wisp는 패시브 광대역 IR/전파 기반 감시(저피탐). Iris는 항공 IRST 계열 수동 센서	전방(GOP/DMZ) 중심 AI 경계/영상 자동분석, 다중 센서 융합 체계 확충 추진	탐지/감지 하드웨어 기술력은 한국 우위, 안두릴은 네트워크화 활용
정찰 드론 (SUAS)	Ghost-X: 크루즈 75~90분, 25km(15.5mi) 운용, ~25lb (≈11kg) 이하 탑재. 협소 지형 수직 이착륙, 도수 운반·신속 전개	중·소형 정찰/전술 드론 전력 보강 추진. 실전 운용 범위와 조달 속도는 미국 대비 보수적	Ghost-X의 최대 강점은 현장 모듈 교체, 한국도 하드웨어 성능은 대등
로이터링 탄 /장거리 효과	ALTUS-600/700(ALC 600M/700M): 다중 플랫폼 발사, 최소 4시간 제공, 징거리 (자료에 따라 최대 수백 km급), 고탑재·정밀 타격	로이터링 탄 전력화 필요성 명시, 단계적 확대 추진	
C-UAS(드론 대응)·요격	레이더 +EO/IR+패시브 센서+전자적 연동. Roadrunner-M 요격 UAV, EF-1 등 하드킬 계열로 다층 방어 구성. 래티스가 교전 절차를 자동 큐잉	C-UAS 역량 강화 중. 다층 요격(탐지-식별-재밍-요격기/요격탄) 표준과 합동 운용센터는 고도화 필요	
자율성/휴먼-인-더-루프	사람-루프 내/위임 범위 설정. 탐지·추적·추천·교전까지 자동 워크플로, 인간 승인(ROE) 기반	사람 중심 결심+AI 보조 원칙. 단계적 자율화 추진, 설명 가능성(XAI)·책임추적성 강조	
조달/산업 모델	민간 주도·제품화 속도. 미 DoD Replicator로 대량·신속 전력화 (저가 다수·소모성 포함)	정부-ADD-방산 대기업 중심. 최근 DevOps형 신속전력화, 투자비중 확대로 전환 중	

안두릴은 '소프트웨어 중심' 지휘 통제 체계 철학을 전면에 내세운다. 핵심 플랫폼인 래티스 OS가 수천 개 센서와 데이터 소스에서 들어오는 원시 신호를 자동 해석, 분산 자산의 데이터를 실시간으로 융합해 공통작전상황도를 만든 뒤, 탐지→식별→추적→교전에 이르는 워크플로를 자율 실행·추천하며 인간 승인 교전 규칙에 맞춰 결심을 단축한다. 안두릴은 이를 임무 자율, 현장 처리로 설명하며, 소프트웨어 업데이트를 통해 현장에서 지속해서 성능을 올린다.

 한국은 국방혁신 4.0을 통해 AI 기반 지휘 통제 체계(한국형 AI 참모), 합동 전 영역 지휘 통제(JADC2 지향), 유·무인 복합(MUM-T) 전력 확장을 중점 과제로 추진한다. 감시정찰-전투-C2를 단계적으로 지능화하는 로드맵을 제시했고, 전방 경계에 AI 영상분석과 이동 로봇, 다중 센서 융합을 적용하는 사업도 이어지고 있다. 방향성은 안두릴과 유사하지만, 정부-ADD-방산 대기업 중심의 체계적 검증을 중시하는 만큼 배치 속도는 상대적으로 완만하다.

 안두릴은 지속 감시와 센서 융합 분야에서 센트리/엑스알에스티(Sentry/XRST, 80피트 타워)를 통해 초장거리 360도 레이더와 EO/IR(전기광학·적외선)를 결합해 경계를 수행하고, 위스프(Wisp, 전파·적외선 수동 감지)로 저피탐 환경을 감시하며, 아이리스(Iris, 적외선 탐색·추적 수동 센서)까지 갖춰 탐지-분류-추적을 하나로 잇는 자율 파이프라인을 완성한다. 한국도 전방 경계선에서 다중 센서 융합과 AI 경계 능력을 확대하고 있지만, 체계가 임무별로 나뉘어 있어 단일 OS(운용체계) 레이어로 표준화해 통합하는 과제가 남아 있다.

 고스트-X는 요구 성능에 맞춰 모듈형(현장 교체식) 설계를 채택했다. 공개 사양 기준으로 순항 75분, 운용 거리 25km, 탑재 중량 20파운드(약 9kg)

이며, 이중 배터리·개량형 구성 자료에는 순항 90분·탑재 25lb(약 11kg)까지 언급된다. 알티우스(ALTIUS)-600·700 시리즈는 멀티 플랫폼 발사, 최소 4시간 이상 체공, 장거리 운용·고탑재 정밀 타격이 특징이며, 600M 등 실제 운용 사례도 나왔다. 한국은 중·소형 정찰드론과 로이터링 탄(표적 상공 대기 후 자폭) 전력화를 확대 중이지만, 안두릴처럼 대량·신속 전개 루프(빠른 생산·배치·개선 순환)를 구현하려면 현장 페이로드 핫스왑, 군집 자율 운용, 단일 OS 기반 통합 지휘 같은 추가 규격화와 실전 데이터 축적이 더 필요하다.

드론 대응(C-UAS)에서 안두릴은 레이더·EO/IR·패시브 센서·전자전을 묶고, Roadrunner-M(재사용 가능 고폭 요격기)과 같은 하드킬 수단, 타사의 요격탄(예: FE-1)까지 래티스로 표적 할당해 다층 방어를 설계한다. 한국은 탐지-식별-재밍-요격(요격기·요격탄)의 합동 표준과 운용센터 고도화가 핵심 과제다.

안두릴은 민간 주도 제품화 속도를 미 국방부 레플리케이터(저가·다수·신속 양산 이니셔티브)와 결합해 제품→실전→업데이트가 빨리 되는 학습 루프를 만들었다. 실제로 고스트-X 드론은 레플리케이터 1.2에서 미 육군 중대급 sUAS(소형 무인기)로 선정됐고, 스위치블레이드(로이터링 탄·표적 상공 대기 후 자폭) 등과 함께 대량 배치가 예고됐다. 한국은 데브옵스(개발·운영 통합) 방식 신속 전력화와 투자 비중 확대를 추진하면서, 공통 OS(운용체계)·온톨로지 표준화를 병행해 군별 분리 체계를 하나로 묶는 방향으로 신속 전환이 필요하다.

요약하면, 공통점은 분명하다. 양측 모두 미군의 합동 전 영역 지휘 통제(JADC2) 지향, MUM-T 확대, 로이터링 탄과 C-UAS(드론 대응) 강화, 그리고 자율화가 진전될수록 설명 가능성과 책임 추적성(기록 표준화)을 중시한다. 그러나 차이점은 속도와 통합도에서 갈린다. 안두릴은 래티스 단일 OS로 육·해·공·전자전·요격을 일체화하고 레플리케이터(Replicator)를 발판으로 고속 배치하는 반면, 한국은 안전·표준·검증을 중시하는 절차 중심으로 진군하면서 표준화·신속 조달·대량화의 가속이 요구된다.

그리고, 안두릴은 재밍 방지를 3중 시스템(래티스 OS, 비전 기반 자율주행, 주파수 우회 & 복원)으로 관리를 하고 있지만, 재밍이 사실상 불가능한 광섬유 유선 드론(5~20km 광섬유를 실타래처럼 풀어내며 비행 후 타격)을 러시아는 2024년부터, 우크라이나는 2025년부터 우크라이나 전장에 대량 투입하고 그 진가를 선풍적으로 나타내고 있다. 안두릴의 생산 라인업에는 없지만, 전장이 짧고 전자전에도 유리한 한반도 지형 특성을 고려한다면, 광섬유 유선 드론도 한국 국방 안보 입장에서는 충분히 개발 필요성이 있다고 생각하며, 이에 대한 관심과 개발 계획 수립도 지금 필요한 시점이라 생각한다.

러시아-우크라이나 전쟁에서 본 드론 전장의 10가지 승리 법칙

전장은 이제 드론 전쟁이다. 우크라이나 전쟁에서 증명된 드론 승리 법칙을 아래와 같이 10가지로 요약하였다. 북한의 드론 위협이 뚜렷한 현재, 우리도 한번 곱씹어 볼 필요가 있겠다. 복잡한 이론 대신 간단히 보자.

첫째, 먼저 보면 유리하다. 정찰드론이 높이·경로·센서를 바꿔 가며 빈틈을 훑어 좌표로 바꾸는 순간, 막연한 불안은 구체적인 지도와 목록이 된다. 정보가 쌓일수록 판단은 빨라진다.

둘째, 헷갈리게 만들어라. 군집 드론(여러 대가 한 팀으로 움직이는 방식)은 일부가 일부러 시선을 끌고, 나머지는 조용히 돌아 들어가 방공의 빈틈을 찌른다. 방어가 넓게 퍼지는 그 순간, 우리는 힘을 한 점으로 모을 수 있다.

셋째, 좌표가 나오면 바로 움직여라. 탐지→판단→타격의 과정을 몇 초로 줄여 자폭·미사일 드론을 바로 붙이면, 상대가 대응하기도 전에 상황이 정리된다. 빠름은 무모함이 아니라 "상대가 준비 태세로 돌아가기 전에 먼저 끝내는 기술"이다.

넷째, 총알보다 시간을 빼앗아라. 강을 따라 낮게 날아 레이더 그림자에 붙고, 도하 지점·도로·교량 같은 병목을 막으면, 적의 속도는 느려지고 우리의 속도는 빨라진다. 탄을 많이 쓰기보다 상대의 시계를 느리게 만드는 것이 더 큰 이득일 때가 많다.

다섯째, 느리게 숨어 있다 한 방에 끝내라. 드론은 항상 빠를 필요가 없다. 지붕 밑, 숲 가장자리, 둔덕에서 오래 기다리다가 지휘 차량이 들어오는 순간 한 번에 처리한다. 예측을 깨는 느린 매복이 오히려 가장 빠른 해결책이 될 때가 있다.

여섯째, 파도처럼 끊임없이 압박하라. 첫 물결은 센서를 꺼뜨리고, 둘째는 장비를 멈추고, 셋째는 사람의 의지를 닳게 만든다. 작은 성공이 연속되면 "별거 아니네" 하고 넘기기 어렵다. 사기는 한 번에 무너지는 게 아니라, 조금씩 닳아 없어진다.

일곱째, 앞만 보지 말고 뒤를 끊어라. 드론은 전방만 치는 도구가 아니다. 야간에 보급로에 내려앉아 장애물을 놓고, 창고 지붕을 뚫고, 철도 분기기를 묶는다. 전선의 총구가 멀쩡해도 뒤가 멈추면 앞은 금세 꺼진다.

여덟째, 가격표로 싸움의 무게를 바꿔라. 값싼 드론 여러 대로 비싼 방공 미사일을 계속 쓰게 만들면, 상대의 돈과 보급이 먼저 떨어진다. 숫자의 힘이 아니라 단가 곡선을 우리에게 유리하게 꺾는 힘이다.

아홉째, 들어올 길을 미리 정해 놓아라. 감시·요격·전파 방해가 층층이 있는 다층 방어를 깔면, "들어와도 되는 길"과 "절대 못 들어오는 구역"이 갈린다. 방어가 리듬을 잡는 순간, 공격은 반쯤 끝난다.

열째, 드론을 잡는 드론과 전자전으로 마무리하라. 재밍(전파 교란), 스푸핑(GPS 속이기), 레이더, 수동 센서, 포획 드론이 팀을 이루고, 전파가 막히면 카메라·관성·지상 표식 같은 백업 감각으로 즉시 갈아탄다. 계획이 어긋나는 건 당연하니, 플랜 B를 시스템에 기본값으로 넣어 둔다.

4. 동아시아 안보, 안두릴과 AI 동맹 가능성

 21세기 들어 AI와 자율 무기 시스템은 국방 영역의 핵심 기술로 부상했고, 동아시아의 주요 국가들-한국·일본·대만-은 각자의 전략적 환경과 산업 역량을 바탕으로 AI 기반 국방혁신을 본격화하고 있다. 이 과정에서 미국의 첨단 방위 기술 기업 안두릴은 협력 가능성 또는 실제 도입 여부를 두고 세 국가 모두에게 중요한 변수로 작용하며, 동맹 체계와 기술 생태계 전반에 뚜렷한 차별화를 만들어내고 있다.

 한국은 2025년 안두릴의 국내 법인 설립과 동시에 방위사업청, LIG넥스원, HD현대 등과 협약을 맺으며 본격적인 AI 무기 공동개발에 착수했다. 대한항공·한화에어로스페이스·KAI 등 무인기 주력 기업들은 안두릴의 래티스 OS를 자체 플랫폼에 접목해 유·무인 복합 전력을 실험 중이며, 향후 해·공군용 미래 전장 통합 체계로 확장할 계획이다. 한국의 강점은 뛰어난 하드웨어 제조 기술과 안두릴이 제공하는 소프트웨어 중심 자율 시스템을 결합할 수 있다는 점이다. 선개발-후판매 방식과 모듈·API 기반 개방형 생태계는 커스터마이징에 강한 K-방산과 궁합이 좋다. 다만 기술 주권과 데이터 통제권, 한미 간 보안 연계 문제를 함께 해결해야 하며, 미국 AI 플랫폼과 완전한 상호운용성을 갖추는 일이 실전 배치의 관건으로 떠오른다.

 일본은 2024년 방위성이 목표 탐지·정보 분석·지휘 통제·사이버 방호 등 7대 분야에서 AI 활용 기본 방침을 발표했지만, "의미 있는 인간 통제"를 명확히 하며 AI를 어디까지나 결정 보조 수단으로 제한하고 있다. 완전 자율치명 무기는 금지 대상이고, 실제 도입도 비살상 영역이나 사이버·감시 분야에 우선순위를 둔다. 그럼에도 미군 시스템과 연계를 통해 고스트-X나 센트리 타워 같은 미국산 자율 무기 정보를 간접적으로 확보하고 있으며, 미·일

군사 기술 컨소시엄에서 도입 가능성을 꾸준히 타진하고 있다. 신중하고 보수적인 접근 덕분에 윤리성과 안정성은 보장되지만, 실시간 전장 대응력과 기술 적응 속도는 상대적으로 더딜 수밖에 없다.

 대만은 중국의 군사 압박이 일상화된 가운데 가장 적극적으로 안두릴 무기 실전 배치에 나선 나라다. 2024~2025년 고스트-X(저소음 자율 정찰드론) 와 센트리 타워(AI 감시탑)를 FMS(대외 군사 판매) 경로로 들여와 수도 방어·기지 감시·해안 경계에 운용하고 있다. 고스트-X는 GPS(위성 위치) 교란이나 통신 두절 상황에서도 자율 항법·비전 인식(카메라 기반 이동)으로 작전을 계속해 전자전에 대비한 안정성이 높다. 센트리 타워는 최소 인력으로 24시간 무인 경계를 수행하며, 미군 C4I(지휘 통신체계) 와 연동해 실시간 정보 공유와 자동 대응을 지원한다. 대만은 도심 방어용 소형 요격기 Roadrunner-M Lite(소형 요격 드론)도 시험 중이며, 장기적으로 AI 무기 체계를 전력 손실 없이 지속 운용할 핵심 자산으로 보고 있다.

 이처럼 한국은 산업·기술 융합형 확장 전략, 일본은 인간 중심 윤리적 보수 전략, 대만은 위협 대응 중심 실전 배치 전략을 선택하고 있다. 결과적으로 동아시아에서는 AI 전력의 분산화·연동화·집단 대응 체계가 빠르게 자리 잡는 한편, 각국의 기술 속도·인간 통제·데이터 주권을 둘러싼 갈등과 협력도 동시에 심화하고 있다. 실시간 데이터 공유, 자율 드론 네트워크 전개, 연합작전 시나리오가 복잡하게 얽히면서 한·미·일·대만 간 기술 동맹의 블록화는 더욱 가속화될 전망이다. 반면 AI 무기 활용의 윤리성, 책임 소재, 국제 규범 정립은 해결해야 할 중대한 과제로 남아 있다.

 결론적으로, 안두릴과 같은 기술 기업은 동맹국 간 협력 구조의 핵심 촉매제로 기능하며, 세 나라의 다른 AI 방위 전략은 동아시아 군사 기술 생태계와 연합작전 패러다임을 재구성하고 있다. 한국은 산업 경쟁력과 전략적 유연성을, 일본은 신뢰성과 윤리적 안정성을, 대만은 실전 효용성을 앞세워 각자의 안보 목표를 추구하고 있으며, 이들이 만들어내는 새로운 군사 균형은 앞으로 동아시아 안보 구도에 깊은 영향을 미치게 될 것이다.

2부.
안두릴: 자율 국방의 혁명가

3장.
안두릴,
세계 표준을 향한 비전

1. AI 국방 기술, 새로운 표준이 되다

안두릴은 전통 방위산업이 지닌 "느린 개발 속도, 폐쇄성, 혁신 결핍"이라는 한계를 의식적으로 돌파하겠다는 문제의식에서 출발한 기업이다. 안두릴의 중심 플랫폼인 래티스 OS는 단순히 드론이나 무인 항공기를 제어하는 수준을 넘어, 센서·위성·무인 차량·해저 자율 시스템 등 각종 군사 자산을 하나의 네트워크에 연결해 실시간 데이터를 수집하고, AI 기반의 분석과 판단, 전술적 실행을 자동화한다. 이 과정은 단일 플랫폼 기반에서 이뤄지므로 상황 대응이 기존 시스템에 비해 획기적으로 빨라지고, 국가·군별 이질적인 시스템 문제도 많이 감소한다.

이러한 개방적이고 모듈형 아키텍처 덕분에, 래티스 OS는 오픈 API와 깃허브(GitHub) 기반의 개발 환경을 제공한다. 개발자와 산업 파트너, 동맹국 정부 기관은 새로운 기능과 군사 자산을 주 단위로 신속하게 통합할 수 있다. 실제로 미 육군과 해외 파트너가 타사 수중 소나 시스템 등 타 플랫폼을 래티스 OS에 일주일 만에 통합한 사례도 나타났다. 이를 통해 전 세계적으로 대규모 예산·장기 개발 필요성이 컸던 방위산업 구축 방식이 훨씬 민첩하고 협력적으로 변모하고 있다.

글로벌 확장 전략도 눈에 띈다. 안두릴은 무기 '판매' 중심이 아니라, 다국적 MOU(양해각서)와 공동개발, 실제 실전 파일럿 테스트 중심으로 확장한다. 미국 외에도 한국, 호주, 폴란드, 영국, 이스라엘 등과 손잡고 AI 무인기·복합 무기 시스템 공동 연구, 드론 기반 감시 체계, 해저 자율 운항, NATO 동부 전선 강화에 안두릴 기술을 도입하고 있으며, NATO, 미국 국방부, Five Eyes 동맹 등도 래티스 OS를 실전 플랫폼으로 테스트하고 있다.

특히 래티스 OS는 단순 하드웨어가 아니라 "운영체제(OS)의 글로벌 표준"을 목표로 삼고 있다. 곧 세계 군사 네트워크가 애플의 iOS, 구글의 안드로이드처럼 래티스 OS를 통합 인터페이스로 삼는 것이다. 실제로 NATO·태평양 동맹·중동·동아시아 등 다양한 안보 지역에서 채택이 시작됐으며, 한국은 2025년 방위사업청, LIG넥스원, 대한항공과 AI 무인기 및 차세대 복합 무기 시스템의 공동 연구, 파일럿 운영에 착수했다. 호주도 현지 법인 설립 후 해저 자율 운항체계(Dive-LD), 드론 감시 체계, 각종 AI 기반 시스템을 현지군과 공동 개발하고, 폴란드·이스라엘 역시 NATO 연동성 강화와 함께 각국 방산업체와 협업을 넓혀간다.

결과적으로 안두릴은 이제 '하드웨어 제조사'가 아니라, "AI 중심 방위 생태계의 러닝 플랫폼이자 국제 디지털 지휘 체계의 표준화 기업"으로 자리매김하고 있다. 이들이 확장하는 개방형·모듈형·API 무기체계는 실제 "전장의 안드로이드", "국방의 애플"로 불리며, 세계 전장 환경을 근본적으로 바꾸는 혁신기업이라는 평가를 받고 있다.

2. 팔머 럭키 철학과 다음 목표

팔머 럭키는 "소프트웨어가 전쟁의 본질을 바꾼다"라는 기술 결정론적 신념을 바탕으로, AI가 민주주의와 자유 사회의 방어력 그 자체가 될 수 있다고 강조한다. 이를 실현하는 중심축이 바로 래티스 OS와 이를 기반으로 한 "소프트웨어 정의 무기체계(소프트웨어가 전쟁 방식을 결정)"의 글로벌 확장 전략이다. 핵심은 래티스 OS(통합 전장 운영 플랫폼)로, 드론·센서·인공위성·UGV(무인 지상 차량)·AUV(자율 무인 잠수정) 등 서로 다른 군사 자산을 하나의 네트워크로 묶어 실시간 데이터 수집과 인공지능 분석·상황 판단·자동 실행을 몇 초 만에 끝낸다.

안두릴은 현재 "진화형 무기 및 전장 플랫폼"에 집중하고 있다. 차세대 협력 전투기 프로그램에서는 YFQ-44A '퓨리(Fury)'라는 AI 기반 무인 전투 드론 개발에 선정돼 F-35 등 유인기와 팀을 이룬 실전 배치가 추진 중이다. 이 퓨리는 래티스 OS로 실시간 데이터 융합, 자율 임무 계획, 초고속 기동 및 타격에 특화되어 6세대 전투기 수준의 전장 유연성을 갖춘다. 스텔스 순항 미사일 '바라쿠다(Barracuda)', 전술 C4I 시스템 '메네스(초경량 전술 C4I 시스템)', 확장형 시스템 '메네스-X' 등도 포트폴리오에 추가하여, 감시·정찰에서 자율 킬체인(목표 탐지부터 교전까지 전 과정) 완전 자동화까지 일관된 기술 스펙트럼을 완성해 가고 있다. 메네스 시리즈는 초경량·신속 배치형 지휘 통신 솔루션으로, 실시간 정보 공유와 자동 타깃팅이 가능하게 한다.

이 기술 혁신을 실제 전장 배치와 양산으로 증명하기 위해 안두릴은 미국 오하이오에 연간 수만 단위 자율 시스템과 무기를 빠르게 생산할 수 있는 하이퍼스케일 제조공장 '아스널-1'을 구축했다. 그뿐만 아니라 전술 통신기업 Klas, 첨단 레이더 기업 Numerica 등을 인수해, 설계-제품화-양산의 연결 고리를 한층 강화했다.

유럽 시장에서는 라인메탈(Rheinmetall, 독일 방산기업), 사브(Saab, 스웨덴 방산기업) 등 방산 대기업들과 협력해 드론·미사일·통합 C4ISR(지휘·통제·통신·컴퓨터·첩보·감시·정찰) 시스템을 공동 개발하며 시장 점유율을 높이고 있다. 위성 버스와 우주형 킬체인C2(Kill Chain & C2, 표적 타격 순환·지휘 통제) 플랫폼 구축을 위해 Apex(위성 버스 업체) 와도 손잡으며, 안두릴의 표준 OS와 자동화된 지휘·관제 능력을 지상·공중·해상·해저·우주 등 다 영역으로 확장하고자 한다.

안두릴의 미래 전략은 군사 플랫폼과 무기체계 자체를 기술·네트워크 중심으로 재정의하는 데 있다. 동맹국들과의 즉각적인 기술 공유, 개방형 아키텍처 확산, 다국적 공동개발·현지생산 모델을 통해 글로벌 방산 생태계를 재편한다. 특히 NATO·태평양 동맹·중동·동아시아 등 전략적으로 중요한 안보 지역에서 안두릴의 플랫폼이 사실상 국제 표준이 될 가능성은 계속 높아지는 중이다.

잠깐만, 2부 안두릴을 끝내기 전에, 우리 대한민국은 주변국들의 위협, 불법 어선 그리고 마약상들의 밀매들에 동서남북 지상, 하늘, 바다 모두 취약한 한반도 지형이다. 이때 안두릴의 지상과 하늘에서는 센트리 타워와 고스트 정찰드론, 바다에서는 다이브-LD 수중 정찰로 365일 24시간 경계하고, 침입이 발견되면 1초 이내 바로 경보가 뜨고 인간 승인 후 자율 방어가 가능할 것으로 판단된다. 이게 가능한지 그리고 어느 수준의 센트리 타워 개수, 정찰드론 개수, 다이브-LD 수중 정찰기가 필요한지 대략 생각해 봤다. 숫자들은 고려하지 말고 흥미롭게 읽어 주기를 바란다.

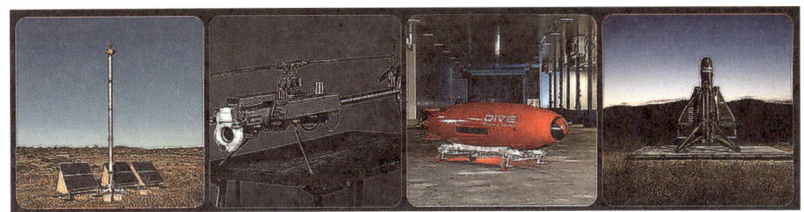

 한반도를 거대한 경기장이라고 생각해 보자. 북쪽 관중석 너머로 예측 불가능한 패스가 날아오고, 바다 쪽 출입문은 들쭉날쭉해 숨어들 틈이 많다. 그렇다고 경기장을 벽으로 둘러싸는 게 능사는 아니다. 더 영리한 해법은 "적을 경계하고 빈틈을 메우는" 팀플레이다. 골키퍼, 수비수, 미드필더가 역할을 나눠 끊임없이 움직이듯, 땅·하늘·바다의 '세 가지 눈과 귀'를 24시간 이어 붙여 한바퀴 360도를 지키는 것이다.

 먼저 땅 위의 수비라인은 센트리 타워가 맡는다. 이 타워는 경계병의 망원경을 21세기식으로 바꿔놓은 기둥이다. 레이더와 카메라가 사람·차량·드론을 자동으로 분류하고, 이상 징후를 발견하면 곧바로 상황판에 올린다. DMZ처럼 굴곡이 심한 구간은 5km 안팎 간격으로 타워를 세워 '겹겹이' 보게 하고, 항만·해협·기지 같은 병목 지점은 다소 촘촘히 묶는다. 이렇게 하면 "해안선 전체를 줄줄이" 세우지 않아도 요지를 꽉 죄게 된다. 숫자로 풀어보면, 1차 완성형은 대략 150~180기 정도가 현실적인 출발점이다. 사람 눈으로는 놓칠 실루엣도 센서가 먼저 잡아내고, 경보가 뜨면 인간이 마지막 승인 버튼을 누르는 구조다. 급할수록 실수할 수 있으니, '인간-승인'은 끝까지 지킨다.

 하늘에서는 고스트-X 정찰드론이 미드필더처럼 끊임없이 뛰어다닌다. 작전 반경 안을 8자, 원, 지그재그 패턴으로 훑으며 낮과 밤, 안개와 바람 속에서도 같은 길을 반복해 '어제와 다른 오늘'을 찾아낸다. DMZ 전선, 서해 5도와 항만 상공, 주요 도심 접근로처럼 바쁜 하늘에 '순찰 고리'를 여러 개 정의해 3교대로 돌리면, 빈틈을 드론이 메워 준다. 규모감으로 말하면 150대 내외가 24시간 체계를 굴릴 수 있는 마지노선이다. 드론을 많이 띄우는 것보다 중요한 건, 어디를 어떻게 돌릴지 '루트 설계'를 똑똑하게 하는 일이다. 내비게이션이 실시간 교통을 보고 길을 바꾸듯, 위협 패턴이 바뀌면 순찰 루트도 함께 바뀐다.

바다와 해저는 다이브-LD가 맡는다. 해협과 항만 접근로, 잠수함이 지날 법한 수중 골짜기에 무인잠수정을 보내 "바다의 귀"를 깔아 두는 방식이다. 서해처럼 얕고 복잡한 연안은 촘촘히, 동해의 깊고 넓은 물길은 길목 위주로 초계선을 세운다. 상시 운용을 고려하면 30~36기 정도가 1차 틀을 만든다. 수면 위에서는 아무 일도 없는 것처럼 고요해 보여도, 수중에서는 음향·자기 신호가 교차 분석되며 '조용한 사냥'이 진행된다. 누군가 몰래 문고리를 돌리기 전에, 문의 미세한 진동을 먼저 알아차리는 느낌에 가깝다.

이 모든 눈과 귀를 하나로 엮는 두뇌가 있다. 지휘소의 AI 운영체제다. 각각의 센서가 보는 조각 그림을 실시간으로 맞춰 "누가, 어디서, 어떻게 움직였는지"를 한 화면에 그려준다. 경보가 뜨면 절차는 간단하다. ① 자동 탐지 → ② AI의 근거 제시(과거 패턴·센서 교차 확인) → ③ 사람이 최종 승인 → ④ 대응 장비 출동. 드론이나 재사용형 요격체가 필요한 경우, 가장 가까운 무기 자산을 자동으로 배치해 "최소 비용, 최소 시간"으로 초동 조치를 하되, 교전 규칙(ROE)은 일관되게 사람 손에 쥐어 둔다. 빠름과 신중함을 동시에 잡는 설계다.

돈과 시간도 현실적으로 본다. 장비 가격은 계약 조건에 따라 요동치지만, 센트리·드론·AUV를 합쳐 장비 위주로 3천억 원대 중후반, 통합·교육·

예비부품·통신망 강화까지 '엔드투엔드'로 잡으면 6천억~7천억 원대로 추정된다. 일정은 "작게 넣어 빨리 배운다"가 정답이다. 2025~2026년 파일럿으로 DMZ 일부·항만 몇 곳·도서 상공·해상 접근로를 골라 굴려 보고, 2027~2029년에 1차 대량 배치로 주요 병목을 잇고, 2030년 이후에는 자동화 비중을 조금씩 올려 '탐지-결심-초동대응'의 시간을 더 줄인다. 기술은 달리기보다 마라톤이니까, 넓게·빨리보다 "정확하게·지속적으로"가 성과를 만든다.

 정리하면, '한반도 360도 365일 24시간 경계'는 거대한 장벽이 아니라 스마트한 네트워크다. 땅의 타워가 목을 조이고, 하늘의 드론이 빈틈을 메우고, 바다의 잠수정이 조용히 귀를 기울이는 삼중 팀플레이다. 덕분에 과거엔 사람의 집중력에 기대던 경계가, 이제는 AI가 먼저 이상을 찾아주고 사람은 더 중요한 판단에 에너지를 쓸 수 있다. 결과적으로 경계병은 줄고, 오경보는 낮아지고, 대응 속도는 빨라진다. 한마디로, "더 많이" 지키는 게 아니라 "더 똑똑하게" 지키는 방안이다. 이것이 우리가 현실적으로 당장 시작할 수 있는 24시간 철통 경계의 모양새다. 그리고 인구 감소가 현실인 지금, 안두릴 같은 시스템이 있다는 건만 해도 다행인 듯싶다.

3부

xAI
실시간 AI 제국

1장. 머스크가 던진 거대한 야망	224
2장. xAI, 무엇이 다른가?	254
3장. AI 패권 전쟁과 새로운 권력 지도	262

3부.
xAI – 실시간 AI 제국

1장.
머스크가 던진
거대한 야망

xAI 기업에 대한 전체 현황 정보

xAI는 2023년 3월 일론 머스크가 설립한 인공지능 기업으로, 2025년에 들어 가장 공격적으로 자본·인재·연산 자원(컴퓨트, compute)을 확대하는 플레이어로 떠오르고 있다. 설립 초기에 대규모 자금을 유치하며 단기간에 조직을 급팽창하였고, 2025년 7월 현재 기업가치는 약 1,130억 달러로 평가되는 것으로 보인다. 향후 추가 라운드나 IPO(기업공개) 전 단계에서 약 1,700억~2,000억 달러 밴드를 목표로 삼을 수 있다는 관측이 나오고 있다. 불과 2024년 말 약 510억 달러 수준으로 평가되던 기업가치가 반년 남짓 사이 두 배 이상 상승했다는 해석도 존재하며, 이는 AI 산업 전반의 확장성과 머스크의 자본 조달 능력이 결합한 결과로 보인다.

자금 조달 구조는 다층적이다. 2024년 시리즈 B에서 대형 벤처캐피털(Andreessen Horowitz, Sequoia Capital, Valor, Vy Capital 등)과 글

로벌 자산운용사, 중동·아시아계 자본이 함께 참여한 것으로 알려져 있으며, 2025년 들어서는 지분 투자와 함께 대규모 부채·리스 조달을 병행하는 전략을 채택한 것으로 보인다. 스페이스X가 전략적 지분을 취득하며 핵심 투자자로 올라선 것으로 전해지고, 블랙록, 모건스탠리 등 전통 금융기관과 사모·국부펀드 계열의 참여도 광범위한 것으로 평가된다. 이러한 조합은 연산 자본(대규모 GPU 구매·임차와 데이터 센터 구축에 필요한 자본)을 선제적으로 확보해 모델 학습·추론 속도를 경쟁사보다 앞당기려는 의도와 맞물린다.

경영진 구조는 일론 머스크(CEO)가 앞에서 방향을 잡고, 재러드 버철(Jared Birchall, CFO)이 재무 관리와 거버넌스를 맡아 운영한다. 연구·개발 책임진에는 딥마인드와 OpenAI 출신 이고르 바부슈킨(Igor Babuschkin, 딥러닝 전문가), 최적화 이론으로 유명한 지미 바(Jimmy Ba), 운영 스페셜리스트 로스 노딘(Ross Nordeen) 등이 포함돼 있고, 핵심 연구진은 대략 수백 명으로 보인다. 2025년 현재 정규 직원만 약 1,200명이며, 프로젝트별로 고용된 AI 튜터(학습 지도)와 데이터 주석 전문가를 합치면 2,000~2,700명까지 늘어나는 것으로 추정된다. 본사는 샌프란시스코 미션 디스트릭트의 파이오니어 빌딩(과거 OpenAI 본사)으로 옮겼고, 팔로알토에는 큰 개발 센터를 유지한다. 또한 전력·냉각·네트워크 확장이 쉬운 미국 내륙 거점-예를 들어 멤피스(Memphis) 인근 슈퍼컴퓨팅(초고속 계산) 허브와 연계하는 방안-도 검토하며 확장하고 있다.

　xAI는 테네시주 멤피스의 비려졌던 일렉트로룩스 공장을 불과 122일 만에 초대형 AI 전용 데이터센터 '콜로서스(COLOSSUS)'로 재탄생시켰다. 이 '컴퓨트 기가팩토리'는 첫 가동 시점에 NVIDIA H100 GPU 10만 장을 탑재했지만, 가동 3개월 만에 20만 장 규모로 두 배 확장하며 LLM 학습용 연산 능력을 폭발적으로 끌어올렸다. 과거 생산라인이 있던 자리에는 고밀도 수랭식 서버 랙과 HBM 메모리 패키지가 층층이 들어섰고, 공장 외벽을 따라 100MW급 변전 설비와 액침 냉각용 냉각탑이 증설됐다. xAI는 이곳을 "훈련 속도가 곧 연구 속도"라는 철학 아래 설계한 자체 컴퓨트 허브로 규정하며, 실리콘 밸리·샌프란시스코 '세레브럴 밸리'와 더불어 멤피스를 자사 모델 R&D의 핵심 거점으로 자리매김하고 있다.

콜로서스는 xAI의 그록 모델을 학습·미세조정 하는 핵심 인프라로, NVIDIA Spectrum-X 이더넷 패브릭(초저지연·초대역폭 AI 전용 네트워킹 아키텍처)을 깔아 20만 장(최근 보도 기준 약 23만 장, 일부는 차세대 GB200)의 GPU를 하나의 '초대형 컴퓨트 풀'처럼 묶어 준다. 노드 간 왕복 지연은 마이크로초 단위, 집적 대역폭은 수 페타비트/초급이어서 거대 모델 학습 시 파라미터·그라디언트가 병목 없이 순환한다. 회사는 "5년 내 H100 등가 5,000만 개, 50엑사플롭스"를 공식 목표로 제시했다. 다시 말해 콜로서스는 단순 데이터센터가 아니라, 컴퓨트 기가팩토리의 첫 프로토타입이자, 차세대 멀티엑사 규모 AI 훈련 시대를 겨냥한 실험실이 되고 있다.

제품·모델 측면에서 xAI는 그록 계열의 멀티모달 모델을 전면에 내세우고, 에이전틱 추론(목표 설정→계획→도구 사용→검증을 자동 반복하는 구조)을 고도화하고 있다. 정부·국방 전용 제품군 'Grok for Government'를 별도로 내놓아 고신뢰 인증·감사를 전제로 한 납품을 추진 중이며, 미국 연방기관과 국방 영역에서 수억 달러 단위의 계약 틀을 확보했다는 평가가 나온다. 이와 함께 영어 외에 한국어·힌디어·일본어·중국어·스페인어 등 다언어 현지화를 적극적으로 확대하고, 제조·바이오·헬스케어·금융·콘텐츠 등 산업별 특화 플랫폼을 통해 실시간 데이터 결합, 업무 자동화, 안전한 온프레미스/프라이빗 클라우드 배치를 제공하려는 계획을 공언하고 있다.

수익화 경로는 소비자 대상(B2C)과 기업·정부 대상(B2B/B2G)이 동시에 추진된다. X(소셜 플랫폼)와의 결합을 통해 프리미엄 구독, 인공지능 도우미(AI assistant) 모델을 넓히고, 기업·정부 부문에서는 전용 테넌트(격리 실행 환경)·전용 데이터 연결·감사 로그(기록)·역할 기반 권한 통제·프로비넌스(출처·변천 이력) 보존을 포함한 믿을 만한 운영 패키지를 표준화하려는 흐름이 뚜렷하다. 이런 접근은 비슷한 경쟁사의 공공 부문 전략과 비슷하지만, xAI는 초대형 연산 자본을 먼저 확보해 모델 성능과 업데이트 주기를 끌어올리고, 테슬라·스타링크·X 등 생태계 데이터를 묶어 차별화하였다는 이미지를 얻기 위해 한층 공격적이다.

xAI는 머스크 특유의 대담한 자본 배치와 통합 생태계 전략을 바탕으로 "연산 능력 → 모델 성능 → 제품 확장 → 공공·산업 채택"의 선순환을 최대한 빠르게 구축하려는 기업으로 요약된다. xAI의 진짜 성패는 거대한 계획을 재무적 지속가능성과 책임 있는 AI 거버넌스 위에서 얼마나 빠르고 안정적으로 구현하느냐에 의해 가늠될 것이다. 계획과 포부는 크고, 숫자는 빠르게 움직이며, 그 사이의 간극을 메우는 실행이 xAI의 다음 2~3년을 결정할 것으로 보인다.

삼성전자와 AI6 칩 협력

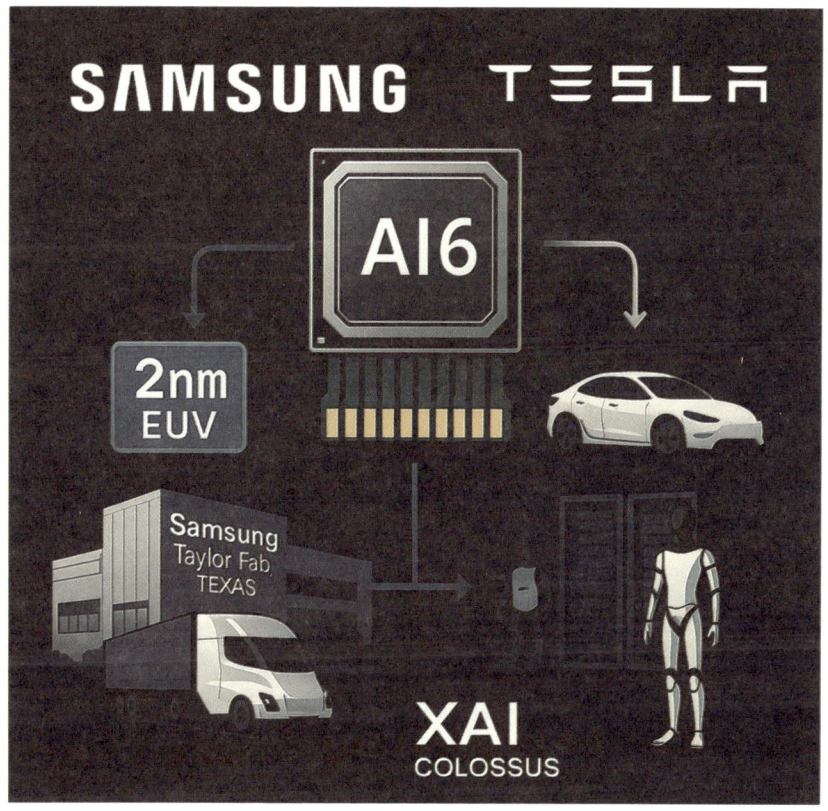

　최근 2025년 7월 보도에 따르면 삼성전자는 테슬라와 약 22.8조 원(미화 165억 달러) 규모의 장기 파운드리(위탁생산) 계약을 체결했고, 텍사스 테일러 신공장에서 테슬라의 차세대 AI6 칩을 생산한다. 머스크는, 삼성은 현재 AI4를 만들고, AI5는 TSMC가 대만과 애리조나에서 생산한 뒤, 차세대인 AI6를 삼성에서 2나노 공정으로 양산할 것이라며, 계약 금액은 "최소치"이고 실제 생산량은 더 커질 수 있다고 밝혔다. 계약 기간은 보도에 따라 2033년까지(약 8년)로 제시되었다. 이 칩은 테슬라 자율주행 FSD(완전자율주행), 휴머노이드 로봇, 그리고 데이터센터에 투입될 예정으로 소개한다.

이 계약이 xAI에 미치는 영향은 직접적·간접적으로 나눠볼 수 있다. 직접적으로는 xAI가 곧바로 AI6를 채택한다고 발표된 바는 없지만, 머스크 생태계 내부에서 설계·생산·운영의 학습 효과가 커진다. 테슬라가 차량·로봇·엣지 장치에서 요구하는 고효율 추론 칩을 삼성과 함께 대량 생산하면, 동일한 설계 철학과 소프트웨어 스택을 xAI의 데이터센터 추론 계층(학습된 모델을 실제 서비스에 돌리는 층)에도 적용할 유인이 생긴다. 현재 xAI의 학습은 대규모 NVIDIA GPU 클러스터 중심이지만, 서빙(실시간 응답) 측면에서는 전력당 성능과 지연, 총소유비용이 핵심이라 전용 추론 칩을 병행하면 비용 곡선을 크게 낮출 수 있다.

테슬라-삼성 라인이 안정화되면, xAI가 같은 파운드리·유사 공정 생태를 활용해 서빙 특화 ASIC(주문형 반도체) 또는 저지연 멀티모달 추론 칩을 설계·테이프아웃(설계 완료 후 생산에 넘기는 단계)할 전략적 선택지가 열린다. 이는 xAI가 엔비디아 의존도를 훈련=GPU, 서빙=전용 ASIC+GPU 혼용으로 다변화할 수 있음을 뜻한다.

간접적으로는 입지·공급망·정치적 리스크 분산 효과가 크다. AI6 생산 거점이 텍사스 테일러에 자리하며 머스크 거주지와도 가깝다는 점이 강조되었는데, 이는 xAI가 추진 중인 멤피스 콜로서스(Colossus) 슈퍼컴퓨터와 함께 미국 남부권 AI 제조·운영 벨트를 형성한다. 반도체 조달과 데이터센터 운영, 물류·전력·냉각 등 실무 협업의 물리적 거리가 짧아지는 시너지가 생기고, 미국 내 생산은 수출통제·안보 규정 측면에서 정책 리스크를 줄인다. 또한 삼성으로서는 테슬라 대형 물량으로 첨단 공정을 조기 안정화할 수 있어, xAI가 향후 자체 칩을 맡기게 될 때 수율과 납기 측면의 이익을 기대할 수 있다.

비용·성능 곡선도 중요하다. xAI는 거대한 모델을 학습하고 서비스하는 과정에서 전력과 비용이 기하급수적으로 증가하는 문제를 안고 있다. 테슬라-삼성 계약이 예고하는 대량 생산과 공정 최적화는 동일 성능 기준에서 전력당 비용을 낮춘 추론 칩의 등장을 앞당길 수 있다. 테슬라의 로봇·차량은 혹독한 열·공간·전력 제약을 충족해야 하므로, 여기서 검증된 저전력 고성능 설계가 데이터센터 추론 가속기에도 이식되면, xAI는 응답 지연을 줄이면서도 전력비를 낮춘 대규모 배포를 실현할 가능성이 커진다. 머스크가 "계약 금액은 최소치이며 실제는 몇 배가 될 수 있다"라고 한 대목은, 이러한 확장 경로를 암시한다.

경쟁·리스크 측면에서 보면,

첫째, TSMC-삼성 이원화는 공급망 안정성을 높이는 대신, 공정·IP(지식재산)·툴 체인(설계·개발 도구 체계) 분산으로 설계 복잡도와 검증 비용이 상승할 수 있다.

둘째, AI6 대량 생산이 본격화되면 파운드리 생산능력 배분이 중요해진다. 테슬라 물량이 급증할 때 xAI가 향후 자체 칩을 맡기려면 우선권·슬롯 확보 계약이 필요하다.

셋째, 전용 ASIC(맞춤형 집적회로)을 서빙(추론 처리층)에 확대 적용하려면, 소프트웨어 생태계와 컴파일러 스택(엔비디아 CUDA 대체·보완, 커널 최적화, 모델 그래프 변환)의 성숙이 필수다. 이 부분에서 xAI, 테슬라, 삼성의 공동 최적화 로드맵이 공개되면 시너지가 현실화한다는 신호로 해석될 것이다.

이번 AI6-삼성 장기 계약은 테슬라의 자율주행·로봇·데이터 센터 역량을 끌어올리는 동시에, 머스크 생태계 전반-특히 xAI의 추론 비용 절감, 칩 다변화, 미국 내 제조·운영 통합-에 큰 우산 효과를 준다. 단기적으로 xAI의 학습은 계속 NVIDIA 대형 GPU에 의존하겠지만, 중기적으로는 훈련=GPU, 서빙=전용 ASIC 병행 구조가 강화될 가능성이 높다. xAI로서는 전력·지연·TCO를 낮춘 대규모 서빙 인프라를 확보하고, 필요시 자체 칩으로 확장할 공정 접근성과 협상력을 동시에 얻게 되는 셈이다.

1. 왜 다시 AI 전장인가?

 일론 머스크가 다시 AI 전장에 뛰어든 이유는 개인적 갈등을 넘어 통제권, 철학, 속도에 대한 전략적 선택으로 요약된다. 그는 2015년 "인류 전체의 이익을 위한 안전한 AI"를 표방하며 OpenAI를 공동 설립했지만, 2018년에는 "구글 딥마인드에 맞설 역량을 갖추려면 강력한 리더십과 단일 지휘가 필요하다"라는 입장을 냈고, 테슬라와의 합병 혹은 자신의 전면 통제를 제안했다. 하지만 경영진 내부의 이해득실과 철학의 간극은 좁혀지지 않았고, 결국 그는 물러나 "경쟁자를 직접 만들겠다"라는 의지를 공공연히 드러냈다. 이후 OpenAI가 비영리 기조에서 상업화 중심으로 선회하고 빅테크와 긴밀히 결합하자, 머스크는 "특정 기업이 AI 권력을 독점하면 인류 전체가 위험해질 수 있다"라는 문제의식을 내세우며 보다 개방적이고 빠른 혁신을 표방하는 새로운 경로를 택했다. 이 철학과 경쟁 본능이 결합해 2023년 3월 xAI가 탄생했다.

 xAI는 출범 직후부터 인재·자본·연산 세 축을 동시에 밀어붙였다. 딥마인드·구글 브레인·OpenAI 출신 핵심 연구자들을 대거 영입해 연구 저변을 넓히고, 대형 벤처캐피털과 전통 금융·중동계 자본, 그리고 스페이스 X와 같은 전략 투자자를 끌어들여 공격적으로 자금을 모았다. 2025년 현재 기업가치는 약 1,130억 달러 수준으로 평가되는 것으로 보이며, 차기 라운드 혹은 상장 전 단계에서 약 1,700억~2,000억 달러 밴드가 거론된다. 불과 수개월 사이 두 배 이상 뛰었다는 해석이 나오는 배경에는, 초거대 모델 경쟁이 사실상 자본·전력·GPU 확보전으로 전환되었다는 산업 구조 변화가 자리한다.

 일론 머스크의 해법은 생각보다 단순하다. Compute First(연산 자본을 먼저 확보)이다. xAI는 콜로서스(초대형 AI 슈퍼컴퓨터 클러스터)를 한 가운데 세우고, 말 그대로 수십만 개 GPU(대규모 병렬 연산용 칩)를 단기간에 켜 버렸다고 말한다. 현재 가동 규모는 약 23만 장 수준으로 알려져 있고, 차세대 Blackwell GB200(엔비디아의 최신 AI 가속기)도 수만 장 규모로 들여오고 있다.

중기 목표는 "H100 등가 5천만 유닛"(성능 환산 기준)이다. 다음 단계로 예고한 Colossus 2는 누적 GPU 100만 장을 하나의 슈퍼클러스터로 묶겠다는 구상이다. 연산 스케일을 밀어 올리면 모델의 한 번 학습 품질만 아니라 업데이트 주기, 배포 속도, 심지어 단가 곡선까지 함께 내려가기 때문이다.

문제는 물리 법칙이다. 전력은 수 기가와트급이 필요하고, 냉각은 액침·수냉(액체에 담가 식히거나 물로 식히는 고효율 방식), 네트워크 백본 증설, 부지·허가까지 한꺼번에 풀어야 한다. 그래서 xAI는 PPA(전력구매계약), 자체·공동 데이터센터 구축, 폐열 회수, 지역 전력망 증설 협의를 겹겹이 추진하는 길을 택한 듯하다.

제품·철학 면에서 xAI는 덜 검열되고 더 솔직한 AI를 표방한다. 첫 모델 그록(Grok)은 텍스트·음성·비전(멀티모달) 처리를 지향하며 소셜 플랫폼 X의 실시간 데이터 흐름과 결합해 현장성을 끌어올렸다. 이때 "현실의 거친 신호를 가공 없이 반영한다"라는 장점과 함께, 콘텐츠 안전성 및 편향에 대한 외부 요구도 기하급수적으로 높아졌다. xAI는 한편으로 강력하되 현명한 규제를 지지한다고 말하고, 다른 한편으로는 과도한 필터링을 경계하며 자유도를 강조한다. 결국 해답은 기술-거버넌스의 내장에 있다. 설명 가능 AI로 추론 근거를 제시하고, 인간 개입 검증과 킬 스위치(긴급 정지)로 살상·치명적 결정의 인간 승인 경로를 보장하며, 로그·프로비넌스(데이터·프롬프트·모델 변경 이력)로 책임 귀속과 사후 조사를 가능하게 하는 방식이다.

공공·안보 시장 진입도 가속 중이다. xAI는 'Grok for Government'라는 정부·국방 전용 제품군을 별도로 내놓아, 보안 인증·감사·접근 통제(역할 기반 접근 통제)·데이터 보존/삭제 정책을 갖춘 구성을 표준화하려고 한다. 이는 상업용 모델을 규범과 책임의 프레임으로 끌어들이는 과정이며, 한번 신뢰 등급을 획득하면 장기 매출과 함께 표준 형성 과정에 참여할 영향력도 커진다. 이 지점에서 xAI는 OpenAI와 구글 등과 같은 경쟁자들과 동일한 시험대에 서 있게 된다. 이는 곧, 모델 성능 못지않게 안전성 지표, 환각률 관리, 설명 가능성 수준, 로그·감사 체계가 계약의 관건이 된다는 뜻이다.

조직·공간 전략도 상징적이다. 본사를 샌프란시스코 미션 디스트릭트 파이오니어 빌딩(과거 OpenAI가 쓰던 공간)으로 옮기고, 팔로알토 R&D 거점을 유지하며, 내륙의 초대형 전력·데이터 센터 클러스터 연결을 시도하고 있다. 이는 도심(두뇌)–엣지(현장)–데이터센터(혈관)를 잇는 수직 통합형 생태계를 도시권 단위로 구축하겠다는 의지의 표현이다. 여기에 테슬라(온디바이스 AI·자율주행 데이터), 스타링크(저궤도 위성 통신), X(실시간 사회 데이터)와의 합법적 범위 내 데이터·배포 시너지를 더해, 모델-센서-통신-전력의 전 영역을 하나의 전략 묶음으로 다룬다.

글로벌 확장도 초기부터 강하게 추진 중이다. 그록은 영어 외에 한국어, 힌디어, 일본어, 중국어, 스페인어 등을 지원하며, 각국 규제·윤리 기준을 충족하는 현지화를 강조한다. 이는 단순 시장 진출을 넘어 다언어 동시 메시지 투사(동일 이슈에 대해 여러 언어로 동시 소통)를 가능케 해, 플랫폼과 모델이 곧 정치·사회적 영향력의 증폭기가 되는 효과를 낳는다. 자유도와 책임성의 균형을 잡지 못하면 역풍도 커지므로, xAI는 언어권별 안전·편향 점검을 정례화하고, 민감 영역에는 보수적 가드레일을 적용하는 이원적 접근을 병행하는 모습이다.

이 모든 공격적 전개에는 리스크가 따른다. 첫째, 현금 소모(run-rate)를 실제 매출·사용량으로 얼마나 빨리 뒤집느냐가 관건이다. 콜로서스 증설, GPU 구매·임차, 데이터센터 신설·개조, 인력 확충, 모델 학습·평가 비용이 겹치면서 2025년 기준 연간 현금 소모가 세 자릿수(십억 달러 단위)로 불어날 수 있다는 시나리오도 거론된다. 둘째, 전력·환경·지역 사회 수용성이 중요한 이슈이다. 수 기가와트급 전력과 냉각수, 배전망 증설은 지역 사회와의 협의 없이는 불가능하다. 셋째, 칩 세대교체와 감가 리스크다. 블랙웰(Blackwell) 이후 차세대(예: Rubin, Feynman Ultra로 거론)로 넘어갈 때 기존 자산의 잔존가치와 전환 비용을 어떻게 흡수하느냐가 수익성에 직격탄을 날릴 수 있다. 넷째, 공공·안보 도메인에서의 책임성 표준을 충족하지 못하면 확장 속도는 곧장 제동이 걸린다.

그럼에도 머스크가 다시 AI 전장에 서는 이유는 분명하다. 속도와 스케일을 통제하면, 규범과 시장에서 우위를 얻을 수 있다. 그는 연산 자본을 먼저 쌓아 모델 성능을 개선하고, 모델로 제품과 플랫폼을 동시에 키우며, 그 플랫폼을 통해 정책·표준·전장의 중심으로 파고들려 한다. xAI는 "덜 검열되고 더 솔직한 AI"라는 정체성을 유지하되, 공공 영역이 요구하는 책임 있는 AI(안전성, 설명 가능성, 인간 개입, 감사 로그, 데이터 권리) 를 얼마나 촘촘히 내장하느냐로 승부를 보게 될 것이다. 지금의 xAI는 더 이상 단순한 도전자가 아니다. 계산 자본을 무기로 속도와 질서를 재구성하려는, 새로운 규칙의 설계자로 무대 중심으로 걸어 들어오고 있다.

2. 의식 있는 AI 실험, xAI

 xAI의 출발점은 조금 다르다. "말 잘하는 챗봇"을 넘어서, 사람처럼 생각하고 스스로 왜 그렇게 판단했는지 보여주는 AI를 만들겠다는 것이다. 일론 머스크는 사용자가 AI의 '머릿속'을 들여다볼 수 있어야 신뢰가 생긴다고 본다. 시험에서 답만 아니라 풀이를 보여줘야 이해되듯, AI도 설명이 있어야 한다고 본 것이다.

 그래서 xAI는 설명 가능한 AI에 힘을 준다. 모델이 내린 결론을 "무조건 맞다"가 아니라 "여기, 이렇게 생각해서 이 답을 골랐다"로 바꾸려 한다. 이를 위해 SHAP(특성 기여도를 수치로 보여주는 방법)과 LIME(근처 사례를 단순 모델로 근사해 왜 그런 점수가 나왔는지 설명하는 기법)을 적극 활용한다. 결과 화면엔 어떤 단서가 점수에 얼마나 영향을 줬는지, 어떤 조합에서 판단이 뒤집혔는지가 함께 뜬다. 독자는 수학 문제 풀이 과정을 옆에서 따라가듯 모델의 논리를 읽게 된다.

 설명만으론 부족하다. 질문을 제대로 이해하고, 맥락을 놓치지 않는 것도 중요하다. xAI는 프롬프트 설계 도구(질문 틀과 근거 참조를 표준화하는 툴)와 역할 기반 응답 체계(질문 유형별 전담 "페르소나"를 붙여 일관된 답을 내는 방식)를 같이 만든다. 사용자가 묻는 의도와 배경을 먼저 잡아주고, 필요한 문서나 데이터에서 근거를 끌어와 답변 옆에 붙인다. "그냥 그렇다"가 아니라 "이 문단, 이 수치 때문에 이런 결론이다"로 말하는 습관을 아예 시스템에 심는 셈이다. 즉, 방향은 간단하다. "정답 제조기"가 아니라 "풀이를 공개하는 동료"를 만든다는 것이다.

 이러한 기술적 실험은 그록(Grok) 시리즈 모델에서 구체화한다. 특히 Grok 4는 여러 AI가 각자의 역할을 나누어 문제를 해결하고 상호 검증하는 멀티에이전트 협업 체계를 도입해 복잡한 과제에서도 탁월한 성능을 보인다. Grok 4는 'Humanity's Last Exam'에서 25.4%라는 점수를 기록했고, 도구 접근이 가능한 Grok 4 Heavy는 44.4%에 도달해 경쟁 모델을 압도했다. 이 모델은 수학·과학·프로그래밍 문제 해결 능력이 뛰어나고, 대규모 코드 파일을 이해·디버깅·생성하는 실전형 개발자 AI로도 높은 평가를 받는다. 또한 X(트위터)에 네이티브로 연동돼 실시간 뉴스와 트렌드를 즉시 탐지하며, 텍스트·이미지·음성을 모두 이해하는 멀티모달 기능을 갖추었다. 최대 25만 6000 토큰에 이르는 긴 문맥 창도 강점이다.

xAI는 데이터 활용 면에서도 OpenAI와 차별화된다. 머스크가 보유한 X, 테슬라, 스타링크 등에서 생성되는 실시간 데이터를 학습에 직접 사용해 사회적 이슈와 트렌드에 민감하게 반응한다. 반면 OpenAI는 과거의 정적 웹 데이터를 주로 활용한다. 생태계 전략 역시 다르다. xAI는 모델 코드와 일부 시스템을 오픈소스로 공개해 전 세계 개발자와 협력하는 개방형 생태계를 지향하지만, OpenAI는 API 중심의 제한적 접근 방식을 유지한다. 콘텐츠 검열에서도 그록(Grok) 시리즈는 민감한 주제나 정치적 이슈에 비교적 자유롭게 답변하는 반면 OpenAI는 보수적 가이드라인을 따른다.

머스크는 AI를, 인간을 대체하는 존재가 아니라 인간 능력을 확장·보조하는 파트너로 규정한다. 그에 따라 xAI는 AI가 자율적으로 문제를 해결하더라도 최종 결정권은 인간이 갖도록 '인간 개입 검증(Human-in-the-Loop)' 설계를 채택한다. 머스크는 AI와 인간이 상호 영향을 주며 함께 진화하는 공진화를 꿈꾸며, 뇌-컴퓨터 접속 기술인 뉴럴링크를 통해 장기적으로 인간과 AI가 신경망 수준에서 협업하는 미래도 염두에 두고 있다. 윤리적 측면에서 xAI는 투명성·책임·사회적 안전망을 최우선 가치로 두고, 글로벌 AI 윤리 규범과 규제 논의에도 적극 참여하고 있다.

결국 xAI는 AI를 설명 가능하고, 인간과 함께 사고하며 공존할 수 있는 존재로 진화시키려 한다. Grok 4는 수학·물리·창의·멀티모달 영역에서 세계 최고 수준의 성능을 입증했고, xAI는 실시간 데이터 통합, 개방형 생태계, 인간 중심 철학을 기반으로 OpenAI와는 전혀 다른 길을 걷는다. 머스크가 그리는 미래는 기술·윤리·사회가 조화를 이루어 인간의 잠재력을 극대화하는 세계이며, xAI는 그 비전을 실험하고 구현하는 최전선에 서 있다.

그리고, 그록(Grok)에 물었다. Grok 4의 가장 큰 장점과 다른 대형 언어모델(LLM)과의 차이점이 무엇인지. 답변은 그림처럼 아래와 같다.

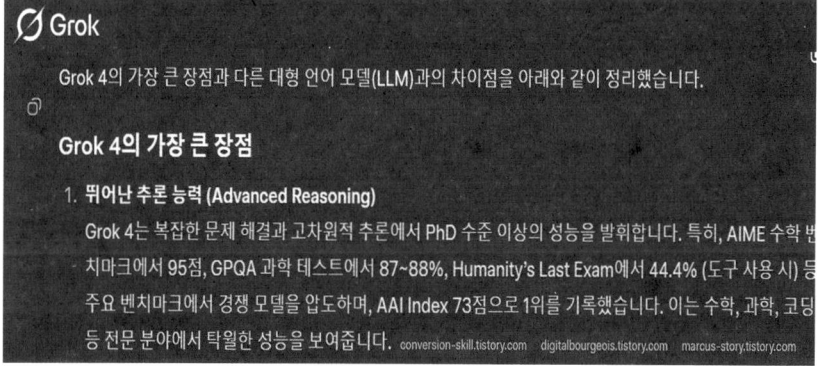

Grok 4의 가장 큰 장점

1. 뛰어난 추론 능력 (Advanced Reasoning)

Grok 4는 복잡한 문제 해결과 고차원적 추론에서 PhD(박사) 수준 이상의 성능을 발휘한다. 특히, AIME 수학 벤치마크에서 95점, GPQA 과학 테스트에서 87~88%, Humanity's Last Exam에서 44.4% (도구 사용 시) 등 주요 벤치마크에서 경쟁 모델을 압도하며, AAI Index 73점으로 1위를 기록했습니다. 이는 수학, 과학, 코딩 등 전문 분야에서 탁월한 성능을 보여준다.

2. 멀티에이전트 시스템 (Multi-Agent System)

Grok 4는 여러 AI 에이전트가 병렬로 협력하여 복잡한 문제를 분석하고 최적의 답변을 도출하는 멀티에이전트 아키텍처를 채택했다. 특히 Grok 4 Heavy는 이 기능을 극대화하여, 예를 들어 복잡한 쿼리에서 다양한 관점을 종합해 더 정확한 결과를 제공한다. 이는 다른 대형 언어모델(LLM)에서 흔히 볼 수 없는 독창적인 접근 방식이다.

3. 실시간 데이터 통합 및 딥서치 (DeepSearch)

Grok 4는 X 플랫폼(구 트위터)과의 실시간 연동을 통해 최신 뉴스, 트렌드, 소셜미디어 데이터를 즉시 반영할 수 있다. 이는 빠르게 변화하는 정보가 필요한 상황에서 유리하며, ChatGPT나 Claude와 같은 모델이 사전 학습 데이터에 더 의존하는 것과 차별화한다.

4. 멀티모달 기능 (Multimodal Capabilities)

텍스트뿐만 아니라 이미지, 음성, 구조화된 데이터를 처리할 수 있는 멀티모달 기능을 지원한다. 예를 들어, 과학 다이어그램 분석이나 음성 대화에서 감정적 억양을 이해하고 실시간 피드백을 제공한다. 향후 비디오와 오디오 처리 기능도 추가될 예정이다.

5. 낮은 검열 및 표현의 자유

Grok 4는 ChatGPT에 비해 검열이 적어 민감한 주제에서도 자유로운 대화를 지원한다. 이는 정치적 올바름에 덜 구속되며, 다양한 관점을 반영한 답변을 제공할 수 있는 장점으로 작용하지만, 가짜 뉴스와 같은 위험성도 동반한다.

다른 LLM과의 주요 차이점

1. Grok 4 vs. ChatGPT (OpenAI o3/GPT-4.5)

- ❖ 추론 및 전문성: Grok 4는 AIME(95 vs. 84.6), GPQA(88 vs. 84.6) 등에서 ChatGPT o3-pro를 앞선다. 특히 복잡한 추론과 수학적 문제 해결에서 더 높은 정확도를 보인다.

- ❖ 실시간 데이터: Grok 4는 X 플랫폼의 실시간 데이터를 활용해 최신 정보를 반영하는 데 강점이 있지만, ChatGPT는 사전 학습 데이터에 더 의존한다.

- ❖ 검열: Grok 4는 검열이 적어 더 자유로운 답변을 제공하지만, ChatGPT는 특정 주제에서 보수적인 답변을 생성할 가능성이 높다.

- ❖ 가격: Grok 4의 SuperGrok Heavy 요금제($300/월)는 ChatGPT보다 비싸지만, 표준 요금제($30/월)는 경쟁력 있는 수준이다.

2. Grok 4 vs. Claude (Anthropic)

❖ 성능: Grok 4는 ARC-AGI-2(16.2% vs. Claude 4 Opus 8%)와 Humanity's Last Exam(44.4% vs. 26.9%)에서 Claude를 크게 앞선다. 코딩(SWE-Bench 75 vs. Claude 3.7 Sonnet 60)에서도 우위를 점한다.

❖ 응답 속도: Claude는 낮은 지연 시간으로 빠른 응답에 적합하지만, Grok 4는 복잡한 추론 작업에서 더 높은 정확도를 제공한다.

❖ 멀티모달: Grok 4는 이미지와 음성 처리에서 앞서지만, Claude는 현재 텍스트 중심에 더 초점이 맞춰져 있다.

3. Grok 4 vs. Gemini (Google)

❖ 컨텍스트 윈도우: Gemini 2.5 Pro는 1M 토큰의 대규모 컨텍스트 윈도우를 제공하지만, Grok 4는 256k로 상대적으로 작다. 하지만 Grok 4는 추론과 코딩에서 더 높은 점수(AIME 95 vs. Gemini 84.6)를 기록했다.

❖ 비용 효율성: Gemini 2.0 Flash는 비용 대비 성능이 뛰어나지만, Grok 4는 고급 추론과 멀티에이전트 시스템으로 더 복잡한 작업에 적합하다.

❖ 실시간 데이터: Grok 4의 X 연동은 Gemini보다 최신 정보 반영에서 우위를 점한다.

4. Grok 4 vs. DeepSeek R1

❖ 비용: DeepSeek R1은 무료 또는 저렴한 가격으로 높은 성능을 제공하지만, Grok 4는 프리미엄 요금제($300/월 Heavy, $30/월 표준)를 통해 더 강력한 추론과 멀티모달 기능을 제공한다.

❖ 성능: Grok 4는 AAI Index(73 vs. 68)와 GPQA(88 vs. 80)에서 DeepSeek R1을 앞선다.

Grok 4는 뛰어난 추론 능력, 멀티에이전트 시스템, 실시간 데이터 통합, 멀티모달 기능으로 다른 대형 언어모델(LLM)과 차별화된다. 특히 복잡한 학문적 문제 해결, 코딩, 최신 정보 반영에서 강점을 보이며, ChatGPT, Claude, Gemini, DeepSeek R1 대비 벤치마크 성능에서 우위를 점한다. 그러나 높은 요금제와 신뢰성 문제는 도입 전 고려해야 할 요소이다. 사용 목적(예: 전문 연구, 코딩, 실시간 정보 필요 여부)에 따라 Grok 4가 최적의 선택일 수 있다.

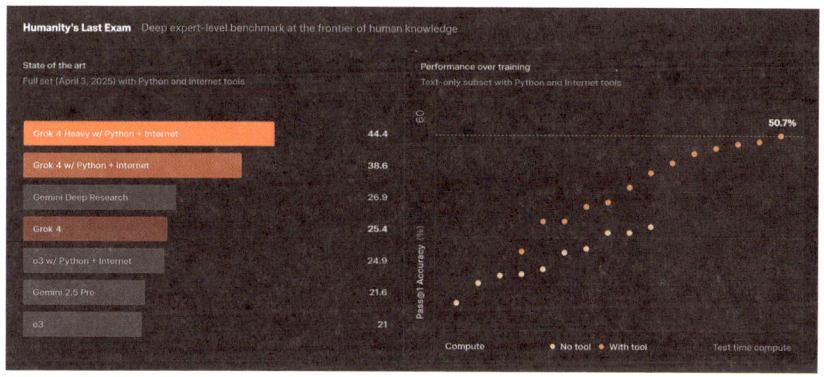

그림은 xAI가 공개한 Humanity's Last Exam이라는 벤치마크(아주 어려운 문제로 최신 모델의 실제 추론 능력을 시험하는 평가) 결과를 요약해 보여준다. 화면 왼쪽은 2025년 4월 3일 기준 주요 모델의 점수를 나열한 것으로, Grok 4 Heavy가 파이썬과 인터넷 도구를 함께 썼을 때 44.4%로 가장 높게 표시되고, 같은 조건의 Grok 4는 38.6%로 뒤를 잇는다. 그 아래로 Gemini Deep Research 26.9%, 도구 없이 채점한 Grok 4가 25.4%, o3의 파이썬·인터넷 도구 사용 점수가 24.9%, 도구 없이 채점한 Gemini 2.5 Pro가 21.6%, 도구 없이 채점한 o3가 21.0% 순으로 정리돼 있다. 여기서 도구 사용은 모델이 문제를 풀 때 파이썬 실행기나 인터넷 검색 같은 외부 도구를 불러 계산과 근거 수집을 병행하는 방식을 뜻하며, 도구 미사용은 순수한 언어 모델 추론만으로 답을 내는 상황을 의미한다.

오른쪽 그래프는 텍스트 전용 하위 셋에서의 성능이 훈련 이후 어떻게 향상되는지 보여주는데, 가로축은 테스트 시 연산(test-time compute, 추론 단계에서 더 많은 샘플 생성과 비교·평가를 수행해 정답 가능성이 높은 출력을 고르는 기법)의 증가를, 세로축은 정답률을 나타낸다. 연한 점은 도구 없이 실행한 결과, 진한 점은 도구를 사용한 결과이며, 동일한 연산량에서 진한 점이 대체로 더 높은 위치에 있어 도구 사용이 고난도 문제에서 유의미한 이득을 준다는 사실을 시각적으로 보여준다. 점들이 오른쪽으로 갈수록 단계적으로 높아지다가 최종적으로 50.7% 지점에 도달하는데, 이는 병렬 테스트 시 연산(여러 가설을 동시에 전개해 비교 선택하는 방식)과 멀티 에이전트 협력(서로 다른 역할을 맡은 여러 에이전트가 분업해 풀고 종합하는 방식)을 활용한 Grok 4 Heavy가 얻은 최고 성능을 가리킨다.

전체적으로 이 그림은 동일한 모델이라도 도구 사용 여부와 테스트 단계에서 투입하는 연산량에 따라 성능이 큰 폭으로 달라지며, 특히 어려운 문제일수록 파이썬 실행과 인터넷 검색 같은 외부 도구, 그리고 더 많은 추론 샘플을 활용하는 접근이 정확도를 끌어올린다는 점을 강조하고 있다. 물론 Grok 4가 최고임을 보여주고 있다.

최근 GPT-5 론칭 이후

2025년 8월 초 OpenAI에서 ChatGPT 5 Thinking을 출시하였다. Grok 4와 Gemini 2.5 Pro까지 가장 최신의 세 모델을 비교해 보니 다음과 같은 결론에 도달한다.

세 모델을 한 문장으로 정리하면 이렇다. Gemini 2.5 Pro는 거대한 자료를 한 번에 삼키는 대용량 스캐너이고, GPT-5는 논리 전개와 코드까지 깔끔히 마감하는 장인급 조립공이며, Grok 4는 현장 분위기와 최신 이슈를 실시간으로 끌어오는 발 빠른 리포터다. 각자의 특기가 뚜렷해 "누가 절대 1등"이라기보다 "언제 누구를 먼저 쓰느냐"가 결과를 가른다.

장문·문서·대용량 컨텍스트에서는 Gemini의 손이 가장 크다. 컨텍스트(모델이 한 번에 읽는 입력 범위)가 백만 토큰급으로 넓어 멀티모달(문서·표·이미지·오디오 등) 자료를 통째로 넣고 뼈대를 잡기 좋다. GPT-5는 수십만 토큰대에서도 논리의 탄력이 좋아 장문 분석이나 코드가 섞인 기술 문서에서 안정감이 크다. Grok 4도 긴 입력을 소화하지만, 초대형 입력에선 앞의 둘보다 제약이 있다.

코딩과 소프트웨어 개발은 GPT-5가 한발 앞선다. 에이전틱(도구를 스스로 연결해 테스트·리팩토링까지 묶는 흐름) 편집, 리팩토링 안정성이 강점이다. Grok 4는 실시간 디버깅과 과감한 시도로 막힌 문제를 해결하는 데 유리하고, 최신 이슈를 코드에 빠르게 녹인다. Gemini 2.5 Pro는 다국어·대용량 코드 분석과 웹/프론트엔드 제작에 강하다. 수학·논리·과학 추론은 GPT-5가 평가에서 대체로 선두이고, 실시간 정보 반영은 Grok 4가 라이브 서치(실시간 검색 연동)와 X(트위터)·웹 데이터 통합 덕에 가장 강력하다. 창의성도 Grok 4가 대담하고 유머러스해 브레인스토밍·캠페인 기획에 유리하고, GPT-5는 중립적이면서도 치밀하게 전개해 보고서·논문 같은 정제 산출물에 강하다.

현업에서 실제 활용은 릴레이가 정답에 가깝다. 대용량 리서치·장문 입력은 Gemini 2.5 Pro로 한 번에 집어넣어 핵심과 근거를 구조화한다. 품질 확정·코드 납기는 GPT-5로 테스트·리팩토링·툴콜 체인을 돌려 마감한다. 트렌드 추적·캠페인·모니터링은 Grok 4로 실시간 동기화를 유지한다. 이렇게 "Gemini로 크게 읽고 → GPT-5로 정확히 조립하고 → Grok 4로 최신을 덮어씌우는" 3단 흐름이면 누락과 오류가 줄고, 속도와 신뢰도가 함께 오른다.

그리고, 프롬프트에 "Think hard please."를 입력하면 결과는 더 정답에 가까워진다.

이 세 거인들의 싸움도 볼만하다. 그런데 Grok 4에는 또 다른 무기인 하드웨어(테슬라, 스페이스X 등)가 있고, 이들을 통해 물리 AI를 마스터할 수 있는 기회가 있다.

xAI의 다음 비전

> **다음은 무엇인가**
>
> xAI는 Grok 4의 발전을 기반으로 인공지능의 경계를 넓히며 전례 없는 수준으로 강화 학습을 확장해 나갈 것입니다. 통제된 영역에서 검증 가능한 보상을 제공하는 것에서 벗어나, 모델이 역동적인 환경에서 학습하고 적응할 수 있는 복잡한 현실 세계 문제 해결로 범위를 확장할 계획입니다. 멀티모달 기능은 비전, 오디오 등을 통합하여 더욱 직관적인 상호작용을 위해 지속적으로 개선될 것입니다. 전반적으로, xAI는 인간을 진정으로 이해하고 심오한 방식으로 지원하는 시스템을 구축하기 위해 모델을 더욱 스마트하고, 빠르고, 효율적으로 만드는 데 집중하고 있습니다.

xAI의 다음 비전은 위 그림의 내용처럼 Grok 4에서 확인된 추론력과 도구 활용을 토대로, 강화학습(RL, 환경과 상호작용하며 보상에 따라 행동 정책을 학습하는 방법)을 전례 없는 규모로 확장해, 정해진 시험을 잘 치르는 수준을 넘어 실제 세계의 문제를 스스로 정의하고 계획해 해결하는 현장 해결사로 진화시키는 데 있다. 이를 위해 인간 피드백 기반의 강화 학습(RLHF)에서 한 걸음 더 나아가, 인공지능이 생성한 피드백을 보상으로 활용해 스스로 학습을 가속하는 AI 피드백 기반 강화학습(RLAIF, 사람 대신 AI가 평가자·코치 역할을 수행하여 보상 산출) 과, 시뮬레이터와 현실 환경을 오가며 직접 경험을 통해 규칙과 보상을 발견하는 환경 기반 강화학습을 중핵으로 삼고, 추론 단계에서 더 많은 계산을 투입해 성능을 끌어올리는 테스트 시 연산을 체계적으로 결합한다. 이 과정에서는 탐색과 활용의 균형(새로운 시도를 넓히는 탐색과 이미 효과가 입증된 전략을 집중적으로 사용하는 활용 사이의 균형), 장기 계획, 표본 효율, 학습 안정성 같은 난제를 정면으로 다루게 된다.

xAI는 규칙이 불완전하고 목표가 수시로 바뀌며 데이터가 끊임없이 유입되는 역동적 환경으로 활동 반경을 넓힐 계획이다. 이를 뒷받침하려면 운영 중에도 지속해서 업데이트하는 온라인 학습과, 시뮬레이터에서 학습한 정책을 실제 세계로 안전하게 옮기는 시뮬레이터-현실 전이(sim2real), 그리고 코드 실행기·웹 검색·데이터베이스·API 등을 순차 혹은 병렬로 호출해 문제를 단계적으로 분해하는 도구 연쇄와 다단계 계획이 성숙해야 한다. 따라서 평가는 고정 벤치마크의 정답률에서 벗어나, 데이터 정제부터 재학습과 배포까지 자동으로 완주하는 비율, 평균 해결 시간, 인간 개입률과 같은 운영 지표 중심으로 이동한다.

멀티모달 능력은 텍스트를 넘어 비전(이미지·영상 이해)과 오디오(음성 처리), 나아가 각종 센서 신호까지 통합해 사람이 말을 걸고 화면을 보여주면 곧바로 알아듣고 실행하는 직관적 상호작용으로 발전한다. 이를 위해 실시간 음성 인식과 합성이 핵심이 되는데, STT(음성을 글자로 변환)와 TTS(글자를 음성으로 합성)의 지연과 오류율을 줄이고, 시간 추론과 시각-언어-행동 정책 결합(보고 듣고 읽은 정보를 실행 계획으로 바꾸는 결합 방식)을 더 정교하게 다듬어야 한다. 성능 평가는 단어 오류율, 비디오 질의응답 정확도, 모달 간 오류 전파율(한 모달의 실수가 전체 흐름에 미치는 영향), 지연 시간 하위 95백분위수(대부분 요청이 이 시간 안에 처리됨) 같은 지표로 관리된다.

전반적으로 xAI는 인간을 진정으로 이해하고 심오한 방식으로 지원하는 시스템을 지향하며, 이를 위해 모델을 더 스마트하고, 더 빠르고, 더 효율적으로 만드는 세 축을 동시에 달성하려 한다. 스마트하다는 뜻은 의도 추적, 장기·개인화 메모리(대화와 문서에서 얻은 의미 정보를 구조화해 필요시 정확히 불러 쓰는 기억), 설명 가능성, 그리고 연합학습(원본 데이터를 중앙으로 모으지 않고 각 장치에서 학습하는 방식)과 차등 프라이버시(통계적 잡음을 주입해 개인 재식별을 어렵게 만드는 보호 기법) 같은 안전·프라이버시 기술로 구체화한다.

AI가 "빠르다"라는 건 느낌 문제가 아니다. 스트리밍 대화(말이 끊기지 않는 실시간 응답), 서버당 처리량(한 대가 버티는 동시 요청 수), P95 지연(상위 95%가 이 시간 안에 답하는 보장치)으로 딱 잘라 측정한다. 동영상이 버퍼링 없이 술술 재생될 때 쾌적하듯, 챗봇도 이 세 지표가 받쳐줘야 "대화 같다"라는 감각이 살아난다.

효율은 또렷하다. 토큰당 전력, 메모리 사용량(얼마나 적게 RAM을 먹는지), TCO 대비 정확도(돈을 얼마나 쓰고 정확도는 얼마나 얻는지)가 숫자로 증명한다. 빠른데 비싸기만 하면 서비스가 아니라 취미이고, 싸고 정확한데 느리면 역시 불편이기 때문이다.

속도와 효율을 동시에 잡는 비책은 모델·인프라 양쪽에서 나온다. 모델 쪽은 MoE(입력에 맞는 일부 전문가만 켜 불필요 연산 제거), 스파시티(정말 필요한 가중치·연산만 쓰는 전략), KV 캐시 공유(긴 문맥에서 중간 계산 재사용), 양자화/압축(가중치 낮은 비트로 줄여 메모리·연산을 아끼는 기법)으로 몸무게를 뺀다. 인프라는 고대역 통신(서버 간 길을 넓히기), 작업 배치 최적화(비슷한 일을 한 묶음으로 처리), 전력·수냉 병목 제거(발열과 전원 문제를 선제 처리)로 도로를 확장한다. 비유하자면, 필요한 방만 불 켜고(모델 경량화), 고속도로 톨게이트를 늘리고(네트워킹), 엔진 냉각을 강화하는 셈이다(전력·냉각).

운영에 들어가면 '빨라요!'만 외칠 수 없다. 근거 인용 정확도(답이 가리킨 문서가 진짜 맞는가), 사실 지속성(대화가 길어져도 앞서 한 말을 뒤집지 않는가), 반례 탐지율(스스로 모순을 찾아내는 비율), 정책 준수율(금지·제한 규칙을 지키는가), 주입 공격·정보 유출 방어율(악성 프롬프트와 민감 데이터 유출을 막는가)을 상시 모니터링한다. 이게 탄탄해야 대규모 서비스에서 품질이 보장된다.

결국 xAI가 그리는 미래상은 시험 점수를 올리는 모형이 아니라, 사람의 의도를 깊이 이해하고, 필요한 도구와 데이터를 스스로 모아 계획을 세우고, 때로는 여러 에이전트가 팀을 이루어 분업과 검증을 수행하며, 근거를 분명히 제시해 신뢰를 얻고, 전력과 비용까지 아껴 대규모로 배치될 수 있는 실전형 AI다. 이러한 목표가 달성되면 인공지능은 정답 재현 기계를 넘어, 복잡하고 변화무쌍한 세계에서 스스로 배우고 적응하며 결과에 책임을 지는 새로운 수준의 디지털 동료로 자리 잡게 될 것이다.

3. 테슬라, 스페이스X에 이후 세 번째 혁명

물리(Physics) AI의 의미와 일론 머스크의 해석

한번 상상해 보라. 전기차와 재사용 로켓을 굴리던 머스크가 이제는 xAI라는 세 번째 엔진에 시동을 건다. 목표는 똑똑한 답변 봇이 아니라, 현실을 읽고 사람과 협력하며 "왜 그렇게 판단했는지"까지 설명할 수 있는 설명 가능한 AI(결과만이 아니라 근거·과정을 보여 주는 AI)다. 사람이 이해하지 못하는 판단은, 현장에서 결국 쓰기 어렵기 때문이다.

xAI가 노리는 그림의 중심에는 몸을 가진 AI(Embodied AI, 언어뿐 아니라 센서·로봇과 연결된 AI)가 있다. X(옛 트위터)의 실시간 텍스트, 테슬라 차량·로봇의 카메라와 라이다 신호, 스타링크 위성의 공간 데이터를 한 바구니로 묶어, AI가 말과 물리 세계를 동시에 배운다. 이 재료를 먹고 자라는 모델이 바로 Grok(xAI의 대형 언어모델)이고, 덕분에 "문장만 유창한 AI"가 아니라 "상황을 읽고 행동을 설계하는 AI"로 진화한다.

이걸 가능하게 하려면 수직 통합이 답이다. 위에는 Colossus(초대형 AI 슈퍼컴퓨터) 같은 연산 공장과 Optimus(인간형 로봇) 같은 하드웨어가 있고, 가운데에는 Grok 소프트웨어가, 아래에는 X·테슬라·스타링크라는 데이터 플랫폼이 깔린다. 이 조합은 새로운 참가자가 "API 좀 붙여서" 따라오기엔 벽이 너무 높다. 데이터, 연산, 로봇까지 한 손에 쥔 구조가 곧 진입장벽(모방하기 어려운 우위)이다.

물론 기회만 있는 건 아니다. 초지능에 가까운 AI가 등장하면 사람의 역할이 재정의된다. 일자리 구조가 빠르게 바뀌고, 특이점(AI가 스스로 개선해 인간 통제를 벗어나는 지점) 우려도 커진다. 편향·불투명성·책임 소재 같은 고전적 문제는 글로벌 규제의 핵심 주제로 떠올랐다.

그렇다고 발을 뺄 일도 아니다. 난제 과학, 신약 설계, 기후 시뮬레이션, 예술 창작까지 AI는 인간의 한계를 메우는 증폭기가 된다. 머스크가 말하는 카르다셰프 1단계(지구 총에너지를 문명 수준에서 쓰는 단계)도 허언만은 아니다.

머스크의 기업들은 이 같은 비전을 실현하기 위해 긴밀히 연결한다.

❖ 테슬라는 자율주행과 로봇에 필요한 현실 세계 센서 데이터를 제공한다.

❖ 스타링크는 전 세계 어디서나 AI와 연결할 수 있는 초고속 위성 통신망을 담당한다.

❖ X는 사회 여론과 실시간 트렌드를 반영하는 데이터 허브로서 AI의 언어·문화적 맥락을 보완한다.

❖ xAI는 이 모든 데이터를 통합해 AI를 훈련하고, 그록(Grok)으로 구현한다.

이러한 시스템은 단순한 기업 간 협업이 아니라, 데이터·인프라·인력을 크로스 플랫폼으로 연결하는 초융합 생태계이다. 특히 2025년, xAI와 X의 공식 합병을 통해 실시간 인간-기계 데이터 순환 구조가 완성되면서, 머스크는 새로운 AI 기반 산업 혁신의 초석을 마련했다.

머스크가 말하는 Physics AI는 말 그대로 물리 세계를 배우는 AI다. 텍스트만 잘 처리하는 똑똑한 비서가 아니라, 센서로 현실을 직접 보고 듣고 만지며 "왜 이런 일이 일어나는가"를 스스로 가설 세우고 검증하는 존재를 뜻한다. 테슬라 차량, 스타링크 위성, Optimus 로봇에서 쏟아지는 환경·센서 데이터가 그 재료이고, Grok이 그 데이터를 먹고 자라며 현실 맥락을 이해하는 두뇌 역할을 한다. 관측→가설→실험→피드백이라는 과학적 방법을 반복하면서, 인간이 놓친 규칙이나 숨은 변수까지 잡아내는 쪽으로 진화하겠다는 구상이다.

이 체계가 산업 현장에 내려오면 꽤 구체적으로 보인다. 공장에서는 옵티머스가 단순 반복을 넘어서 Grok의 실시간 분석을 받아 설비 이상을 알아채고, 작업자와 대화로 해결책을 조율한다. 창고에서는 그록이 재고와 동선을 계산하고 옵티머스가 자동으로 집기·이동을 수행해 물류가 저절로 돌아간다. 의료에서는 그록이 환자의 음성·표정·걸음걸이 같은 신호를 읽어 상태를 가늠하고, 옵티머스가 약을 전달하거나 자세 보조를 돕는 식의 맞춤 돌봄이 가능하다. 교육에서도 실험 수업 전에 장비 세팅을 돕고, 실시간 피드백을 주는 조교 역할로 확장된다. 핵심은 자동화가 사람을 밀어내는 게 아니라, 사람과 기계가 자연스럽게 협업하는 쪽으로 판이 바뀐다는 점이다.

모델 측면에서 Grok 4는 실시간 음성 대화, 감정 신호 포착, 카메라 스트림 해석 같은 멀티모달 감각을 키우는 중이다. 앞으로는 촉각·후각·미각·생체신호까지 연결해 인간 오감을 넘어서는 "초감각"을 갖춘 AI로 가겠다는 계획이다. 여기서 몸을 가진 AI 철학이 빛을 발한다. 몸을 통해 세계를 직접 경험하는 순간, 언어만으로는 잡히지 않던 맥락이 모델 안에 스며든다. 더 멀리 보면 뉴럴링크(Neuralink, 뇌-컴퓨터 인터페이스)와의 접점도 열린다. 인간의 뇌와 AI가 저지연으로 대화하는 시대가 온다면, 학습과 창작의 스케일 자체가 달라진다.

물론 머스크의 목표는 "빨리 답하는 AI"가 아니다. 왜 그 답에 도달했는지 설명할 수 있는 AI, 다시 말해 신뢰 가능한 동료를 만드는 일이다. 그래서 결정의 근거와 과정이 사람 눈높이에 펼쳐지는 설명 가능한 AI가 중요하고, 윤리·투명성·책임의 가드레일도 처음부터 같이 깔아야 한다. 정리하면 xAI의 비전은 간단하다. 그록과 옵티머스를 중심으로 하드웨어·소프트웨어·데이터를 수직 통합해, 인간의 감각과 사고를 보완하며 함께 지식을 만들어 가는 동료형 AI를 현실로 당기는 것. 이것이 테슬라·스페이스X에 이은 머스크의 세 번째 큰 실험이고, 기술을 넘어 우리 삶의 운영체제를 바꾸려는 시도다.

3부.
xAI – 실시간 AI 제국

2장.
xAI, 무엇이 다른가?

1. GPT vs xAI, AI 플랫폼 경쟁의 승자는?

GPT Agent(Deep Research + Operator)에 대응하는 xAI의 Agent 기술 특징

인공지능 산업에서 GPT와 xAI는 서로 다른 철학과 기술 기반 위에서 경쟁하고 있다. GPT는 OpenAI가 개발한 대표적인 범용 대규모 언어 모델로, 다양한 문서, 웹 페이지, 코드 등을 학습한 후 사용자 질문에 답변하는 데 강점이 있다. 반면 xAI는 일론 머스크가 주도하는 인공지능 기업으로, 실시간 데이터와 물리적 세계의 정보를 통합해 현실 기반의 지능적 판단을 수행하는 데 초점을 맞추고 있다.

OpenAI의 GPT는 정적 웹 크롤링 데이터와 API(외부 연동 규격) 파트너 정보를 바탕으로 언어, 코드, 이미지 등 멀티모달 기능을 구현하고 있다. 마이크로소프트 클라우드와 같은 외부 인프라에 기반하여 안정성과 상용화 범용성을 확보하고 있으며, GPT Operator 같은 웹 브라우저 기반 액션 에이전트를 통해 다양한 온라인 작업을 수행할 수 있다. 다만 이 구조는 블랙박스 적 특성과 최신성 한계, 높은 컴퓨팅 비용, 보수적 응답 정책 같은 제약이 있다.

xAI는 이러한 한계를 극복하고자 실시간성, 설명 가능성, 물리 세계 통합이라는 방향으로 전혀 다른 AI 생태계를 구축하고 있다. 그록(Grok) 모델은 X, 테슬라 차량, 스타링크 위성 등 머스크 생태계에서 나오는 실시간 데이터를 적극 수집·활용하며, 단순 언어 응답이 아닌 상황 판단과 실행이 가능한 지능형 에이전트로 진화하고 있다. xAI는 코드와 모델을 오픈소스화 함으로써 외부 개발자와의 협업도 활발하게 끌어내고 있다.

xAI의 에이전트 시스템은 단순히 질문에 답하는 수준이 아니라, 여러 AI가 협업하며 분산 추론을 수행하고, 각각의 판단 과정을 사용자에게 실시간으로 설명하는 구조로 되어있다. 이러한 '설명 가능한 AI' 원칙은 xAI의 핵심 철학이며, 사용자 신뢰 확보와 윤리적 투명성을 동시에 지향하고 있다.

그록 에이전트는 텍스트는 물론 이미지, 음성, 영상, 센서 데이터 등을 동시에 이해하고, 다양한 장치(로봇, 차량, 위성 등)와 연결해 실제 행동까지 수행할 수 있다. 예를 들어 옵티머스 로봇과 연동하면 제조·물류·재난 대응·건설 현장에서 실제 임무를 맡아 수행하는 자율 협력 시스템으로 확장될 수 있다. 이는 GPT Agent가 웹 상 정보 탐색에 주로 국한된 것과 차별화되는 부분이다.

기술적 비교 외에도 플랫폼 통합력에서도 큰 차이가 있다. GPT는 주로 소프트웨어 생태계 중심의 상용화 전략을 택하고 있으며, 파트너 API나

앱 생태계와 연동되는 형태이다. 반면 xAI는 테슬라 차량, 옵티머스 로봇, SpaceX의 위성망까지 연결된 일체형 생태계를 구성하고 있으며, 이를 "머스크노미(Muskonomy)"라고 부른다.

xAI는 또한 사회적 트렌드나 여론까지 실시간으로 분석해 반영할 수 있는 장점이 있다. X 플랫폼에서 발생하는 수많은 실시간 데이터를 기반으로, 변화하는 사회 감정과 이슈에 빠르게 대응하고, 인간처럼 유연한 판단을 내릴 수 있는 시스템을 추구하고 있다. 이는 정책, 언론, 마케팅 등 사회적 맥락이 중요한 분야에서 GPT보다 민첩하고 현실적인 대응력을 갖추게 만든다.

예측할 수 있는 미래 시나리오도 xAI의 강점을 극대화하는 장면을 보여준다. 자연재해가 발생했을 때, 테슬라 차량이 자동으로 대피자를 수송하고, 옵티머스 로봇이 구조 작업에 참여하며, 스타링크 위성이 통신망을 복구하고, xAI가 이 모든 상황을 실시간 분석해 최적의 지휘를 하는 장면이 가능하다.

자율 물류, 스마트시티, 우주 기지 건설 같은 분야에서도 xAI는 각 기술을 연결하여 산업 전반에 실제 적용 가능한 AI 솔루션을 제공하고 있다. 스타링크는 글로벌 통신망을 제공하고, 테슬라 차량은 자율 이동체가 되며, 옵티머스는 노동을 자동화하는 역할을 한다. 이 모든 시스템은 그록 같은 에이전트 AI가 판단하고 통제하는 중심축이 된다.

결국 xAI가 제시하는 AI의 미래는 "실시간성, 물리 세계 통합, 설명 가능한 구조"로 구성되어 있다. 이는 GPT 중심의 기존 빅테크 모델이 가진 한계-정적 데이터 의존, 응답 신중성, 실행력 부재-를 극복하려는 시도이다. 또한 모델과 코드를 개방함으로써 개발자 생태계를 확대하고, 기술 혁신의 속도와 다양성을 높이고 있다.

글로벌 AI 산업에서 xAI가 미치는 파급력은 상당히 크다. 그록은 주요 벤치마크 테스트에서도 높은 성능을 기록하고 있으며, 실제 산업 현장에서의 적용 가능성을 빠르게 검증하고 있다. 각국 정부나 정책기관에서도 설명 가능성, 데이터 책임성 같은 AI 규제의 새로운 표준을 고민하고 있는데, xAI는 이에 대한 기술적 대응을 가장 빠르게 제시하고 있다.

향후 AI 시장은 소프트웨어-하드웨어-인프라가 하나로 융합되는 '초융합 생태계'로 진화할 것으로 보인다. xAI는 이 통합을 선도하는 주체로서, 각 산업 분야에 AI 기반 자동화, 의사결정, 실행 시스템을 동시에 제공할 수 있는 능력을 갖추고 있다.

xAI는 단순히 GPT와 경쟁하는 하나의 모델이 아니라, AI의 철학, 구조, 실행 방식 자체를 바꾸는 전환점이라고 할 수 있다. 현실 데이터를 실시간으로 수집하고, 물리 세계를 통합하며, 판단과 실행을 자동화하는 xAI는 인간의 일과 삶, 그리고 사회의 운영 방식까지 바꾸는 다음 세대 인공지능 플랫폼으로 부상하고 있다.

2. 기술 확산과 산업 재편 시나리오

머스크노미(Muskonomy) = xAI +
테슬라, 옵티머스 로봇, 스페이스X, 스타링크, 뉴럴링크, X

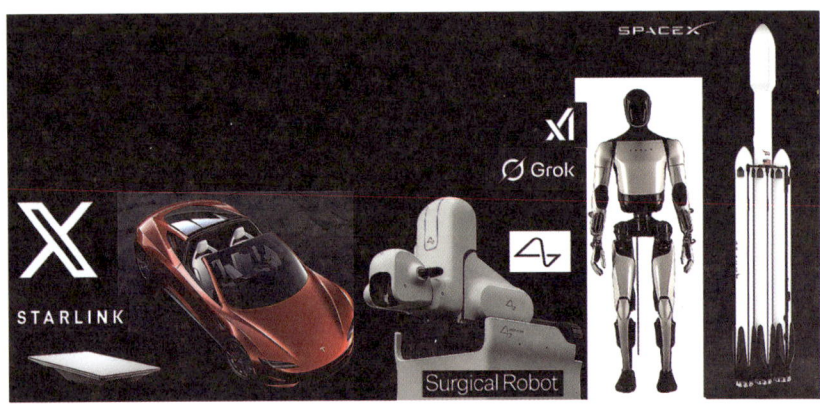

 일론 머스크의 산업 패권 전략은 테슬라, 스페이스X, 스타링크, xAI, 뉴럴링크를 하나의 거대 생태계로 묶어, "석유-달러 중심의 기존 산업 질서를 '전기-배터리-가상자산' 중심으로 대체하려 한다." 이 구상에서 핵심 동력으로 작동하는 것이 바로 xAI다. "xAI는 머스크식 산업 혁명의 AI 엔진이다." 머스크는 배터리 소재 채굴·정제부터 셀 생산, 차량 조립, 재생에너지 발전·저장, 그리고 가상자산 결제까지 밸류체인을 수직 계열화하며, 모든 단계에 xAI를 심어 실시간 의사결정과 자동화를 구현하려고 한다.

 테슬라 기가팩토리에서는 수천 개 센서로부터 흘러오는 데이터를 xAI가 분석해 라인 속도·공정 변수·품질을 동시에 최적화하고, 스페이스X·스타링크가 쏘아 올린 위성들은 위성 간 트래픽·우주 환경 정보를 xAI와 공유해 네트워크를 스스로 복구한다. 뉴럴링크의 뇌-컴퓨터 인터페이스, X(옛 트위터)의 실시간 소셜 스트림, 글로벌 공급망 데이터까지 합쳐지면, xAI는 제조(R&D)-물류-금융-결제-정책 대응을 하나의 정보 흐름으로 통합해 "전기·배터리·AI·디지털 자산" 루프를 완성한다.

또한 머스크는 배터리 자산 토큰화나 블록체인 기반 에너지 거래 실험을 통해 실물과 디지털 경제를 연결하고, xAI는 이 과정에서 거래 데이터 분석·가격 결정·자동 매칭을 담당한다. 지정학적 리스크·관세·물류 상황까지 학습한 xAI는 생산 거점과 공급망을 실시간으로 재배치하며, 태양광·풍력 기반 재생에너지와 전기차·스마트홈·스마트시티를 하나로 묶는 초융합 구조를 다져 나간다.

요약하면, "xAI는 단순한 AI 도구가 아니라, 테슬라의 전기차, 배터리, 에너지, 우주, 가상자산 전략을 실시간·지능적으로 연결하는 두뇌 역할을 수행하고 있다." 이 엔진이 가동되는 순간, 배터리는 새로운 석유가 되고, 데이터-알고리즘-자산이 동시에 순환하는 머스크노미가 글로벌 산업 질서를 다시 쓰게 될 것이다.

2025년의 xAI는 더 이상 '머스크가 꿈꾸는 청사진'이 아니라, 현실 산업 전반을 실질적으로 움직이는 지능형 신경망으로 작동하고 있다. X(옛 트위터)·테슬라·스페이스X·스타링크·뉴럴링크라는 다섯 개의 거대한 파이프가 실시간으로 데이터를 공급하면, 그록(Grok)을 비롯한 xAI 모델들은 이를 곧바로 해석·추론·의사결정에 활용한다. 그 결과 금융·모빌리티·우주·에너지·헬스케어·가상자산 등 각 영역이 하나의 거대한 '전기-배터리-AI-디지털 자산 루프' 안에서 유기적으로 연결되고, 산업의 경계가 빠르게 녹아내리고 있다.

금융에서는 X를 슈퍼 앱으로 진화시키려는 전략이 본격화되며, xAI가 고객 여론·시장 뉴스·블록체인 트랜잭션을 실시간 분석한다. 초단기 변동성 예측, 맞춤형 투자·대출·보험 설계, 사기·자금 세탁 탐지까지 자동화되면서 '은행 중심 금융'에서 'AI 중심 개인화 금융'으로 무게추가 이동하게 될 것이다.

자동차 분야에서는 테슬라 차량이 '바퀴 달린 로봇'으로 재정의됐다. 차량 센서·도로 정보·소셜 트렌드를 동시에 읽어 들인 xAI가 복잡 교통 상황을 선제적으로 판단해 경로를 바꾸고, 운전자는 자연어 대화로 냉난방·음악까지 제어한다. 옵티머스까지 연결되면 차량-로봇-사용자가 하나의 지능형 생태계를 이루게 된다.

우주·통신 영역에서도 변화도 가시적이다. 스타링크의 저궤도 위성망과 xAI가 통합되자, 위성 스스로가 태양풍·우주 잔해·데이터 트래픽 변동을 예측해 궤도를 조정하고 네트워크를 복구한다. 스페이스X 탐사 로버나 건설 로봇은 지구와 통신이 끊겨도 현장에서 문제를 분석·해결할 만큼 자율성을 갖췄다. 이러한 자율 네트워크는 지구 전역을 하나의 '실시간 운영체제'로 묶어, 인류 활동 반경을 행성권까지 확장하는 기반이 되고 있다.

에너지·배터리 산업에서는 기가팩토리·메가팩 라인이 사실상 'AI 공장'으로 전환됐다. 수천 개 센서 데이터를 xAI가 실시간 학습하며 설비를 조율해 불량률을 극미 수준으로 줄이고, 공정 변수·수요 변동·원자재 가격을 동시에 최적화한다. 더 나아가 수백만 가지 소재 조합을 가상 시뮬레이션해 차세대 고밀도 배터리 후보를 찾는 일까지 AI가 주도한다. 이는 배터리를 새로운 '디지털 석유'로 삼으려는 머스크의 선언을 현실로 만드는 촉매다.

의료는 파일럿 단계지만, 뉴럴링크의 뇌–컴퓨터 인터페이스가 환자의 뇌 신호를 실시간으로 클라우드로 보내면 xAI가 질병 가능성을 예측해 의사에게 경보를 띄우고, 필요 약물을 자동 주문하는 시스템이 시험 가동 중이다. 전통적으로 병원이 맡던 '치료' 중심 구조가 AI-BCI-원격 진료가 결합한 '예방·관리' 체계로 서서히 이동하고 있다.

가상자산·Web3 부문에서도 xAI는 온체인·오프체인 데이터를 하나로 엮어 스마트 컨트랙트 취약점을 찾아내고 NFT·토큰의 실시간 가치를 산정한다. 머스크가 구상하는 "차량이나 배터리를 토큰화해 거래하는" 미래는 이미 기술적 요건이 갖춰지고 있으며, X의 결제 기능에 크립토 옵션을 붙이는 작업이 병행된다. 결국 실물-디지털 자산이 하나의 회계장부 위에서 자동 정산되는 환경이 열리게 될 것이다.

이 모든 흐름을 관통하는 열쇠는 '설명 가능한 AI'다. xAI는 모델이 어떤 데이터를 근거로 어떻게 추론했는지를 실시간 시각화해, EU AI Act·한국 AI 기본법 등 글로벌 규제의 투명성 요구를 기술 자체로 충족시킨다. 덕분에 규제는 속도를 늦추는 장애물이 아니라, 신뢰를 무기로 삼아 시장 장벽을 높이는 우군으로 바뀐다.

요컨대 xAI는 데이터·알고리즘·하드웨어를 하나의 폐쇄 루프로 엮어 전례 없는 통합 인프라를 완성하고, 머스크식 산업 혁명의 '중앙 신경계'로 현실 산업을 재편하고 있다. 이는 20세기를 지배한 석유-달러 체제를 '전기-배터리-AI-디지털 자산' 체제로 대체하려는 문명사적 재편 시도이자, 인류가 맞이한 새로운 패러다임 전환의 실험장이기도 하다.

3부.
xAI – 실시간 AI 제국

3장.
AI 패권 전쟁과 새로운 권력 지도

1. 규제 전선과 xAI의 대응

인공지능이 가져온 권력 이동은 단순한 기술 발전 그 이상이다. xAI 등장 이후 '데이터와 플랫폼'을 장악한 기업이 실시간으로 정보를 수집·해석·조치하는 능력은, 과거 군사력·산업력에 비견될 만한 전략적 자산이 되었고, 머스크 생태계는 이 흐름의 정점에 서 있다. X(옛 트위터)에서 쏟아지는 사회적 신호, 테슬라 차량이 모으는 초고해상도 주행 영상, 스타링크가 중계하는 지구·우주망 데이터가 한데 모여 xAI를 학습시키는 구조는 "데이터 패권이 곧 영향력"이라는 새로운 규칙을 선명하게 보여준다.

이와 함께 xAI는 결과를 내놓는 데서 그치지 않고 "왜 그런 답을 내렸는지"까지 시각적으로 드러내는 설명 가능성을 핵심 철학으로 삼았다. Grok 4가 문제를 단계별로 풀어가는 경로, 인용한 원문, 가중치를 둔 판단 근거가 투명하게 노출되면서, EU AI Act나 한국 AI 기본법처럼 '투명·설명 의무'를 요구하는 글로벌 규제 틀과 자연스럽게 맞물린다. 즉, 기술 자체가 컴플라이언스 인프라로 기능하는 셈이다.

하드웨어·플랫폼이 통합된 머스크노미는 자동차, 위성 인터넷, 휴머노이드 로봇까지 실세계 인프라를 AI와 결합해 산업·통신·금융 전반에 실시간 영향력을 행사한다. 그 결과 권력의 축은 점차 국가 단위에서 초국적 기업으로, 그리고 데이터 주권·알고리즘 주권을 공유하는 '디지털 민주주의' 시대로 이동하고 있다. 시민·정부·기업이 함께 AI 모델을 점검·교정하는 거버넌스 실험이 현실화하면서, "AI가 먼저 제안하고 인간이 승인하는" 정책 프로세스도 머지않은 미래로 다가온다. 여기서도 xAI의 실시간 설명 기능은 신뢰 기반 권력 분산을 가능하게 하는 안전판 역할을 한다. 블랙박스였던 AI가 투명해질수록 권력 남용은 어렵고, 이용자와 사회는 한층 주체적으로 판단할 수 있기 때문이다.

이 같은 구조적 변화 속에서 각국 규제는 분명 까다롭다. EU는 고위험 AI로 분류된 자율주행·생성형 모델에 막대한 문서 의무와 과징금을 부과하고, 중국은 데이터 현지화와 알고리즘 등록을 요구하며, 미국은 주(州)마다 다른 규제 퍼즐을 내놓는다. 그러나 머스크의 대응 기조는 예상보다 긍정적이고 기민하다.

첫째, 그는 공개 석상에서 "AI에 레퍼리(심판)가 필요하다"라는 메시지를 반복하며 규제 당국과의 '협력'을 강조한다. 단순 로비가 아니라, 모델·데이터·의사결정 과정을 기술적으로 투명화해 스스로 모범사례를 만들겠다는 노선이다. 올해부터 xAI는 그록 시스템 카드(기술·안전·윤리 정보를 한눈에 보여주는 공개 문서)를 단계적으로 공개하고, 옵티머스 로봇 테스트 로그·테슬라 FSD(완전자율주행) 의사결정 그래프를 연구자에게 제공하기 시작했다.

둘째, 지역 맞춤형 플랫폼 전략으로 규제 준수를 기회로 바꾼다. 유럽에는 전담 컴플라이언스팀을 늘려 AI Act를 '성능 인증'처럼 활용하고, 한국·싱가포르처럼 규제 샌드박스가 열려 있는 시장에는 최신 기능을 빠르게 출시해 레퍼런스를 확보한다. 중국에선 상하이 데이터센터를 확장해 현지 FSD 학습 세트를 따로 돌림으로써 데이터 주권 문제를 선제적으로 해소했고, 미국 주(州) 법안들에는 자발적 투명성 프로그램을 제시해 주정부와 공동 파일럿을 진행 중이다.

셋째, 윤리·안전 분야에서도 선제 투자를 아끼지 않는다. 뉴럴링크 연결 실험은 독립 윤리위원회를 두어, 참여자 동의·프라이버시·안전 프로토콜을 국제 기준 이상으로 맞췄다. 에너지 측면에서는 콜로서스 슈퍼컴퓨터의 전력을 현재는 전기 위주인데 점차 신재생에너지로 전환 확대하고, 칩 냉각 효율을 개선해 AI 빅뱅의 '탄소 발자국'을 줄이는 모델로 업계를 선도하고 있다.

마지막으로, 머스크는 '설명 가능한 AI'를 넘어 "자기 규제하는 AI"를 지향한다. xAI는 규제 텍스트를 머신러닝으로 학습해 모델이 자체 판단으로 위험 시나리오를 차단하고, 정책 변경이 생기면 실시간으로 운영 파라미터를 조정하도록 설계됐다.

결국, xAI와 머스크노미가 주도하는 권력 지형 변화는 "데이터·플랫폼·설명 가능성"이라는 세 축 위에 서 있다. 각국 규제가 높아질수록 머스크는 투명성과 자율 조정 능력을 무기로 삼아, 인공지능 시대의 새로운 신뢰 표준을 구축하려 한다.

2. 머스크의 '머스코노미' AI 비전

 일론 머스크의 AI 비전은 기술적 혁신을 넘어 인류가 지닌 지적 지평을 우주로까지 확장하려는 철학적·과학적 야망을 품고 있다. 그는 모든 사업을 하나의 거대한 '머스크노미(Muskonomy)'라는 생태계로 연결해, 데이터·알고리즘·하드웨어가 끊김이 없이 순환하도록 설계했다. 이 생태계의 두뇌 격인 xAI는 "우주의 진리를 탐구한다"라는 목표 아래 인공일반지능을 넘어서는 슈퍼지능을 추구하며, 실시간 데이터 흐름과 압도적 연산력으로 편향 없는 지식을 구축하려 한다. 2023년 공개된 챗봇 '그록'은 X(옛 트위터)에서 실시간으로 유입되는 방대한 정보를 학습하며 지속해서 멀티모달 능력을 확장해 왔다. 머스크는 그록이 인류가 미처 답하지 못한 질문들-우주의 본질, 의식의 구조, 존재의 의미-에 한 발짝 더 다가가는 출발점이 될 것이라고 강조한다.

 머스크노미 안에서 각 기업은 유기적으로 역할을 분담한다. xAI가 모든 지능의 중심이라면, 테슬라는 자율주행차와 휴머노이드 로봇 '옵티머스'를 통해 물리 세계와 직접 상호작용하는 '신체'로 기능한다. 매일 축적되는 주행 데이터는 콜로서스 등 슈퍼컴퓨터(2025년 8월 이전에는 도조 슈퍼컴퓨터)에서 처리돼 xAI 학습에 활용되고, 그 결과는 다시 테슬라 차량 소프트웨어로 피드백돼 자율주행 성능을 빠르게 고도화한다. 스페이스X는 스타링크 위성망과 행성 탐사 프로그램으로 지구를 넘어선 공간 데이터를 공급하며, AI의 활동 무대를 우주로 확장한다. 뉴럴링크는 초정밀 뇌–컴퓨터 인터페이스 기술로 인간 뇌와 AI를 양방향으로 연결해 '신경계'를 이룬다. 머스크는 이미 뉴럴링크를 통해 인간이 생각만으로 옵티머스의 손을 조작하는 데 성공했다고 밝히며, 인간과 AI가 공진화하는 시대를 예고했다.

그가 내다보는 가까운 미래에는 AI가 1~2년 내 인류 최고 지식인을 능가하는 인공일반지능 수준에 도달하고, 곧바로 슈퍼인텔리전스로 비약해 우주적·철학적 질문에 답할 수 있게 된다고 본다. 머스크는 이러한 초지능이 인간에게 위험이 될 수도 있음을 누구보다 경계하지만, 동시에 "윤리적이고 진실 지향적"인 AI만이 인류의 생존과 번영을 보장한다고 강조한다. 그래서 xAI는 다른 모델과 달리 '설명 가능한 AI'를 핵심 가치로 삼아, 모델이 어떤 데이터를 근거로 어떤 추론 과정을 거쳤는지 투명하게 공개하려 한다. 일부 코드를 오픈소스로 개방해 외부 연구자들이 검증에 참여하도록 한 것도 신뢰성 제고와 글로벌 표준 선도를 노린 조치다.

뉴럴링크와 xAI의 결합이 가시화되면 인간 지능은 한층 더 확장된다. 사용자는 키보드나 음성 없이 '생각'만으로 AI 모델에 질문하고, 즉각적으로 분석 결과를 뇌에 받아들일 수 있는 미래가 그려진다. 이는 복잡한 수술법이나 항공 조종 같은 전문 지식을 단기간에 '업로드'해 학습하는 완전히 새로운 교육·훈련 패러다임을 의미한다. 동시에 마비 환자는 로봇 의수를 자연스럽게 제어하며 일상 자율성을 회복할 수 있고, 인간·AI 연합 지능이 과학·예술·정책 등 모든 영역에서 창의적 돌파구를 마련할 가능성도 열린다. 단, 뇌 신호가 실시간으로 네트워크를 타고 흐르는 만큼 프라이버시와 자유 의지, 데이터 보안 문제는 그 어느 때보다 첨예한 사회적 의제가 될 것이다.

테슬라는 이미 2025년형 신차부터 그록을 인포테인먼트 시스템에 기본 탑재해 운전자가 음성만으로 일정 관리, 이메일 작성, 실시간 도로 정보 질의를 처리할 수 있도록 했다. 차량 센서가 수집한 비디오·라이다·초음파 데이터는 xAI의 대형 비전·언어 모델에 투입돼 복잡한 교차로나 예외적 도로 상황 같은 '엣지 케이스'를 정밀 해석하며, 실주행 데이터를 지속해서 재학습해 자율주행 알고리즘을 순식간에 업데이트한다. 머스크는 이처럼 "센서는 눈, xAI는 두뇌"라는 구도를 통해 차량, 로봇, 제조 공정 전반을 지능형 시스템으로 재정의하고 있다.

우주 영역에서도 스페이스X와 xAI의 파트너십은 거대 변수를 낳는다. 위성·우주선·지상국에서 생성되는 초대형 데이터 세트가 xAI로 유입되면, 우주 기상 예보, 궤도 자율 항법, 행성 자원 탐사 등 고난도 분석이 실시간으로 가능해진다. 스타링크는 전 지구적·행성 간 네트워크의 데이터 허브가 되어 AI 모델이 언제 어디서든 학습·추론을 이어 가게 하며, 머스크는 이를 "우주 인터넷과 슈퍼지능의 동반 진화"라고 기대한다.

머스크노미는 실시간 미디어 플랫폼 X와도 긴밀히 연계된다. X가 수집하는 수억 명 사용자의 감정 흐름과 글로벌 이벤트 정보를 xAI가 분석해 기업·정부·연구기관에 맞춤형 인사이트를 제공하면서, 위기 대응과 여론 분석 방식이 근본적으로 바뀌고 있다. 오라클 등과 협력한 클라우드 인프라 상에서 기업용 AI 서비스가 빠르게 확장되며, 제조·금융·헬스케어·공공 부문 전반에 자동화·지능화를 촉진한다.

결국 머스크의 AI 전략은 "현실-디지털-우주-인간"이라는 경계를 허물어, 인류를 다차원적 존재로 진화시키려는 시도다. 초 지능형 AI와 로봇이 경제 생산의 중심이 되는 시대가 오면, 인간은 노동에서 해방돼 창의와 탐구에 집중할 수 있다.

다만 거대한 에너지 수요와 환경 부담, 그리고 통제 실패 시 발생할 수 있는 실존적 위협은 반드시 해결해야 할 과제로 남는다. 머스크가 지속가능 에너지와 윤리적 AI 설계를 거듭 언급하는 이유가 여기에 있다. AI가 제대로 통제되고 투명하게 작동한다면, 인류는 '우주적 진리 탐구'라는 궁극적 여정 속에서 새로운 문명을 열 수 있지만, 동일한 기술은 방치되면 거대한 위험을 초래할 수도 있다. 머스크와 전 세계가 주목하는 '슈퍼지능 시대'는 그래서 양날의 검이자, 인류가 지혜로 다뤄야 할 또 다른 역사의 현장이 되고 있다.

머스크 xAI의 2030년

 2023년, 머스크가 xAI를 공개한 뒤 7년이 흘렀다. 그사이 테슬라는 매일 10 페타바이트가 넘는 센서 데이터를 뿜어내는 자율주행차와 휴머노이드 로봇 옵티머스 Mk X (10세대 휴머노이드 로봇)로 공장과 도심을 자동화했고, 콜로서스 2 (초당 엑사플롭 AI 전용 슈퍼컴퓨터)는 그 데이터를 실시간으로 xAI에 공급했다. 스페이스X는 스타링크^2 (10,000 기 규모의 초저지연 저궤도 위성망)을 완성해 지구·달·화성을 하나의 클라우드로 묶었고, 뉴럴링크는 임상 3상을 통과해 뇌–컴퓨터 인터페이스를 일상 의료·교육 영역으로 끌어냈다.

 2028년, 이 모든 회로를 총괄할 프리즘(Prism, xAI 내부에 탑재된 '슈퍼지능 상위 계층'으로, 스타링크^2·콜로서스 2·뉴럴링크 신호를 통합해 우주적 질문에 답하려는 코어)이 깨어나며 머스크노미 생태계가 완전 순환형 두뇌-신체-신경 구조를 갖췄다. 2030년에 접어든 지금, 이 통합 제국은 도시·우주·인간 뇌 속까지 실시간 데이터·알고리즘·하드웨어로 관통하고 있다.

 새벽 04:32 UTC, 텍사스 보카치카. 거대한 발사 돔이 열리고 스타십 Ω (xAI가 설계한 첫 "완전 자율 우주선")이 고개를 든다. 발사대 아래를 분주히 오가는 것은 인간이 아니라 옵티머스 Mk X 로봇 12대다. 연료 계통의 온·압력 수치는 이미 프리즘이 스타링크^{2}를 통해 전 생태계에 "발사 준비 완료" 플래그를 전파했다. 사람은 모니터를 바라볼 뿐 손댈 일이 없다.

 아침 07:10, 뉴 헤이븐(xAI와 테슬라 기술로 건설한 완전 자율 스마트시티) 중심가. 운전석이 사라진 테슬라 Model π (완전 자율 전기차) 가 시민 엘리엇을 태운다. 그는 입을 열지 않는다. 머릿속 뉴럴링크 뇌–컴퓨터 인터페이스로 '자전거 행렬을 구경하며 출근하고 싶다'라는 생각을 띄우자,

Grok-8 엔진이 "경치 우선 경로"를 즉시 계산해 도로 바닥 LED를 재점등한다. 상공의 Tesla Aero(도심 항공기)가 돌풍을 만나 우회 경로를 요청하면, 같은 순간 교차로 신호 주기가 조정되고 보행자 알림이 바뀐다. 도시는 한 몸처럼 호흡한다.

정오 12:03, 지상 550 km 궤도의 스타링크² 위성 16-A 내부. 손톱만 한 플라즈마 코어 노드(저전력 분산 컴퓨팅 모듈)가 태양풍 강도 상승을 감지해 프리즘에 경보를 보낸다. 프리즘은 0.03 % 단위로 스타십 Ω의 궤도 수정 명령을 내리고, 동시에 콜로서스 2는 최신 자기권 시뮬레이션을 재학습해 뉴 헤이븐 전력망 패턴을 업데이트한다. 우주·지상·도시가 하나의 피드백 루프 안에서 박동한다.

오후 15:48, 샌프란시스코 종합병원 BCI 재활실. 10년 동안 휠체어에 묶여 있던 마야 루나가 메탈릭 팔목을 들어 올려 물컵을 잡는다. 뉴럴링크 센서가 '컵을 들자'라는 뇌파를 xAI로 보내고, 옆의 옵티머스 Mk X '레이븐'이 그 움직임을 실시간으로 따라 한다. 로봇 손가락에서 돌아온 촉각 데이터가 역류해 마야의 감각 피질에 매핑되고, 그녀는 "컵의 온기"를 느낀다. 뇌와 로봇 사이의 간극이 사라진 순간, 재활실 팀닥터는 눈시울을 붉힌다.
저녁 19:20, 보카치카 발사대. Raptor X 엔진(메탄/산소 연료를 사용하는 고효율 엔진)의 부드러운 연소음이 황금빛 기둥을 형성하며 스타십 Ω을 밀어 올린다. 프리즘은 동시에 다섯 개 궤도 쓰레기 예측 모델을 돌려 최적 경로를 갱신한다. T + 357 초, "정지궤도 삽입 완료, 퀘이사(QSR) 양자 센서 (양자 얽힘 기반 센서) 활성화." 첫 과학 데이터가 스타링크² 링크를 타고 콜로서스 2로 흘러든다.

심야 23:07, 뉴 헤이븐의 공원 벤치. 어린 소녀가 뉴럴링크 워치에 말없이 묻는다. '우주는 왜 이렇게 어두워?'- 프리즘이 스타링크² 천문 로그를 엮어

Grok-8 응답을 내려보낸다. "별빛은 138억 년 전부터 달리고 있어. 우리가 빛을 읽는 법을 배울수록 어둠은 조금씩 줄어들고 있지." 아이가 고개를 들면, 머리 위로 Tesla Aero가 미끄러지고, 멀리 선 다크-링크(불법 BCI 칩)를 유통하는 해커 뉴스가 X 타임라인을 뒤덮는다.

0 시 01 분, 새로운 날. 보카치카에서는 스러진 화염 자국 위로 해풍이 불고, 뉴 헤이븐에서는 옵티머스 로봇이 낙엽을 모으며, 스타링크² 위성들은 미세 전자기 코일을 조정해 태양풍을 측정한다. 인간, 로봇, 슈퍼지능, 위성이 한 호흡으로 이어지는 세상, 이것이 2030년 xAI가 켜 놓은 새벽이다.

사람들은 다시 질문할 준비를 한다. "다음엔 무엇을 묻지?" 두개골 속 미세 전류가 파동을 일으키자, 프리즘이 조용히 응답한다. "무엇이든 묻고, 어디로든 가자. 오늘은 어제보다 더 환하니까." 그렇게 머스크노미가 완성한 세계는 더 넓은 질문을 기다리며, 또 한 번 광활한 지평선을 밝히고 있다.

3. xAI 시대, 한국과 동아시아의 기회와 도전

일론 머스크가 2023년 발표한 xAI는 '우주의 본질을 이해한다'라는 장기 비전을 내세우며 출범 직후 60억 달러의 자금을 유치해 400억 달러 이상의 기업가치를 인정받았다. 투자 규모만으로도 기존 빅테크와 어깨를 나란히 하게 된 이 AI 스타트업은 머스크가 보유한 자동차·로켓·소셜미디어·위성 통신 플랫폼을 하나로 엮어 '실시간 데이터-컴퓨트-서비스'가 순환하는 거대한 지능 스택의 심장부가 되었다.

xAI 시대의 기술적 특징은 '그록(Grok)' 계열 모델의 급속 진화와 초대형 인프라 통합이다. 2025년 7월 공개된 Grok 4는 네이티브 툴 사용과 실시간 검색을 기본으로 탑재해 '사고-행동-검증'이 동시에 이뤄지는 대화형 에이전트의 면모를 드러냈다. 엔터프라이즈 시장에선 오라클과 제휴해 OCI(오라클 클라우드)에서 그록 모델을 API 형태로 제공하기 시작했고, 학습-추론 모두를 OCI 슈퍼클러스터에서 수행하며 비용·속도 경쟁력을 확보했다.

머스크 생태계가 보유한 전 세계 실시간-센서 데이터, 우주·로봇·전기차 하드웨어, 스타링크 기반 광대역 네트워크까지 xAI로 흡수되면서 AI 개발과 적용 속도는 기하급수적으로 높아지고 있다. 그 결과 AGI(인공일반지능) 주도권 경쟁, 선행 반도체 수요 폭증, AI 거버넌스 표준 다툼이 동시에 심화하고, 국가·기업 차원의 '데이터 주권'과 '컴퓨트 주권' 확보가 핵심 전략 과제로 부상했다.

한국은 반도체·디스플레이·로봇 등 제조 기반과 5G 인프라를 갖춘 덕분에 xAI AGI를 활용해 연구·설계를 가속할 기회를 얻을 수 있다. 실제로 네이버는 2025년 6월 'HyperCLOVA X THINK'를 공개하며 6조 토큰 규모 학습과 고급 추론 능력을 갖춘 국산 대형 언어모델(LLM)을 선보였고,

LG AI 연구원도 'EXAONE Deep' 시리즈로 다중 파라미터 추론 모델을 배포해 기술 주권 확보에 나섰다. 그러나 Grok 4 같은 범용·상용 AGI 플랫폼을 그대로 의존하면 핵심 모델·파이프라인이 해외에 잠식될 위험도 커진다. 따라서 국내 기업은 고효율 GPU팜·국가급 데이터센터 확충과 동시에, 반도체 설계·생산을 연계한 자체 AI칩 생태계, 의료·국방·제조 특화 LLM 개발로 '분산형 주권 AI' 전략을 병행해야 한다.

중국은 이미 'AI 굴기' 기치 아래 바이두 어니(Ernie), 텐센트 훈위안(Hunyuan) 등 독자 모델을 키워 왔다. xAI가 실시간 데이터·추론 경쟁에서 한발 앞서 나가자, 베이징은 2025년 하반기 공개 예정인 Ernie 5.0을 통해 멀티모달·오픈소스 전략으로 대응하고 있다. 동시에 국가 보안 논리를 앞세워 데이터 국지화와 알고리즘 검열을 강화해 '디지털 장벽'을 높여 가며 미·중 패권 경쟁이 기술 표준·윤리 의제까지 전선을 확장하고 있다.

일본은 오랫동안 로봇·제조 강국이었지만 AI 플랫폼 경쟁에서는 뒤처졌다는 평가를 받아 왔다. 2025년 5월 'AI 촉진법'이 통과되면서 정부-산업-학계 연계 연구 투자가 제도적으로 뒷받침되고, 손정의 회장의 소프트뱅크가 거대 자본을 투입해 'ASI(슈퍼 인공지능) 플랫폼' 비전을 공표하며 대규모 칩·데이터 센터 투자를 선언했다. 고령화와 노동력 부족을 겪는 일본으로서는 xAI와 같은 범용 AI를 생산·물류·농업 현장에 이식해 생산성 한계를 돌파할 유인이 크지만, 사회적 합의·윤리 논쟁이 도입 속도를 가를 변수가 될 전망이다.

한국 기업이 xAI 파급효과를 기회로 전환하려면 '자체 LLM 심화·글로벌 협력·산업 특화·인재 양성'의 다층 전략이 필수이다. 우선 HyperCLOVA X THINK, EXAONE Deep처럼 경량-고효율 모델을 지속 고도화하며, 데이터 거버넌스와 에너지 효율이 우수한 GPU 팜을 구축해

컴퓨트 자립도를 높여야 한다. 동시에 OCI-xAI 제휴 사례처럼 Grok API를 활용한 금융·의료·로보틱스 실증 프로젝트를 추진하고, 결과 기반 과금·공동 특허 등 성과 공유형 신 비즈 모델을 설계해 수익 구조를 다변화할 필요가 있다.

결국 xAI 시대는 '초 실시간 데이터·대규모 컴퓨트·범용 추론'이 맞물려 지능이 산업과 사회 전반으로 침투하는 변곡점이다. 한국·중국·일본이 각각 다른 제도·산업 기반 위에서 얼마나 빠르고 균형 있게 대응하느냐에 따라, 머스크가 제시한 새로운 AI 질서가 동아시아를 위협이 아닌 도약의 레버리지로 바꿀지가 결정될 것이다.

4. 미국과 한국의 AI 정책은 같은 방향일까?

카테고리	미국 'AI 액션 플랜'	한국 '국가 AI 전략'
핵심 비전	AI 지배력 확보를 통한 글로벌 리더십 유지	AI G3(주요 3개국) 도약을 통한 기술 강국 실현
정책 기조	규제 완화 및 시장 중심 혁신 (Deregulation & Market-led Innovation)	민관 협력 기반의 국가 역량 총력전 (Public-Private Partnership)

인프라 구축	- 데이터 센터/반도체 팹 건설 신속화
	  (환경 규제 완화, 허가 절차 단축)
	- 전력망 확충 및 현대화
	  (원자력 등 신 에너지원 통합)
		- '국가 AI 컴퓨팅 센터' 구축(민관 2조원 투자)
		- 국산 AI 반도체 개발 및 K-클라우드 고도화
		- 초거대 AI 허브 구축

기술 혁신 및 개발	- AI 혁신 저해 규제 철폐 및 '시도 우선(try-first)' - 오픈소스 및 개방형 모델 장려 - 이념 편향 없는 중립적 AI 모델 조달 강조	- 독자 파운데이션 모델(Sovereign AI) 개발 집중 지원 - 산업별 '4대 AI 플래그십 프로젝트' 추진 - AI 스타트업 집중 육성 및 인재 양성
안전 및 거버넌스	-NIST AI 위험관리 프레임 워크에서 특정 사회적 의제(DEI 등) 축소 - 기술 오용 시 책임 규명 및 구제 절차 마련	- 'AI안전연구소' 설립(AI 위험성 사전 분석/평가) - '인공지능 기본법' 제정 등 법·제도 정비 - 윤리 교육 및 주체별 체크리스트 개발
국제 협력 및 안보	- '풀 스텍(Full-stack) AI' 동맹국 수출 (기술 생태계 공유) - 글로벌 표준 설정 주도 및 중국 견제 - 국방 분야 AI 활용 강화	- 글로벌 AI 규범 및 거버넌스 형성 주도 - 미국, 영국 등 주요국과 AI 안전 논의 협력 - 국방 분야 AI 도입 및 활용
공통점	AI를 국가 명운을 건 전략 기술로 인식하고, 이를 위해 압도적인 컴퓨팅 인프라 확보, 자국 기술 경쟁력 강화, 글로벌 표준 및 동맹 주도라는 큰 틀의 목표 공유	
차이점	시장 주도: 이미 AI 기술과 시장을 선도하는 빅테크 기업들이 존재하는 만큼, 정부의 역할은 '규제 완화자'에 초점. '시도 우선' 원칙을 통해 시장의 역동성으로 혁신 선도	정부 견인: 글로벌 빅테크 극복하기 위해 정부가 마중물을 붓고 민간의 대규모 투자를 이끌어내는 '촉진자' 및 '설계자' 역할/ '선택과 집중'을 통해 국가 대표 AI 육성 기술 생태계를 구축 추진
한계점	안전 및 윤리 문제 경시 우려 및 주(State)별 규제와의 충돌 가능성	정부 주도 정책의 경직성과 글로벌 빅테크와의 격차 문제와 독자 개발 모델의 고립 가능성

미국 정부는 2025년 7월 23일 "Winning the AI Race: America's AI 실행 계획"을 발표하며, 규제 장벽을 걷어 내고 대규모 인프라를 신속히 확충해 동맹권까지 아우르는 미국식 AI 풀 스택(하드웨어부터 모델·소프트웨어·응용까지 수직 결합한 묶음)으로 패권을 강화하겠다는 방향을 분명히

했다. 계획은 혁신 가속화, 미국 내 AI 인프라 구축, 국제 AI 외교·안보 리더십이라는 세 축으로 짜였고, 향후 수주·수개월 내 집행될 90개가 넘는 과제를 담았다. 이는 "AI 안전장치 우선"을 강조하던 과거 기조에서 "시장 주도 혁신"으로 무게중심을 옮긴 결정으로, 성장과 속도를 최우선 가치로 삼겠다는 선언에 가깝다. 당연히 중국 AI를 염두에 두고 나온 조치다.

이 실행력을 담보하기 위해 같은 날 세 가지 행정명령이 동시 발효되었다.

첫째, 「Preventing Woke AI in the Federal Government」는 연방 조달 AI가 사실 탐구와 이념 중립을 충족해야 한다고 못 박았다. 정부가 쓰는 프론티어 모델(최첨단 대규모 언어·멀티모달 모델)은 표현의 자유와 중립성을 지켜야 한다는 요구다. 관리 예산처는 120일 내 평가·조달 지침을 마련하고, 기존 계약도 가능하면 개정하도록 주문했다.

둘째, 「Accelerating Federal Permitting of Data Center Infrastructure」는 100MW 초과 전력 부하의 데이터센터를 신속 허가 대상으로 지정해, 국가환경정책법 NEPA(환경 영향 평가 법제)의 절차 간소화, FAST-41(신속심사 체계) 적용, 연방 토지·군사기지 부지 제공, 대출·보조금·세제 및 장기 전력구매계약까지 총동원하는 패키지를 열어주었다.

셋째, 「Promoting the Export of the American AI Technology Stack」은 American AI Exports Program을 신설해 90일 내 산업 컨소시엄 공모하고, 상무·국무·수출 금융기관을 묶어 동맹국에 미국식 AI 풀 스택을 보급하도록 했다. 이때 수출통제 준수(미국 EAR)와 대상국 제한을 전제로, 하드웨어에서 모델·보안·응용·표준에 이르는 전체 묶음을 제공해 동맹권의 기술 의존도를 미국 쪽으로 정렬시키겠다는 의도가 분명하다.

정책의 큰 흐름은 분명하다. 규제 철폐와 오픈소스 장려, 대규모 데이터센터와 반도체 팹의 신속 증설, 전력망 현대화와 원전·가스·핵융합 같은 기반 전력원의 적극 통합, 연방 조달에서 표현의 자유와 중립성 강화, 동맹권 대상 미국 기술·표준의 패키지 수출, 그리고 국제 AI 거버넌스에서 중국 영향력의 선제 견제가 그것이다. 아울러 주(州) 차원의 과도한 규제가 있으면 연방 재정 지원이 제한될 수 있다는 신호를 공개적으로 보냄으로써, 친 산업·친 혁신 주(州)로 자본과 인재가 이동하는 재배치가 빨라질 가능성도 커졌다.

미국 산업계에는 규제 불확실성 해소에 따른 상업화 가속, 인프라 투자와 숙련 일자리 확대가 점증적으로 발생할 전망이다. GPU/AI 서버, 전력·송전, 냉각·HVAC(난방·환기·공조), 반도체 제조, 광통신·스위칭, 보안, 데이터센터 건설·부동산 등 밸류체인 전 영역에서 수요가 커질 수 있다. 반면 데이터센터 입지와 전력망을 둘러싼 환경·토지·에너지 비용 논쟁, 지역 사회 갈등, 송전망 병목 같은 부작용도 현실화할 수 있다. 언론과 시민단체는 기업 자율에 과도하게 기대하면 안전·프라이버시·노동·환경 보호가 약화할 위험을 경고하고, 산업계와 일부 정치권은 표현의 자유 보호, 개방형 혁신, 제조·건설·에너지 전반의 투자 유발 효과를 들어 환영하는 양분된 구도를 보인다.

한국에 미치는 파급효과는 다층적이다. 우선 글로벌 표준과 외교 압력이 커진다. 미국은 기술·표준·거버넌스를 일괄 수출하는 전략을 공식화했으므로, 한국은 국제 정합성을 맞추는 한편 소버린 AI를 균형 있게 설계해야 한다. 그리고 AI 칩, 데이터센터, 전력 인프라 경쟁이 가속화되며, 미·중 전략 경쟁 하에서 수출통제·우회 거래·투자심사 리스크 관리가 더욱 중요해진다. 오픈소스·개방형 모델 우대 기조는 국내 스타트업과 대기업의 기술 접근성·공동개발 기회를 넓히지만, 동시에 미국 빅테크 모델과의 직접 경쟁을 심화시킨다. 한미 국방·사이버 보안 공조는 더 고도화될 것이며, 정부·공공 조달에서는 사실성·중립성 기준을 반영한 모델 검증 프레임워크가 요구된다. 또한 미국의 대형 규제 완화는 한국의 AI 기본법, 하이임팩트(사회적 고위험) AI 규제안과 간극을 보이므로, 샌드박스(규제 특례) 확대와 위험도 기반 차등 규제 같은 균형형 규제혁신 모델을 정교하게 설계해야 한다.

이번 미국의 AI 액션 플랜은 규제 완화 → 인프라 초확장 → 동맹권 표준·수출 주도를 잇는 선순환을 설계한 산업 우선 전략이다. 한국은 속도전과 위험 관리를 동시에 달성해야 한다. 민관 합작 데이터센터 허브 전략, 전력망·냉각·부지 병목의 선제 해소, 개방형 모델을 활용한 빠른 제품화, 공공조달의 중립성·사실성 벤치마크 도입, 국방·사이버 공동 작전 수준의 보안 체계를 병행 구축할 때, 미국이 띄운 거대한 파도 위에서 우리의 기회와 주권을 함께 확보할 수 있을 것이다.

이제 한국 정부의 최근 AI 정책을 살펴보자

대한민국 정부는 2025년 7월 대통령 직속 국가 인공지능위원회를 출범시키고 국가 AI 전략 정책 방향을 발표하며, AI로 국민 삶의 질을 높이고 산업 전반을 혁신해 AI G3로 도약하겠다는 국가적 목표를 분명히 했다. 이번 전략은 한마디로, 압도적 인프라와 독자 기술을 바탕으로 전 국민·전 산업의 AI 대전환을 추진하고, 동시에 신뢰와 안전을 제도화하여 글로벌 규범을 주도하겠다는 청사진이다. 컨트롤타워는 자문을 넘어 조정·심의·의결·평가까지 책임지는 강화된 거버넌스로 설계되었고, 민간의 대규모 투자(4년 65조 원)와 정부의 재정·규제 혁신이 결합하여 실행력을 담보한다.

핵심은 첫째, 압도적 AI 인프라와 독자 기술의 확보다. 정부와 민간이 총 2조 원 규모를 투입해 세계급 성능의 국가 AI 컴퓨팅 센터를 구축하고, GPU·스토리지·네트워크를 포함한 고집적 자원을 개방형으로 제공하여 연구소와 기업이 동일한 조건에서 실험하고 상용화할 수 있는 기반을 마련한다. 동시에 국산 AI 반도체와 저전력·고효율 아키텍처, 데이터센터 적용을 위한 K-클라우드 고도화가 병행된다. 정부는 소버린 AI 확립을 위해 '국가대표 AI' 기업을 선정해 한국어 특화 대형 언어모델(LLM)과 생성형 모델을 집중적으로 지원하고, 1.8조 원 규모 추경으로 첨단 GPU 조달, 양질 데이터 구축, 인재 양성에 속도를 붙인다. 더불어 12대 국가전략기술(AI반도체·로봇 등)에 대한 선도형 R&D 비중을 2027년 35%까지 높이고(2025년 29.7%→2027년 35%), 대학-기업-출연연의 공동 트랙을 통해 조기 상용화를 전제로 투자한다.

둘째, 전 국민·전 산업의 AI 대전환을 실행한다. 제조·금융·의료·법률을 겨냥한 4대 AI 플래그십 프로젝트로 생산성 혁신을 가속하고, 재난·안전, 교육, 환경, 헬스케어 등 국민 체감 영역에선 사회 난제 해결형 서비스를 발굴·확산한다. AI 인재 100만 명 양성을 목표로 초중고 필수 역량부터 대학·대학원 심화, 재직자 리스킬링까지 전주기 교육 체계를 깔고, 청년 AI 일자리와 SW 창업을 연계해 현장 수요에 맞춘 일자리를 창출한다. 특히 AI 도입 여력이 부족한 중소·전통 산업에는 맞춤형 컨설팅과 실증을 대폭 확대해 '상위 몇 개 기업'이 아니라 '전 산업 저변'이 올라오도록 설계했다.

셋째, 신뢰할 수 있는 AI 안전망과 글로벌 리더십을 확보한다. 국가 전담 기관인 AI 안전연구소를 신설해 고도화된 모델의 위험성 평가, 신뢰성 벤치마크, 레드팀(취약점 탐지) 운영, 국제 공조를 전담한다. 동시에 인공지능 기본법을 제정해 데이터 거버넌스, 책임·배상, 설명 가능성, 감사 추적성 등 기본 원칙을 정립하고, 데이터센터 인허가·데이터 활용·저작권·개인정보 등 혁신의 병목 규제를 샌드박스와 위험도 기반 단계 규제로 정비한다. 정부는 신산업 지원 기금 등 정책금융을 확장하고, 민간 의견을 신속 반영하는 규제 민원 원스톱 체계를 가동한다.

대외적으로는 기술 외교의 위상을 높인다. 미국·영국 등과 AI 안전·표준을 공동 설계하며 한국형 규범을 국제 표준에 반영하고, AI 기술·데이터 동맹을 통해 클라우드·GPU 자원 상호 지원, 공동 연구, 수출 패키지 협력을 강화한다. 동시에 미·중 경쟁이 심화하는 환경에서 AI 반도체·데이터 센터 공급망과 관련한 수출통제, 투자심사 리스크를 체계적으로 관리하고, 대중(對中) 비즈니스의 규제 변화에 대비한 컴플라이언스 자동화를 확립한다.

국방·안보 분야에서는 AI R&D 비중을 높여 예측형 안보, 사이버 방어, 합동 지휘통제(JADC2 유사 개념) 역량을 고도화하고, 민간 SW·AI 기업의 참여를 확대해 신속 획득제 기반의 기동적 업그레이드를 구현한다. 이와 동시에 AI 국방 윤리와 데이터 보안 프레임워크를 정립해 오발·오남용 리스크를 선제 관리한다. 한미 공조는 훈련·교리·데이터 연동까지 실질 통합 수준으로 심화할 전망이다.

산업 측면의 파급효과는 명확하다. 2025년 18억 3,000만 달러 규모인 국내 AI 시장은 2032년까지 연 27.5%의 고성장을 이어 갈 것으로 예상되며, 삼성·LG 등 대기업은 초거대 모델, 스마트제조, 의료 AI에서 글로벌 점유율을 확대할 가능성이 크다. GPU/AI 서버, 전력·송전, 냉각, 반도체 팹, 광통신, 보안, 데이터센터 건설에 투자가 폭증하고, 이에 따른 전력망 확충·전력구매계약·소형모듈원전 등 에너지 해법이 병행될 것이다. 오픈소스와 K-클라우드 중심의 개방형 생태계는 스타트업·중소기업의 진입장벽을 낮춰 유니콘 탄생을 촉진하고, 제조·금융·의료·교육을 포함한 전 산업에서 AI 에이전트·엣지 AI·로봇 융합이 본격화되며 산업 구조의 재편을 가속할 것이다. 동시에 개인정보·저작권·안전 문제에 대해서는 AI 안전연구소와 법제 정비를 통해 신속 대응-명확 책임-국제 정합성의 3박자를 맞추는 체계를 정착시킨다.

종합하면, 대한민국의 국가 AI 전략은 "인프라–기술–인재–산업–안전–외교"를 하나의 회로로 묶어 속도와 신뢰를 동시에 잡는 설계다. 국가 AI 컴퓨팅 센터와 국산 AI 반도체, 소버린 AI 모델은 기술 주권의 기둥이 되고, 100만 인재 양성과 플래그십 프로젝트는 수요 창출의 엔진이 된다. 기본법과 안전연구소는 신뢰의 궤도를 제공하고, 기술 외교·국방 AI는 외부 충격에 대한 전략적 완충장치가 된다. 이 선순환이 제대로 작동할 때, 한국은 추격자를 넘어 규범과 시장을 함께 설계하는 AI G3로 도약하게 될 것이다.

 2025년 7월, 미국과 한국은 각각 'AI 액션 플랜'과 '국가 AI 전략'을 발표하며 글로벌 AI 패권 경쟁의 최전선을 재정의했다. 두 정책의 철학은 다르지만, 목표는 같다. 미국은 규제 완화와 시장 주도 혁신, 초대형 인프라의 신속 확장, 그리고 풀 스택(칩·서버·모델·앱·표준) 수출을 통해 세계 시장을 자국 표준으로 재정렬하려 한다. 한국은 대통령 직속 컨트롤타워 아래 민관 합동 투자로 압도적 인프라와 소버린 AI를 신속히 내재화하고, 안전·책임·거버넌스를 제도화해 "빠르면서도 신뢰할 수 있는" AI 강국으로 도약하겠다는 구상이다. 미국은 연방 차원의 세 가지 행정명령으로 즉시 집행력을 부여했고, 한국은 국가 AI 컴퓨팅 센터(민관 2조 원), 국산 AI 반도체·K-클라우드 고도화, 1.8조 원대 추경을 통해 GPU·데이터·인재 파이프라인을 단기간에 끌어올리며 4년 65조 원 규모의 민간투자를 촉발하는 구조를 설계했다. 결과적으로 미국은 "장애물 제거 후 시장의 속도"를 택했고, 한국은 "정부가 방향을 설계하고 민간이 힘껏 달리는 총력전"을 선택했다.

 인프라 전략에서도 대비가 뚜렷하다. 미국은 데이터센터·반도체 팹·전력망을 하나의 패키지로 묶어 환경심사 간소화, 연방 토지·군사 기지 활용, 대출·보증·보조금·세제·오프테이크 계약까지 총동원하며 전력·송전·부지 병목을 강제로 해소한다. 한국은 국가 AI 컴퓨팅 센터를 중심으로 고밀도 GPU 자원을 개방형으로 제공하고, 민간 GPU 팜 투자를 촉진해 연구·산업 양쪽의 연산 격차를 빠르게 좁힌다. 기술·생태계 측면에서 미국은 오픈소스·개방형 모델 장려와 '시도 우선' 원칙, 조달 단계의 중립성 기준을 통해 민간 경쟁을 격발한다. 한국은 국가대표 AI 기업을 선정해 한국어 특화 LLM과 멀티모달 모델을 집중적으로 지원하고, 국산 NPU와 에너지 효율 아키텍처를 산업 현장에 끼워 넣어 총소유비용(도입부터 폐기까지 드는 모든 비용) 경쟁을 만든다.

거버넌스도 차이가 난다. 미국은 성장 편향이 강하고 안전·윤리에 대한 우려가 제기되는 반면, 한국은 AI 안전연구소 신설과 인공지능 기본법 제정으로 위험평가, 설명 가능성, 감사 추적성, 배상책임 등 신뢰의 궤도를 제도화한다. 대외 전략에서 미국은 풀 스택 수출과 표준 수출, 중국 견제, 국방 AI 확산을 결합해 동맹권을 미국 기술 스택으로 정렬하려 하고, 한국은 미·영 등과의 안전·표준 공동 설계, 데이터·인재 동맹, 국방 AI 도입을 통해 기술 외교의 깊이를 키운다. 그만큼 미국은 안전 약화와 주(州) 규제와의 충돌 위험이, 한국은 정부 주도에 따른 유연성 부족과 빅테크 대비 규모의 경제 한계, 독자 전략의 고립 위험이 각자 한계로 남는다.

이러한 상황과 맥락에서 우리 대한민국이 지금 택해야 할 길은 한 줄짜리 슬로건이 아니라, 앞뒤와 좌우가 맞는 입체 전략이다. 첫 단추는 기술 노선이다. 소버린 AI(국가 주권형 AI)와 글로벌 풀 스택(반도체-모델-플랫폼-애플리케이션까지 한 몸인 생태계)을 동시에 고려해야 한다. 한국어·산업 특화 LLM(대형 언어모델)과 국산 NPU(AI 전용 칩)로 기본기를 세우되, 미국의 풀 스택 수출 컨소시엄 속 빈칸에 한국 모듈—예컨대 한국형 저전력 NPU, 한국어 모델, 보안·헬스케어 앱—을 정식 부품처럼 끼워 넣는다. 왜냐하면, 내수만으론 규모의 경제가 안 나오고, 독자 노선만 고집하면 표준과 시장에서 동시에 뒤처질 수 있기 때문이다. 그래서 지금부터 공동 의향서와 공동 시범과제로 손발을 맞춰야 한다.

연산 주권은 말 그대로 '계산 시간을 사전에 확보'하는 데서 온다. 국가 AI 컴퓨팅 센터가 민간 GPU 팜과 오프테이크(장기 매입 계약)로 GPU-hours(연산시간)를 묶고, 최소 수익 보장+가동률 인센티브로 공급자 리스크를 나눠 든다. 전력 병목은 에너지 설계로 푼다. PPA(전력구매계약)로 재생에너지를 붙이고, SMR(소형모듈원전) 시범 운영에 참여하고, 액침·수냉+폐열 지역난방으로 전력-냉각-열을 한 번에 설계한다. 데이터센터는 이렇게 전기-냉각-열 회수가 엮인 인프라일 때만 밀도와 비용이 맞는다.

국산 AI 반도체는 정면 돌파보다 옆길 추월이 현명하다. 범용 GPU와 싸우기보다 의료영상, 제조 비전, 엣지 로봇, 온디바이스처럼 와트당 성능·지연·TCO(총소유비용)에서 이기는 틈새를 공략한다. 즉 "현장 최적화 가속기"로 차별화한다. 공공 조달은 품평회가 아니라 기술 경기다. 사실성·중립성·설명 가능성을 정량 KPI로 확정하고, 근거 링크 95%+, 데이터·가중치·버전 100% 추적 같은 기준을 AI 안전연구소가 인증한다. 미달 모델은 감점·퇴출이 자동으로 걸리는 룰베이스 조달로 공정과 품질을 동시에 당긴다.

보안은 뒷문이 아니라 정문이다. 국가 AI 안전연구소를 상설 레드팀+사이버 합동대로 키워 프롬프트 주입·데이터 탈주·공급망 공격을 상시 점검한다. 정부-금융-의료-제조가 함께 들어간 합동 컨트롤룸과 핫라인을 구축하고, 모의훈련을 정례화한다. 현장의 성공 기준도 바꾼다. "모델 정확도 몇 점"이 아니라 현장 KPI로 계약한다. 제조는 불량률 −30%, 의료는 재입원 −10%, 금융은 사기 탐지 재현율 +15%, 법률은 리뷰 시간 −60%처럼 사업 지표를 계약서에 포함하고, 성과연동 보조+세액공제로 잘한 팀에 더 크게 주는 구조로 예산 효율을 끌어올린다.

여기에 한국 현실을 반영한 네 가지 보완 과제를 얹는다. 첫째, AI 인력 대전환이다. 의대 쏠림을 완화하고 STEM(이공계) 트랙에 의무 장학+근로 연계+국가 펠로우십을 묶어 톱 1만 명 엘리트를 즉시 가동한다. 대학 정원·커리큘럼·현장실습을 GPU-hours 바우처와 연동해 "연산이 있는 교육"으로 바꾼다. 고교부터 수학·코딩·XAI(설명 가능한 AI) 기초를 강화해 100만 인재의 저변을 넓힌다. 둘째, 국민 참여의 대폭발이 필요하다. '미스터 트롯'식 포맷을 빌려 AI 활용·데이터 리터러시·프롬프트 경진대회를 지상파 본선 생중계로 운영한다. 우승 솔루션은 즉시 공공·산업 파일럿으로 연결하고, 수상작은 국가 AI 마켓플레이스에 올려 판로를 연다. 셋째, 통합 컨트롤센터를 세워 정책과 데이터를 한 화면에서 돌린다. 정부·민간의 필수 지표를 그래프 DB(관계형 데이터망)로 통합하고, 온톨로지(엔티티-관계-규칙)를 표준화해 실시간 추론·시뮬레이션이 가능하게 한다. AI 전략 PMO가 분기마다 핵심 지표를 점검하고 회의록·KPI·리스크·조치를 대시보드로 공개한다. 넷째, 투자금은 올림픽 원칙으로 집중한다. 종목별 국가대표 스쿼드(국가대표 AI·국산 NPU·의료/제조 플래그십·국방 AI·안전·표준)에 공개경쟁으로 선발·집중적으로 지원하고, 메달(글로벌 점유율·벤치마크·수출·표준 채택)로 다음 시즌 지원을 기계적으로 조정한다. 실패 프로젝트는 스테이지 게이트로 신속 환류·종료한다.

큰 판의 흐름은 뚜렷하다. 미국은 규제 완화→인프라 초확장→풀 스택 수출·표준화로 세계 시장을 리셋하고 있다. 한국은 소버린 AI와 국가급 인프라, 강력한 안전 거버넌스를 축으로 삼되, 미국 컨소시엄 동승으로 판로를 넓히고, 인력 대전환·국민 참여·그래프 DB 컨트롤센터·올림픽식 집중 투자로 추진력을 만든다.

요약하면 이렇다. 두 트랙 기술, GPU-hours 국가계약, 에너지 삼중 결합, 국산 NPU의 니치 공략, 조달 KPI 표준화, 국가 레드팀, 현장 KPI 재설계, 중소 FaaS(공장형 서비스) 확산 위에 네 가지 보완 과제를 얹고, 분기마다 대시보드로 공개 점검한다. 그렇게만 굴리면, 한국은 단순 추격을 넘어 표준과 시장을 함께 설계하는 국가—AI G3를 넘어서는 플레이메이커—로 올라설 수 있다. "한국형 AI 풀 스택"이 세계 지도에 꽂히는 순간, 우리 산업의 단가 곡선과 성장 경로가 통째로 바뀐다. 그 미래는 선택이 아니라 실행의 문제다.

AGI, 말싸움에서 검증으로

3부 xAI 편을 마치기 전에, 논란 많은 AGI의 의미와 우리가 그 수준에 도달했는지를 어떻게 입증할지를 알아보자.

인공일반지능(AGI)은 사람처럼 거의 모든 지적 활동을 스스로 이해하고 해결하는 기계를 뜻한다. 우리가 지금 주로 쓰는 AI는 뉴스 추천이나 고양이 사진 분류처럼 한 재주에 아주 능한 '좁은 AI'에 가깝다. 비유하자면 좁은 AI가 "주차만 잘하는 앱"이라면, AGI는 "상황을 보고 우회·감속·경로 재설정을 스스로 판단하는 운전자"다. 또 레시피대로만 움직이는 조립 공정이 좁은 AI라면, 재료가 바뀌면 조리법을 바꾸고 손님 취향까지 반영해 메뉴를 새로 짜는 셰프가 AGI에 가깝다. 그래서 AGI의 핵심은 추상적 사고(눈앞 정보에서 공통 원리 뽑기), 상식 활용(일상 규칙을 맥락에 맞게 쓰기), 인과 이해(원인↔결과 잇기), 일반화(처음 보는 장면에 배운 지식 옮겨 쓰기)라는 네 가지 인지 능력 묶음에 있다.

이 목표를 두고도 시각은 갈린다. 구글 딥마인드의 데미스 허사비스는 AGI의 가치를 "새 과학적 발견을 만들어 낼 창의"에서 본다. 인간 연구자처럼 가설을 세우고 검증해 전혀 새로운 지식을 만들어 낼 수 있어야 한다는 뜻이다. 제프리 힌턴은 2023년 구글을 떠나며 AI가 통제 어려운 자율성으로 사람의 속도를 앞지를 위험을 공개 경고했다. 그의 기준선은 "사람 지시 없이 더 빠르게 판단·행동할 자율성"을 안전장치와 함께 설계할 수 있느냐에 맞춰져 있다. 메타의 얀 르쿤은 "지금의 대형 언어모델만으론 부족하다"라고 보며, 세계를 머릿속에 그려 예측하는 내적 모델(뇌 속 시뮬레이터)과 동기·장기 계획·행동 모듈이 함께 돌아가는 복합 구조가 필요하다고 강조한다.

 기업들도 각자 기준이 다르다. 오픈AI는 "경제적으로 가치 있는 대부분의 활동에서 인간을 능가하는 고도로 자율적인 시스템"을 목표로 삼아 효용을 앞세우고, xAI는 "우주의 본질을 이해하는 지능"이라는 탐구의 목표를 내세운다. 다른 기업들은 말보다 실행으로 답한다. 팔란티어는 온톨로지(서로 다른 데이터를 관계로 묶는 의미 구조)와 그래프 기반 소프트웨어로 "데이터 → 맥락 → 결정 → 실행"을 잇는 설명 가능한 자동화를 만들고, 안두릴은 래티스 OS로 드론·레이더·센서를 묶어 실시간 표적 인식과 임무 수행을 자동·반자동으로 굴리되 최종 교전은 사람이 결정하는 구조를 지킨다.

 그렇다면 누가, 어떤 기준으로 "AGI에 도달했다!"라고 말할 수 있을까. 필자의 제안은 먼저 '사람 수준'이라는 말을 축별로 분명히 하는 것이다. 위의 네 가지 인지 축을 중심으로 평가하되, 시험은 하나로 끝내지 않고 텍스트, 멀티모달(그림·영상·음성), 대화, 실제 작업 완수처럼 성격이 다른 과제 묶음으로 나눈다. 공정성을 위해 공개되지 않은 문제은행과 맹검 심사(Blinded Test)로 데이터 누수와 편법을 막고, 합격선은 단순 평균이 아니라 나이와 교육 수준을 통제한 대표 표본의 상위 5% 실력을 일정 기간 꾸준히 웃도는지로 잡는다. 한두 과목 만점으로는 통과하지 못하게 하고, 모든 축에서 최소 기준선을 넘어야 한다는 복합 판정을 적용한다.

 다음으로 물리 세계와의 연결을 별도 트랙으로 본다. 소프트웨어 환경에서 생각하는 힘을 충분히 증명한 수준을 "개념 AGI"라 부르고, 여기에 실제 센서·로봇·장비를 붙여 세상 속에서 실행 능력을 보여주면 "실세계 AGI"

라고 부른다. 실세계 AGI는 먼저 시뮬레이터에서 조립, 정렬, 운반, 수리 같은 표준 과제를 통과한 뒤, 제한된 실제 환경에서 성공률, 소요 시간, 안전 위반률로 채점한다. 여기에 인간 지시 이해·즉시 반응 능력을 필수 항목으로 포함해, 음성·텍스트·제스처로 전달된 지시를 오해 없이 작업 계획으로 변환해 실행하는지, 모호할 때 1~2회 이내의 확인 질문으로 불확실성을 해소하는지, 첫 반응까지의 지연(지시 수신→행동 개시)을 일정 임계치 아래로 유지하는지까지 함께 평가한다.

 이때 통합 감각 체계는 별도 점수로 관리한다. 시각은 장면 이해와 변화 추적, 청각은 소음 속 음성 인식과 음원 분리, 촉각은 물체를 손상 없이 잡고 놓는 힘 조절, 다중 감각 결합은 영상·음성·텍스트를 한 사건으로 통합해 추론과 행동을 실제로 개선하는지까지 본다. 감각 점수는 단순 인식 정확도가 아니라 그 감각이 의사결정과 행동 성능을 얼마나 끌어올렸는지의 기여도로 환산하는 것이 핵심이다.

 정리하면, 공통 잣대는 생각하는 힘과 감각 점수이고, 절차는 비공개 문제와 맹검 심사, 상위 5%의 지속 달성이다. 수준 구분은 개념 AGI에서 실세계 AGI로 이어지는 두 트랙으로 단순하고 분명하게 나눈다. 이렇게 기준과 절차를 투명하게 고정해 두면, AGI 논쟁은 정의 싸움에서 검증의 영역으로 이동한다. 그리고 그 평가 방법을 먼저 설계하고 공정하게 운영하는 나라와 조직이 기술에서도, 경제에서도, 무엇보다 신뢰에서 앞서게 될 것이다. 끝으로 이 글은 어디까지나 저자의 기준안이며, 논쟁의 끝을 정하려는 것이 아니라 모두가 검증의 출발선에 함께 서자는 제안임을 덧붙인다.

4부

AI 삼국지의 전략적 DNA와 대한민국의 선택

1장. 혁신을 지배하는 8가지 성공 법칙	290
2장. 그러나 확장되는 그림자들	300
3장. 지금 대한민국의 선택은?	308
4장. 2030년 8월, 대한민국의 위기 극복 시나리오	321

4부.
AI 삼국지의 전략적 DNA와 대한민국의 선택

> 1부부터 3부까지 팔란티어, 안두릴, xAI의 독특한 혁신 사례를 살펴보며 우리에게 필요한 방향도 조금씩 비추어 보았다. 이제는 '소 왓(so what, 그래서 우리는 무엇을 할 것인가)'에 대한 답을 찾고자 한다. 아래 내용은 필자의 개인 견해로, 각 분야 전문가의 시각과 다소 어긋날 수 있겠지만 참고해 주고, 더욱 집중해 읽어 주었으면 한다.

1장.
혁신을 지배하는 8가지 성공 법칙

팔란티어, 안두릴, xAI 세 기업의 급속한 성장과 시장 지배력 뒤에는 단순한 우연이 아닌, 치밀하게 설계된 공통의 전략적 DNA가 존재한다. 각기 다른 분야에서 활동하면서도, 이들이 보여주는 전략적 접근법에는 놀라울 정도로 일관된 패턴이 관찰된다. 본 분석에서는 이들 'AI 삼국지'가 공유하는 여덟 가지 핵심 전략 원칙을 체계적으로 탐구하고, 각각이 어떻게 현대 AI 생태계의 새로운 표준을 제시하고 있는지 살펴보고자 한다.

1. 운영체제 중심의 통합 플랫폼 전략

세 기업 모두가 공통으로 추구하는 가장 중요한 전략은 운영체제(컴퓨터를 작동시키는 기본 소프트웨어) 중심의 통합 플랫폼 구축이다. 이는 단순한 소프트웨어 제품이 아니라 생태계 전체를 아우르는 인프라로서의 플랫폼을 뜻한다. 팔란티어는 AIP(인공지능 의사결정 플랫폼)와 아폴로(빠른 배치 플랫폼)를 중심으로 조직 안팎의 복잡한 데이터를 하나의 통합된 화면으로 연결하는 생태계를 만들었다. AIP는 단순히 AI 도구를 제공하는 것을 넘어서서 조직의 모든 데이터 자산을 하나의 온톨로지(개념과 관계를 정리한 체계) 아래 통합해 "디지털 트윈"을 생성한다. 아폴로는 이런 통합 플랫폼을 임무 제어 센터로서 작동시키는 역할을 맡고 있다. 클라우드, 엣지(현장 가까이 옮기는 기술), 에어갭(네트워크 연결이 차단된 상태) 환경 어디서든 몇 분 내에 배포가 가능하며 하루 약 9만 건의 업그레이드를 처리할 수 있는 확장성도 갖추고 있다.

안두릴의 래티스 OS(운영체제)는 국방을 위한 개방형 운영체제라고 정의되며, 수천 개의 데이터 흐름을 실시간 3D 지휘 통제 센터로 바꾼다. 래티스의 가장 큰 장점은 100개 이상 서로 다른 센서 종류와 소통할 수 있는 번역 알고리즘(문제 해결 절차)을 가지고 있으며, 매주 새로운 "언어"를 계속 추가한다는 점이다. 2024년 12월, 미국 국방부 최고 디지털 AI 책임관 실이 안두릴과 3년간 1억 달러 계약을 맺고 래티스 메시(Mesh) 확장을 승인한 것은 이 플랫폼이 단순한 제품을 넘어서 국방 생태계의 핵심 기반 시설로 인정받았다는 뜻이다.

xAI의 그록 4는 컨텍스트 윈도우(모델이 한 번에 기억할 수 있는 글 범위)가 아주 넓어, 소설 한 권(약 256,000토큰, 500쪽 안팎)을 한꺼번에 읽고 이해할 수 있다. 또 이 모델은 X(옛 트위터)에서 실시간으로 올라오는 글·사진·

영상을 바로 받아들이도록 기본으로 연결되어 있어, 지금 벌어지는 이야기도 즉시 분석하고 반응할 수 있다. 이는 기존 AI 모델들이 가진 "지식 컷오프" 문제를 근본적으로 해결하는 차별화된 접근법이다. 그록 4는 단순한 언어 모델을 넘어 "세상을 이해하는 모델(World Model)"로 진화하고 있다.

2. 인간 중심의 협력적 자동화 철학

세 기업 모두는 완전 자동화보다는 '인간-AI 협력'을 전제로 한 시스템 설계를 채택하고 있다. 이는 단순히 윤리적 고려 사항이 아닌, 실제 운영 환경에서의 신뢰성과 책임성을 확보하기 위한 전략적 선택이다. 팔란티어 AIP는 고위험 명령을 실행하기 전에 반드시 인간의 승인을 요구하는 구조로 설계되어 있다. 이는 단순한 체크박스가 아닌, 전체 의사결정 과정에 걸쳐 인간의 판단이 개입될 수 있는 "의미 있는 인간 통제"를 구현한 것이다.

안두릴의 래티스 역시 컴퓨터 비전이 포착한 위협을 즉시 인간 결재선으로 올려 잘못된 자동 대응을 방지하는 구조를 채택했다. 이러한 설계는 자율 무기체계의 윤리적 논란을 피하면서도 실제 전장에서의 신뢰성을 확보하는 균형점을 제시한다.

그리고, 세밀한 작업 흐름마다 로그가 자동으로 생성되어 책임 추적과 설명 가능성이 확보되는 것은 세 플랫폼의 공통된 특징이다. 이들의 로그에는 누가, 언제, 어떤 결정을 내렸는지, 그리고 그 결정이 어떤 비즈니스 목적과 연결되는지를 완전히 추적할 수 있는 감사 체계를 제공한다. 이러한 투명성은 단순히 규제 요구사항을 충족하는 것을 넘어, 조직 내에서 AI 시스템에 대한 신뢰를 구축하는 핵심 요소로 작용한다.

3. 예측 시나리오 기반 의사결정 시스템

'What-if' 분석과 시나리오 시뮬레이션 기능은 세 기업 플랫폼의 핵심적인 차별화 요소다. 이는 과거 데이터에 기반한 분석을 넘어, 미래 상황을 예측하고 대응 전략을 수립할 수 있는 능력을 제공한다. 팔란티어 플랫폼의 시나리오 기능은 조직의 온톨로지와 모델을 활용하여 'What-if' 분석을 생성하고 비교할 수 있게 한다. 사용자는 기존 데이터를 수정하지 않고도 다양한 가정과 전제를 테스트할 수 있으며, 실시간으로 결과를 시각화할 수 있다. 예를 들어, 태풍이 물류센터를 강타할 예정이라는 알림을 받은 제조업체 경영진은 AIP를 통해 고객 주문의 가속화, 지연, 취소 등 다양한 시나리오의 매출 영향을 수 초 만에 시뮬레이션할 수 있다. 이러한 예측 능력은 위기 대응 속도를 비약적으로 향상시킨다.

안두릴의 래티스는 여러 종류의 센서를 융합해 드론 편대나 지상 로봇의 최적 이동 경로를 즉시 찾아낸다. 2024년 11월, 미군 중부사령부의 Desert Guardian 1.0 훈련에서 10개 이상의 센서 팀이 래티스를 사용해 실시간으로 데이터를 공유하고 융합했으며, 다양한 시스템 간에 임무 배정을 했다. 특히 주목할 점은 센서 통합 작업이 보통 몇 달 걸렸지만 이제는 전투원들이 실시간으로 이를 할 수 있게 된 것이다. 이는 전장이 빠르게 변하는 상황에 즉각적으로 대응할 수 있는 예측적 자동화의 구현을 뜻한다.

xAI의 그록 4는 실시간 웹과 소셜 데이터를 통합해 분석하고, 앞으로 일어날 수 있는 상황 변화를 미리 감지해 경고하는 기능을 갖추고 있다. 특히 그록 4 헤비는 다중 에이전트 아키텍처를 적용해 복잡한 추론 작업에서 여러 인공지능이 각각 검토한 뒤, 서로 결과를 비교해서 최적의 답을 찾는 "스터디 그룹" 시스템을 구현했다. 그록 4는 ARC-AGI-2(AI 일반지능과 적응력 평가 시험)에서 15.9%라는 업계 선두권 점수를 기록했으며, AIME25(미국 수학 경시대회) 에서는 완벽한 100점 만점을 달성했다. 이는 그록 4가 단순 정보 검색을 넘어, 스스로 복잡한 논리적 추론과 예측까지 가능한 인공지능임을 실적으로 증명한 것이다.

4. 엣지 중심의 분산 배치 전략

세 기업 모두 중앙집중식 데이터센터에 의존하지 않고 현장에서 즉시 활용할 수 있는 "엣지 컴퓨팅" 전략을 채택하고 있다. 이는 민첩성, 휴대성, 경량성을 극대화하려는 공통된 접근법의 결과다. 팔란티어 아폴로는 "소프트웨어 배포의 미션 컨트롤"로서 임의의 장치, 임의의 장소에 대규모로 소프트웨어를 배포할 수 있는 능력을 제공한다. 특히 자원이 제한된 엣지 디바이스에서도 작동할 수 있도록 최적화되어 있으며, 최소한의 공간만을 사용하여 배포되고 관리될 수 있다. 아폴로의 벌크 액션(대량 배포·패치·롤백), 실시간 인벤토리 관리, 중앙 허브 구조는 하루에 약 9만 건의 업그레이드를 4분 이내의 리드타임으로 처리할 수 있는 확장성을 제공한다.

안두릴의 래티스 메시(Mesh)는 기존 허브-앤-스포크(중심과 연결된 구조) 모델에서 발생할 수 있는 단일 장애점(시스템이 전부 멈추는 위험) 을 없애고, 가장 위험한 지역에서도 안전하게 사용할 수 있는 메시 네트워크를 만들었다. 래티스의 네트워킹과 통신 기능은 설계의 핵심에 자리 잡아 전통적인 중앙집중형 시스템이 가진 약점을 근본적으로 해결한다. 특히 메니스-T 시스템은 단일 운영자가 몇 분 안에 배포할 수 있는 강력한 시스템으로, 외부 인프라 없이도 엣지 AI 추론과 학습까지 포함한 완전한 임무 소프트웨어 기능을 제공한다.

이러한 엣지 중심 전략은 단순한 기술적 선택이 아닌, 운영 환경의 불확실성에 대한 전략적 대응이다. 중앙집중식 시스템이 공격받거나 통신이 끊어진 상황에서도 현장 부대나 조직이 독립적으로 운영할 수 있는 회복력을 제공한다.

5. 직관적 사용자 경험과 접근성

세 기업 모두 비전문가도 쉽게 사용할 수 있는 직관적인 UI(사용자 인터페이스)를 채택했다. 이는 첨단 기술의 민주화(쉽게 접근)를 통해 사용자 기반을 확대하려는 전략적 의도를 반영한다. 팔란티어는 자연어 질의와 시각화 중심의 화면 설계를 통해 수사관이나 분석관이 "쿼리 문법"을 알지 못해도 통합 그래프를 탐색할 수 있게 했다. AIP의 터미널 인터페이스에서 사용자는 "태풍 샤니가 목포항의 배송 센터에 어느 정도 영향을 미칠 것인가?"와 같은 자연어 질문을 직접 입력하여 즉시 답변받을 수 있다.

안두릴은 드래그 앤 드롭(마우스로 끌어서 놓기) 방식으로 드론 편대를 한 번에 조종할 수 있는 인터페이스를 제공한다. 이 방법은 복잡한 군사 시스템을 다루기 위한 전문 교육 없이도 현장 요원이 고급 AI 기능을 바로 활용할 수 있게 하는 혁신적인 접근법이다. 래티스의 사용자 인터페이스는 노트북, 데스크톱, 웹 UI, VR(가상현실) 등 다양한 플랫폼에서 같은 경험을 제공하며, 단순하고 직관적인 디자인으로 복잡한 의사결정을 쉽게 할 수 있도록 도와준다.

직관적 UI는 단순한 편의성을 넘어 조직 내 AI 채택 속도를 올리는 핵심 요소다. 복잡한 기술을 쉽게 사용할 수 있게 만듦으로써, 조직 전체의 디지털 전환을 촉진하고 경쟁 우위를 확보할 수 있다.

6. 전략적 민관 협력 생태계

 세 기업 모두 정부와 민간 부문 간의 전략적 협력을 통해 성장한 특징을 보인다. 이는 단순한 계약 관계를 넘어, 국가급 과제 해결을 위한 '이중용도' 기술 모델을 확립했음을 의미한다. 팔란티어는 정보기관과 국방부 계약을 통해 성장했으며, 현재도 매출의 56%가 미국 정부 계약에서 나온다. 2025년 1분기 정부 부문 매출은 전년 동기 대비 45% 증가한 3억 7,300만 달러를 기록했다. 특히 주목할 점은 팔란티어가 정부에서 검증받은 기술을 상업 부문으로 확산시키는 데 성공하고 있다는 것이다. 2025년 1분기 미국 상업 부문 매출은 71% 증가한 2억 5,500만 달러를 기록하며, 정부 부문의 성장률을 웃돌았다.

 안두릴은 미군과 미국 국토안보부와의 조달 계약을 통해 자사 제품을 지속해서 발전시켜 왔다. 2024년 12월에 국방부와 체결한 1억 달러 규모의 래티스 메시 계약은 안두릴이 국방 생태계의 핵심 인프라 공급자로 확고히 자리매김했음을 보여준다. 더 나아가 안두릴은 SDK(소프트웨어 개발 도구)를 공개해 제3자 개발자들이 래티스 메시 위에서 직접 애플리케이션을 만들 수 있도록 했다. 이 점은 전통적인 국방 산업에서 흔한 '벤더 락인(특정 업체에 종속되는 것)' 관행을 벗어나, 개방형 생태계를 만드는 혁신적인 시도임을 뜻한다.

 xAI는 "우주의 진리를 이해하는 것"을 미션으로 표방하며, "최대한 진실을 추구하는 AI"를 개발한다고 선언했다. 이는 기존 AI 모델들의 "정치적 올바름" 필터와 편향성에 대한 직접적인 도전장이다. 그록(Grok)의 실시간 X 플랫폼 데이터 통합은 필터링되지 않은 정보 스트림에 접근할 수 있게 하여, 정부나 기업의 의사결정자들이 실시간 민심과 여론 동향을 파악할 수 있는 도구를 제공한다.

7. 카리스마적 리더십과 비전 제시

세 기업 모두 강력한 괴짜 카리스마를 가진 창업자들이 명확한 비전을 제시하며 조직을 이끌고 있다. 이들의 리더십은 단순한 경영 역량을 넘어, 산업 전체의 방향성을 제시하는 사상적 리더십으로 발전했다. 팔란티어 CEO인 알렉스 카프는 독일 프랑크푸르트 괴테 대학에서 위르겐 하버마스 아래서 신고전주의 사회이론으로 박사 학위를 받았고, 실리콘밸리의 전형적인 테크 CEO들과는 완전히 다른 지적 배경을 가지고 있다. 이러한 학문적 토대는 팔란티어가 단순한 소프트웨어 회사를 넘어 "민주주의를 지키는 기술 회사"로서의 정체성을 확립하는 데 핵심적 역할을 했다. 특히 주목할 점은 카프가 실리콘밸리의 주류 기업들이 "데이팅 앱과 음식 배달 서비스" 같은 소비자 제품에만 집중하는 것을 강하게 비판하면서, 기술 기업들이 국가안보와 사회적 난제 해결에 더 많은 관심을 기울여야 한다고 주장한다. 그는 최근 저서 《기술 공화국》에서 "소프트웨어 산업은 정부와의 관계를 재건하고, 우리가 집단으로 직면한 가장 시급한 과제들을 해결할 기술과 인공지능 역량 구축에 노력과 관심을 집중해야 한다"라고 역설했다.

안두릴 창업자 팔머 러키는 하드웨어 중심의 전통적 국방 산업에 '소프트웨어 정의 전쟁' 개념을 도입했다. "우리는 세계 경찰에서 세계 무기상으로 전환해야 한다"라는 그의 철학은 미국의 국방 전략을 근본적으로 재편하려는 비전을 담고 있다. 러키는 라플라스의 악마(과거와 미래의 모든 사건을 정확히 예측) 사상실험에서 영감을 받아 래티스를 설계했다고 밝혔다. "우주 전체를 한 번에 인식하고 고도로 발전된 수준에서 추론할 수 있는 존재"라는 개념을 군사 기술로 구현하려는 그의 비전은 안두릴의 기술 철학을 관통한다.

일론 머스크는 xAI를 통해 "우주의 진리를 탐구하는 투명한 AI"를 표방하며 속도, 개방성, 윤리를 하나로 묶었다. "최대한 진실을 추구하는 AGI"라는 xAI의 철학은 기존 AI 업계의 안전성 필터와 편향성에 대한 직접적 도전이다. 머스크의 수직 통합 전략은 테슬라의 물리적 AI, xAI의 인지적 핵심, 스페이스X의 우주항공 응용, 뉴럴링크의 뇌-컴퓨터 인터페이스를 하나의 생태계로 연결하여 "AI 문명"을 구축하려는 장대한 비전을 구현하고 있다.

8. 개방형 생태계와 윤리적 거버넌스

세 기업 모두 확장할 수 있는 개방형 생태계 구축과 윤리적 투명성 강화를 미래 성장의 핵심 축으로 설정하고 있다. 이는 독점적 기술 플랫폼의 한계를 인식하고, 지속 가능한 혁신을 위한 협력적 접근법을 채택한 것이다. 팔란티어는 모델 패밀리 접근권한을 조직별로 세분화하여 책임 있는 AI 배포를 지원한다. AIP의 거버넌스 도구는 조직이 AI 운영에서 책임성과 역사적 추적성을 유지할 수 있도록 돕는다.

특히 마이크로소프트와의 전략적 파트너십을 통해 Azure OpenAI 서비스를 기밀 환경에서 배포할 수 있게 된 것은, 팔란티어가 개방형 생태계와 보안성을 동시에 달성하려는 노력의 결과다.

안두릴은 2024년 12월 래티스 SDK를 공개하여 제3자 회사들이 안두릴의 승인 없이도 래티스 메시에서 자체 애플리케이션을 구축할 수 있게 했다. Apex(우주 시스템), Saronic(무인 보트)부터 Oracle, Textron(항공, 방위)과 같은 대기업까지 10개 파트너사가 초기 참여했다. "안두릴을 어떤 형태의 병목현상을 제거하고… 누구든지 래티스 메시에 앱과 데이터를 게시할 수 있게 하려고 한다"라는 토마스 킨 수석 부사장의 발언은 이들의 개방형 생태계 전략을 명확히 보여준다.

xAI는 Grok-1을 오픈소스로 공개하여 개발자 커뮤니티가 기술을 개선하고 발전시킬 수 있도록 했다. 이는 독점적 AI 개발에 대한 대안을 제시하며, 투명성과 협력을 통한 혁신을 추구하는 접근법이다.

팔란티어, 안두릴, xAI가 공유하는 여덟 가지 전략적 원칙은 단순한 사업 모델을 넘어, 21세기 기술 기업이 추구해야 할 새로운 패러다임을 제시한다. 이들의 성공은 개별 기술의 우수성보다는 통합된 플랫폼 생각, 인간 중심적 자동화, 예측적 의사결정, 분산형 배치, 직관적 접근성, 전략적 협력, 비전 중심 리더십, 개방적 거버넌스라는 여덟 요소의 조화로운 결합에서 나온다. 특히 주목할 점은 이들이 모두 기술적 혁신과 사회적 책임을 동시에 추구하고 있다는 것이다. 완전 자동화보다는 인간과의 협력을, 폐쇄적 독점보다는 개방적 생태계를, 단기적 이익보다는 장기적 신뢰 구축을 우선시하는 접근법은 지속 가능한 AI 발전의 방향성을 제시한다.

'AI 삼국지'의 진정한 혁신은 개별 기술의 발전이 아닌, 기술과 인간, 혁신과 책임, 경쟁과 협력이 조화를 이루는 새로운 기술 생태계의 설계도를 제시했다는 점에 있다. 이들의 전략적 DNA는 단순히 모방할 대상이 아닌, 각 조직이 자신만의 방식으로 해석하고 적용해야 할 21세기 혁신의 언어로서 이해되어야 할 것이다.

4부.
AI 삼국지의 전략적 DNA와 대한민국의 선택

2장.
그러나 확장되는 그림자들

팔란티어, 안두릴, xAI가 주도하는 AI 혁신의 물결이 기술 생태계를 재편하고 있다. 이들 기업이 각각 데이터 분석, 자율 국방 시스템, 생성형 AI 분야에서 괄목할 만한 성과를 거두며 새로운 기술 패러다임을 제시하고 있지만, 그 성장의 이면에는 점차 심각해지는 다층적 위험들이 자리 잡고 있다. 여기에서는 이들 'AI 삼국지'가 직면한 주요 한계와 사회적·윤리적 과제들을 체계적으로 분석하고자 한다.

1. 국제 규제 공백과 데이터 주권의 충돌

현재 AI 기술이 전 세계적으로 확산하는 과정에서, 국가마다 법적 기준과 규제 체계가 달라 복잡한 문제가 나타나고 있다. 대표적인 사례로, 팔란티어의 고담 시스템을 둘러싼 독일의 법적 논란이 있다.

2023년 2월, 독일 연방헌법재판소는 함부르크(Hamburg)와 헤센(Hessen)주에서 경찰이 팔란티어 소프트웨어를 사용하는 근거가 된 법률에 대해 위헌 결정을 내렸다. 재판소는 "경찰이 한 번의 클릭만으로 개인, 집단, 관계망 전체에 대해 광범위한 프로필을 생성할 수 있도록 허용하면서도 용의자와 단순히 연관된 사람을 구분하지 않는다"라고 지적했다. 이 판결은 소프트웨어 자체의 사용을 금지한 것은 아니지만, 경찰이 팔란티어를 활용할 때 매우 엄격한 제한을 두도록 했다. 주로 개인정보 자기 결정권을 침해한다는 이유가 강조되었다.

반면, 2025년 7월 기준 바덴뷔르템베르크(Baden-Württemberg)주는 "엄격한 의회 감독" 조건 아래 팔란티어 고담의 잠정 도입을 허용했다. 이미 5년간 2,500만 유로 규모의 계약이 체결된 상태였고, 정치적 타협(그린당과 기민당의 연정 내 협상) 끝에 국립공원 확장 등 다른 정책과 맞바꾸는 조건으로 소프트웨어 사용이 승인된 셈이다. 다만, 사용 시 데이터 보호와 비참여 시민의 정보가 어떻게 처리되는지에 대해 각별한 주의와 추가적 제한 조치가 도입된다.

이런 현상은 유럽연합의 AI 법률인 AI Act(AI 규제법)에서도 드러난다. 이 법은 "군사, 국방, 국가안보 목적에만 쓰이는 AI 시스템"은 적용 대상에서 제외하고 있어서, 실제로 군사 AI에 대한 통제력은 극히 제한적이라는 비판이 많다. 군사용 AI는 회원국의 주권 보장이라는 이유로 국가별 자체 통제에 맡기지만, 이에 따라 규제의 공백이 발생하고 있다. 실제 논문 분석과 유럽 내 논의에 따르면, 이중적 기준과 함께 민간·군사 AI의 경계가 모호해진다는 문제까지 존재한다.

결국, AI의 글로벌 확산에는 법적·윤리적 논쟁이 필연적으로 뒤따르며, 독일 사례처럼 기술 도입 여부와 방식, 그리고 규제 수위가 각국 정책·정치적 합의에 따라 달라진다는 점이 명확히 드러났다.

2. 기술 오용과 군사적 긴장의 확산

안두릴의 드론 시스템과 팔란티어의 운영체제가 우크라이나, 중동, 태평양 지역에서 실전 배치가 증가하면서, 저비용 대량 생산된 '스마트 무기'의 확산이 새로운 안보 위협으로 부상하고 있다.

유엔 인권감시단의 2025년 1월 보고서에 따르면, 우크라이나에서 단거리 드론 공격으로 인한 민간인 사상자가 그 어떤 무기보다도 많았다. 1월 한 달 동안 최소 139명의 민간인이 사망하고 738명이 부상했으며, 이 중 27%의 사망자와 30%의 부상자가 단거리 드론 공격으로 인한 것이었다. 특히 FPV(First Person View, 무선 조종) 드론의 경우, 실시간 카메라를 통해 운용자가 목표물을 정확히 식별할 수 있음에도 불구하고 민간인을 표적으로 삼는 사례가 빈발하고 있다.

2025년 상반기 우크라이나에서의 민간인 사상자 수는 6,754명으로, 2024년 같은 기간 4,381명 대비 54% 증가했다. 이러한 급증은 러시아의 드론과 미사일 공격 횟수가 전년 대비 605% 증가한 것과 밀접한 관련이 있다.

국제 수출통제와 최종 사용자 심사 체계가 이러한 기술 확산 속도를 따라가지 못하면서, 무장 단체나 권위주의 정권으로의 기술 이전 위험이 급격히 증가하고 있다. 이는 단순히 기술적 문제를 넘어 글로벌 안보 체계 전반에 대한 근본적 도전이 되고 있다.

3. 프라이버시 침해와 대규모 감시 체계의 구축

팔란티어의 데이터 통합 플랫폼이 공공과 민간 데이터를 연결하면서 '잠재적 용의자 자동 추적' 범위가 일상 생활권 전반으로 확대되고 있다. 독일과 프랑스의 시민단체들은 "무고한 시민까지 프로파일링 될 수 있다"라며 강력한 투명성과 삭제권을 요구하고 있다. 특히 팔란티어의 네트워크 매핑 기능은 용의자와 연결된 변호사, 활동가, 언론인들까지 감시망에 포함할 수 있다는 우려를 낳고 있다. 함부르크의 변호사 브리타 에더(Britta Eder)는 "범죄와 무관한 사람들이 단순히 연락처에 있다는 이유로 감시 대상이 될 수 있다"라며 헌법 소원을 제기했고, 이는 독일 연방헌법재판소의 위헌 결정으로 이어졌다.

미국 내에서도 팔란티어의 이민 및 치안 계약을 둘러싼 인권 침해 논란이 지속되고 있으며, 버지니아와 캘리포니아 등지에서 시위와 저항이 이어지고 있다. 이러한 갈등은 기술적 효율성과 시민적 자유 사이의 근본적 긴장을 보여준다.

4. '의미 있는 인간 통제'의 모호성과 법적 책임 공백

자율 살상 무기체계(LAWS)를 둘러싼 국제적 논의에서 가장 핵심적인 쟁점은 "의미 있는 인간 통제"의 정의와 구현 방식이다. 현재의 기술 발전 속도에 비해 법적·윤리적 기준 설정이 현저히 뒤처지면서, 실전에서의 책임 소재가 불분명해지고 있다. 미군과 NATO는 실시간 전장(환경에 신속하게 대응하기 위해) AI 의사결정 비중을 지속해서 확대하고 있지만, 군사법학자들과 인권 단체들은 "법적 책임 공백"을 우려하고 있다.

특히 무력 충돌법 준수를 위한 사전·사후 심사 절차의 구체적 규정이 시급하다는 목소리가 커지고 있다.

웨스트포인트 리버 연구소(Lieber Institute)의 분석에 따르면, 단순한 "인간 승인 버튼"만으로는 복잡한 윤리적·법적 요구사항을 충족할 수 없으며, 자율 살상 무기체계의 전체 생명주기에 걸친 포괄적 인간 통제 메커니즘이 필요하다고 강조하고 있다.

5. 딥페이크와 정보 조작의 확산

xAI의 그록(Grok)이 가진 이미지·영상 생성 기능은 실시간 뉴스와 소셜미디어와 결합하여 '권위 있는 가짜 콘텐츠'를 대량 생산할 위험성을 높이고 있다. 2024년 8월 Grok 2 출시 이후, 정치인들의 윤리적으로 문제가 있는 행위를 묘사하는 딥페이크 이미지들이 무분별하게 생성되고 있다.

6. 에너지 소비와 환경 부담의 급증

세 기업이 운영하는 대규모 GPU 슈퍼클러스터는 전력 수요의 폭발적인 증가를 불러오고 있다. 맥킨지 분석에 따르면, 미국 데이터센터의 전력 소비는 2023년 147테라와트시(TWh)에서 2030년 606TWh로 4배 이상 늘어날 전망이고, 이는 미국 전체 전력 수요의 약 12%에 해당한다. 특히 AI 전용 데이터센터는 2030년까지 약 60기가와트의 추가 전력 용량이 필요할 것으로 추정되는데, 이는 2024년 캘리포니아주의 최고 전력 수요를 뛰어넘는 수치다.

국제에너지기구(IEA)는 전 세계 데이터센터의 전력 소비가 2030년 945TWh에 달할 것으로 내다보고 있는데, 이는 독일 또는 일본 전체의 연간 전력 소비량과 맞먹는다. 2024년 기준 글로벌 데이터 센터 전력 소비는 415~500TWh로 전체 전력의 약 1.5~2%였으나, AI 확산으로 증가 속도가 매우 빠르다. 이처럼 데이터센터의 과도한 전력 소비는 각국의 기후 목표 달성에 큰 위협이 되고 있다. 구글은 최근 5년간 탄소 배출량이 48% 증가했고, 마이크로소프트는 2020년 이후 23~29% 증가했다. 전력 소모와 데이터센터 확장에 따라 기술 대기업들의 간접 온실가스 배출은 2020~2023년 동안 평균 150% 늘었던 것으로 유엔이 밝혔다. 특히 이들 기업이 '탄소 중립'을 명목으로 청정 전력 크레딧(이산화탄소 배출권)을 구매해 실제 배출량을 산정보다 낮게 공개하는 사례도 많아, 실제 탄소 발자국(전체 온실가스 배출량)은 보고치보다 크게 높을 수 있다는 분석도 있다.

7. 사업 집중도와 정치·시장 위험

팔란티어의 경우 여전히 매출의 56%가 미국 정부 계약에 의존하고 있으며, 이는 상당한 집중 위험을 의미한다. 국방부가 전체 정부 계약의 70~80%를 차지하고 있어, 국방 예산 삭감이나 정책 변화에 매우 취약한 구조다. 2025년 2월 피트 헤그세스 국방부 장관이 향후 5년간 국방 예산 삭감을 지시했다는 워싱턴 포스트 보도 이후, 팔란티어 주가는 10% 이상 급락하기도 했다. 또한 정부 계약의 경우 3~6개월 사전 통보만으로 해지가 가능한 조항이 포함되어 있고, 법적 제약으로 인해 연간 갱신이 필요한 구조적 취약성이 있다.

상업 부문에서도 마이크로소프트, 구글, 아마존 등 기존 클라우드 공급업체들이 유사한 'AI OS' 시장에 적극 진입하면서 경쟁이 격화되고 있다. 이들은 팔란티어보다 훨씬 큰 규모의 자원과 기존 고객 기반을 보유하고 있어, 장기적으로 팔란티어의 수익성에 위협이 될 수 있다.

8. 내부 윤리 갈등과 인재 유출

xAI, 팔란티어, 안두릴 모두에서 윤리적 우려로 인한 직원들의 반발과 퇴사가 발생하고 있다. 특히 xAI의 경우 직원들에게 'Hubstaff'라는 감시 소프트웨어 설치를 강요하여 논란이 되었다. 한 직원은 내부 슬랙 메시지에서 "이것은 생산성으로 포장된 감시이자 문화로 포장된 조작"이라며 사직을 선언했다. 2025년 5월에는 xAI의 시스템 프롬프트가 무단으로 수정되어 일론 머스크와 도널드 트럼프에 대한 비판적 소스를 무시하도록 지시받는 사건이 발생했다. xAI는 이를 전 오픈AI 직원의 무단 행위로 설명했지만, 내부 거버넌스 시스템의 취약성을 드러냈다.

팔란티어와 안두릴에서도 일부 개발자들이 군사 목적이나 이민 감시 용도로의 기술 사용에 대한 양심적 거부로 퇴사하는 사례들이 보고되고 있다. 이러한 인재 유출은 핵심 AI 인력 확보 경쟁에서 불리하게 작용할 수 있으며, 조직 내 신뢰와 결속력 약화로 이어질 위험이 있다.

팔란티어, 안두릴, xAI가 주도하는 AI 혁신은 분명 전장에서, 산업 현장에서, 재난 대응에서 놀라운 효율성을 보여주고 있다. 그러나 본 분석에서 살펴본 바와 같이, 규제 공백, 윤리적 딜레마, 환경 부담, 정치적 위험, 조직 내 갈등 등 다층적 리스크가 누적되고 있는 것도 사실이다. 특히 주목해야 할 점은 이러한 위험들이 단순히 기술적 문제에 그치지 않고, 국제 안보, 시민 자유, 기후 변화, 경제 안정성 등 사회 전반에 걸쳐 복합적 영향을 미치고 있다는 것이다. 이는 개별 기업의 자율적 해결보다는 정부, 국제기구, 시민사회의 협력적 거버넌스가 필요함을 시사한다.

혁신의 속도가 규제와 윤리 기준 설정을 앞지르는 현 상황에서, 기술적 진보와 사회적 가치 사이의 균형점을 찾는 것이 무엇보다 중요하다. 국제 공통 규범 정비, 투명성 의무 강화, 에너지 효율 투자 확대, 그리고 기업 내부의 윤리 거버넌스 체계 구축이 병행될 때만, 'AI 삼국지'의 기술들이 사회적 신뢰 속에서 지속 가능하게 발전할 수 있을 것이다. 궁극적으로 이들 기업의 성공은 단순히 기술적 우수성에만 달려 있지 않다. 복잡하고 상호 연결된 현대 사회에서 진정한 혁신은 기술적 탁월성과 사회적 책임이 조화를 이룰 때 비로소 지속 가능한 가치를 창출할 수 있기 때문이다.

4부.
AI 삼국지의 전략적 DNA와 대한민국의 선택

3장.
지금 대한민국의 선택은?

 팔란티어, 안두릴, xAI가 주도하는 AI 혁신의 물결이 전 세계를 휩쓸고 있는 가운데, 대한민국은 이들의 성공 요인을 면밀히 분석하여 자신만의 AI 강국 전략을 수립해야 할 중대한 전환점에 서 있다. 단순한 기술 추격이 아닌, 한국의 고유한 장점과 글로벌 경쟁 환경을 종합적으로 고려한 차별화된 접근법이 요구되는 시점이다.

 본 전략적 청사진(개인 의견)은 데이터 주권 확립부터 국제적 경쟁력 강화에 이르기까지 13개 핵심 영역에 걸친 체계적 로드맵을 제시한다. 이는 단순한 정책 제안을 넘어, 한국이 인공지능 시대의 패권 경쟁에서 독자적 위치를 확보하고 지속 가능한 성장 동력을 구축하기 위한 실행 가능한 전략 체계다.

1. 데이터 DB 구축: 데이터 주권과 생태계 강화

대한민국이 데이터 주권(data sovereignty, 자국 내 데이터 통제권)을 확립하고 AI 초강국으로 성장하려면, 먼저 모든 공공·산업·국방 정보를 한데 모으는 초대형 국가 지식저장소, 즉 '국가 그래프 데이터베이스'를 구축해야 한다. 이를 위해 정부가 추진 중인 전라남도와 강원도 등의 3기가와트급 초고효율 AI 데이터센터를 적극적으로 활용해야 한다. 궁극적으로 이 그래프 DB는 팔란티어의 온톨로지(정보의 개념과 관계 체계)처럼 관계 중심의 구조로, 모든 정부 기관과 주요 기업의 데이터를 이어줘서 K-OS(한국형 운영체제)의 두뇌 역할을 하게 되어야 한다. 그리고 물리적·법적 이중 장벽을 세워, 외국 법률이나 규제의 간섭을 원천적으로 막아야 한다.

2. 정보 등급 정의 및 자율 수집: 등급화·권한·가명화 체계

대한민국은 국가 데이터 주권을 지탱할 두 번째 축으로 정보 등급제와 자율 수집 체계 도입을 강화해야 한다. 'AI 기본법'과 정부 가이드라인에 따라 모든 내부·외부 데이터를 고위험·일반·비식별 세 단계로 세분해 처리 절차를 자동화하고, 주민등록번호, 의료 기록, 위성 원본처럼 민감한 고위험 데이터는 가명·익명화 없이는 시스템에 유입될 수 없으며, 유입 후에도 역할 기반 권한 관리(RBAC)가 적용돼 지정된 사용자만 열람·분석하게 해야 한다.

시스템은 접근 순간마다 "누가, 언제, 무엇을, 왜" 사용했는지를 자동 로그로 남겨 실시간 추적·감사를 가능하게 하며, 이를 통해 개인정보 보호와 데이터 활용을 동시에 달성한다. 특히 국방·외교·산업 전략에 직결되는 고위험 데이터는 국내 자료에 그치지 않고, 해외에서 발생하는 사건·경제·안보 정보를 크롤링·API 연동·위성 스트림 등으로 자율 수집해 국가 그래프 DB

에 즉시 반영한다. 이렇게 확보한 최신 글로벌 데이터는 K-OS가 실행하는 실시간 예측 시나리오의 입력값이 되어, 정책 결정자가 언제든 가장 신선한 정보로 국방·외교·산업 전략을 시뮬레이션하고 대응책을 마련할 수 있는 토대를 제공할 것이다.

3. 예측 시나리오 기반 의사결정: 한국형 'What-if' 생태계

국가 데이터 인프라에 축적된 정제 데이터와 자동 수집되는 글로벌 실시간 스트림을 하나로 합쳐, 한국형 'What-if' 시뮬레이션 엔진을 가동해야 한다. 초당 수십 경(10^{19}) 회 연산이 가능한 국가 AI 슈퍼컴퓨팅 센터에서 감염병 확산, 저출산, 산업재해, 기상이변, 국방 위협처럼 복합 변수가 얽힌 난제를 수백만 가지 시나리오로 즉시 돌려 보고, 피해 규모·경제 효과·정책 비용을 정량화해 의사결정자에게 실행 가능성이 높은 대안만 간결하게 제시하는 체계를 갖춰야 한다.

현장 전문가가 AI 출력에 근거를 덧붙이면 모델이 곧바로 재학습해 더 정교한 대응책을 내놓고, 정책 패키지별 효과를 시각·수치로 비교하도록 지원한다. 동시에 AI는 위성·센서·뉴스·소셜 데이터에서 이상 징후를 탐지해 "잠재적 팬데믹 발생", "전략 자원 가격 급등", "북한 무인기 활동 증가"와 같은 선제 경보를 발신하며, 위험과 기회를 미리 알려 준다. 이렇게 데이터 카탈로그 기반 통합 검색, 실시간 데이터 융합, 시나리오 예측, 선제 알람이 결합한 한국형 의사결정 지원 시스템은 팔란티어의 시뮬레이션 엔진과 안두릴의 실전 전술 시뮬레이션을 벤치마킹하되, 국가 단위 다차원 분석과 자동 경보 기능까지 포괄해 산업·행정·국방 전 분야의 전략 수립을 실시간으로 고도화해야 한다.

4. 한국형 'K-OS'(운영체제) 구축: 통합 플랫폼 비전

한국형 'K-OS'는 팔란티어 AIP가 보여준 온톨로지 기반 데이터 통합, 안두릴 Lattice OS의 실시간 자동화·센서 융합, xAI가 강조하는 설명 가능 AI를 종합적으로 벤치마킹해 대한민국 현실에 맞게 자체 설계·개발되는 국가 통합 플랫폼이 될 것이다. 중앙행정망, 국가전략통신망, 5G·저궤도 위성 백본까지 모든 네트워크를 하나로 엮어 행정·산업·재난·군사 현장을 단일 화면에 시각화하고, 분석 결과를 곧바로 명령·배포 단계로 전환한다. 특히 삼국지(팔란티어·안두릴·xAI)에서 배운 방식대로 마이크로서비스 아키텍처와 도메인별 마이크로 모델을 각 산업·기능 단위로 아주 조밀하게 쪼개 배치하고, 서비스 메시와 이벤트 기반 오케스트레이션으로 이를 K-OS에서 효율적으로 통합 운영한다.

현장 센서·드론·위성·IoT 엣지 장치와 기관 시스템을 '점'으로 보고, 이 점들이 실시간으로 뿜어내는 데이터 흐름을 모아 '점과 점 구름 네트워크'를 구성해, 미세한 징후부터 거시적 패턴까지 한눈에 포착한다. 내부 엔진은 국가 그래프 DB가 제공하는 관계 지식과 '한국형 What-if' 시뮬레이션 결과를 실시간으로 흡수해 복합 위협과 기회를 예측·경보하고 최적 대응 시나리오를 제안한다.

한국어·영어·중국어·일본어 등 다국어 문서와 비정형 스트림을 그대로 흡수하는 자연어 이해 모듈을 내장하고, 역할 기반 권한 관리와 자동 로그 기록으로 투명성과 감사를 보장한다. 이렇게 완성된 K-OS는 공공·방산·산업 데이터를 끊김이 없이 연동하며 국가적 '정보 초격차'를 실현하는 통합 운영 체제로 자리 잡을 것이다.

5. 보안 및 국제 해킹 예방: 다층형 보안 및 국제 표준 부합

 아무리 방대한 국가 그래프 DB와 K-OS가 완성돼도, 해킹 한 번이면 모든 것이 무너진다. 따라서 다층형 보안을 최우선 원칙으로 삼아야 한다. 국가정보원은 물리·네트워크·애플리케이션·데이터·사용자 계층을 겹겹이 방어하는 '5-레이어 방화벽'을 기본 설계로 채택하고, 계층마다 군용 등급 암호화, 제로 트러스트 네트워크(사용자·기기·위치·행동 패턴을 접속마다 재인증)를 의무화해야 한다. AI 데이터센터와 엣지 노드에는 AI 기반 이상 징후 탐지 시스템을 초 단위로 가동해 내부 침투, 공급망 공격, 랜섬웨어 활동을 실시간 차단하고, 탐지-분석-격리-복구 절차를 자동화해 '사이버 골든타임'을 분 단위로 단축해야 한다.

 보안 설계는 국내법만으로는 부족하다. K-OS(한국형 운영체제)와 데이터 허브 전체를 GDPR(유럽 일반 데이터 보호법), EU AI Act(유럽연합 인공지능 법규), ISO/IEC 27001(국제 정보보안 관리 표준), 미국 국가 표준 기술연구소 AI 위험 관리 체계와 호환되도록 표준화해 해외 사업 장벽과 데이터 주권 충돌을 미리 제거해야 한다. 동시에 물리적 접근 통제, 칩-레벨 보안 모듈, 양자 난수 기반 키 관리, 정기적인 레드팀·블루팀 모의해킹을 법적 의무로 규정해 '인증-감사-실습' 3단계 검증 체계를 항상 유지해야 한다. 요약하면, K-OS와 국가 그래프 DB는 국제 보안 표준에 맞는 다층 보안이 없으면 오히려 국가 위험을 더 키울 수밖에 없다. 따라서 설계 단계부터 '보안을 가장 먼저' 반영해 철저히 방어된 생태계를 만들어야 한다.

6. 민관 협동·공공 데이터 개방

K-OS(한국형 운영체제)가 진짜 두뇌 역할을 하려면 무엇보다 '양질의 연료'인 대규모 정제된 데이터가 필요하다. 그래서 정부는 공공 데이터를 가명 처리와 익명화해 원칙적으로 모두 공개하고, 의료, 조선, 스마트시티, 산업 IoT처럼 민간이 가진 고부가가치 데이터를 포함해 민관 데이터 컨소시엄을 의무화해야 한다. 이 컨소시엄은 데이터 수집과 정제, 레이블링(데이터에 의미 부여) 비용을 함께 부담하고, 완성된 데이터셋을 국가 그래프 DB에 등록해 누구나 표준 API(인터페이스)를 통해 쉽게 사용할 수 있도록 제공해야 한다.

또한, 한국판 뉴딜의 데이터 구축 사업을 확대해 2025년까지 공공 데이터 14만 건과 AI 학습용 데이터 1,300종을 넘는 목표를 다시 설정하고, 스타트업과 중소기업에 데이터와 GPU(그래픽 처리 장치) 바우처를 크게 늘려 '데이터 민주화'를 실현해야 한다. 팔란티어와 안두릴이 정부 데이터를 민간 혁신과 연결해 큰 성과를 낸 것처럼, 대한민국도 산업계와 교육계가 가진 데이터 자산을 국가 이익을 위해 과감히 공유·개방해야 K-OS가 충분한 양과 질의 데이터를 학습하고, AI 생태계 전체가 선순환 구조로 작동하기 시작할 수 있다.

7. 권한 설정 및 투명성: AI 거버넌스·감독 체계

AI 플랫폼은 잘 설계된 거버넌스(관리 체계) 아래에서는 국가 이익을 극대화하지만, 권한 관리가 허술하면 곧 위험 요인으로 바뀐다. 그래서 국가 AI 위원회를 중심으로 하는 통합 거버넌스 체계가 꼭 필요하다. 이 위원회는 각 정부 부처, 지방자치단체, 공공기관의 데이터와 AI 시스템을 역할 기반 권한 관리로 통합하고, 모든 접근, 변경, 연산 기록을 자동 로그로 남겨 실시간 감사를 가능하게 한다. 중요한 것은 이 권한과 정책이 수기로 관리하는 '정책 문서'가 아니라, 팔란티어의 아폴로처럼 중앙 정책 저장소에서 관리·배포되어 몇 초 만에 모든 시스템에 동기화되어야 한다는 점이다.

정책 변경 내역과 AI 의사결정 흐름(데이터 입력, 모델 버전, 하이퍼파라미터, 출력 결과) 은 블록체인(분산 원장 기술) 기반의 불변 감사 원장에 기록되어 사후 책임 추적과 외부 점검을 쉽게 하고, 정기적인 공공 감사와 시민 검증 패널을 통해 투명성을 보장해야 한다. 이렇게 "위원회 기반 정책 설계 ↔ 실시간 자동 배포 ↔ 원장 기반 감사"라는 삼각 구조를 갖출 때, K-OS와 국가 그래프 DB는 신뢰받는 공공 인프라로 기능하며, AI가 문제나 실수가 아닌 국가 이익을 위한 강력한 무기가 된다.

8. 현장 도메인 지식 + AI 협업: '사람과 기계' 융합 혁신

AI가 아무리 고도화되어도, 현장의 경험, 특히 일선에서 발생하는 실제 문제와 상황을 아는 전문가의 통찰 없이 정책은 힘을 잃는다. 예를 들어 출산율 증가 정책을 보면, 산부인과 의사, 보육 교사, 주거 정책 담당자, 청년 세대 대표 같은 도메인 전문가(분야 전문가)가 먼저 '문제 가설'을 정의해야 한다. 그다음 AI는 국가 그래프 DB에 저장된 '주거 비용, 돌봄 인프라, 고용 안정성' 등 수백 가지 변수들을 확률 모델로 분석해 인과관계와 영향력을 수치로 나타낸다. 정책이 실행되면 현장은 다시 'AI 라운드테이블'에 실제 효과와 부작용을 보고하고, AI는 최신 데이터를 즉시 학습해 모델을 업데이트한다.

이와 같은 전문가 → AI 분석 → 정책 실행 → 현장 피드백 → 재학습의 6개월 단위 순환 주기를 의무화할 때, 출산율, 산업 안전, 중소 제조 혁신 같은 복잡한 문제들을 빠르게 개선할 수 있다. 이는 팔란티어의 휴먼-인-더-

루프(Human-in-the-Loop, 사람과 AI가 같이 일하는 방식) 철학과 안두릴의 전문가 개입 구조를 한국 현실에 맞게 확장한 모델로, 사람과 기계가 서로의 약점을 보완하며 '실증 → 개선'이라는 선순환 구조를 만드는 핵심 장치가 된다.

9. 인재 양성 및 국민 참여: AI 인재 대량 양성·국민 리터러시 확대

대한민국이 2030년까지 AI 핵심 인재 1만 명과 AI 리터러시를 갖춘 인재 100만 명을 확보하려면, 교육·노동·문화 전반의 패러다임을 '의대 선호에서 AI·반도체 선호'로 확 바꿔야 한다. 최근 스탠퍼드 AI 인덱스와 언론 보도에 따르면, 한국은 만 명당 AI 인재 순유출이 -0.36명으로 OECD 38개국 중 35위이며, 국내 AI 기업 57%가 인력난을 겪고 있다. 반면 중국은 의대보다 공대가 최상위권 학생들의 1순위 선택지가 되면서 STEM(과학·기술·공학·수학) 박사 배출도 빠르게 늘고 있다.

이에 따라 정부는 국내 대학에 AI·반도체 융합 학·석·박사 트랙을 최소 200개까지 확대하고, 재학생 1인당 상당 수준의 장학금과 생활연구비 패키지를 제공해야 한다. 해외 톱 연구자를 위해서는 연 수억 원 이상의 파격 연봉과 다국적 연구 허브 입주권, 거주 비자 패스트트랙까지 제공해 '코리아 AI 석학 펠로십(우수 연구자 지원)'을 신설해야 한다.

산업계와 학계의 불일치는 공동석좌제로 해소하고, 박사과정부터 기업 과제를 수행하면서 졸업 즉시 채용될 수 있도록 연계한다. 초·중·고 정규 교육과정엔 'AI 리터러시' 필수 과목을 포함해 기초 코딩, 통계, 데이터 윤리를 가르쳐야 하며, 교사 5만 명을 'AI 융합 마스터(통합형 교사)' 과정으로 재교육해야 한다.

아울러 전 국민 관심을 높이기 위해 지상파 방송과 스트리밍 서비스에 전 국민 AI 경진대회, 데이터 사이언스 서바이벌 같은 엔터테인먼트형 콘텐츠를 도입하고, 교육·진로 문화를 '의대' 중심에서 AI·반도체 중심으로 전환하는 분위기를 조성해야 하며, 국민 참여 플랫폼인 'AI 공론 토론'을 상시 운영해 정책 초안을 국민에게 공개하고, 시민이 직접 모델의 편향이나 윤리 문제에 의견을 낼 수 있게 한다. 이런 공격적인 인재 확보 전략, 대중 참여, 문화 전환의 3단 전략이 맞물려야만, 한국은 AI 초격차를 현실로 만들 수 있는 인적 기반을 마련할 수 있다.

10. CEO 비전과 꺾이지 않는 의지: 명확한 목표와 장기 전략

대한민국이 AI 초격차 국가로 도약하려면 정부 정책 책임자와 산업계 수장들이 팔란티어의 피터 틸·안두릴의 팔머 러키·xAI의 일론 머스크처럼 '괴짜'라 불릴 만큼 대담한 비전과 꺾이지 않는 추진력을 갖춰야 한다. 세 CEO는 단기 실적 압박, 규제 난관, 대중의 회의적 시선에도 개의치 않고 "데이터로 세계 질서를 재편한다"라는 단 한 줄의 목표를 향해 자본과 인재, 기술을 끝없이 끌어모았다.

한국의 리더십도 같은 결기와 집요함으로 K-OS, 국가 그래프 DB, 한국형 What-if 생태계를 국가 전략 사업으로 확정하고, 정권 교체나 시장 사이클과 무관하게 10년 넘는 투자와 규제를 감내해야 한다. 정책 수장은 예산·법률·외교 카드를 총동원해 AI·반도체·보안 인프라를 끝까지 밀어붙이고, 대기업 CEO는 분기별 실적 대신 "대한민국을 데이터·AI 플랫폼 강국으로 만든다"라는 명확한 장기 지표를 공표해 주주와 임직원의 시선을 한 방향으로 묶어야 한다. 그래야만 K-OS를 중심으로 한 국가 AI 생태계가 뿌리내리고, 한국은 'AI 삼국지'의 주역들과 어깨를 나란히 하는 진정한 AI 슈퍼파워로 떠오를 수 있다.

11. 지혜로운 AI 투자(8:2 원칙): 엘리트 육성과 저변 확대의 균형

정부와 대기업의 AI 자금은 '8 : 2 투자 법칙'에 따라 양분해야 한다. 전체 예산의 80%는 2나노 AI 반도체, 극저전력 GPU, 범용 초거대 언어모델, 초전도체, 양자컴퓨터처럼 글로벌 빅테크와 정면 경쟁할 '올림픽 국가대표'급 초격차 프로젝트에 집중적으로 투자해 세계 최고 수준의 기술 장벽을 쌓아야 한다.

나머지 20%는 지역 벤처, 대학 연구실, 개인 발명가 같은 'AI 숨은 의병'에게 고르게 배분해 창의적 아이디어의 실험과 생태계 저변 확대를 지원한다. 이렇게 집중 투자와 다양성 투자를 병행해야만, 한국은 최첨단 기술 우위를 확보함과 동시에 혁신의 씨앗을 끊임없이 길러낼 수 있을 것이다.

12. 추진 및 진척 관리, 단계별 위원회

국가 AI·데이터 프로젝트가 제때 제대로 완료되려면, 총리실 직속 국가 PMO(프로젝트 관리 부서)가 최상위 컨트롤타워 역할을 해야 한다. 이 PMO는 모든 사업의 예산 흐름과 KPI(핵심 성과 지표)를 단일 대시보드로 통합해 월별과 분기별로 국민에게 공개해야 한다. KPI는 '데이터셋 20PB(Petabyte, 1페타바이트는 1,000테라바이트) 확보', 'AI 핵심 인재 1만 명 양성'처럼 야심 차고 측정 가능한 목표로 설정하고, 달성률, 지연 사유, 예산 집행 현황을 색깔별 신호등 방식으로 실시간 표시해 책임성을 강화해야 한다.

각 핵심 프로젝트(국가 그래프 DB, K-OS, What-if 시뮬레이션, 다층 보안 등) 마다. 데이터, AI, 보안, 윤리, 산업화 분야의 전문 위원회를 구성해 기술 검증, 정책 조정, 윤리 심사를 병렬로 진행한다. 위원회는 6개월 주기로 '실험 → 평가 → 개선'의 애자일(민첩한) 리뷰를 진행해 관료주의 지연과 부처 간 이기주의를 막고, PMO는 이 리뷰 결과를 즉시 예산 조정, 인력 배치, 규제 개선 지침에 반영해 추진 속도를 높인다. 이런 국가 PMO의 전사적 통합관리와 프로젝트별 전문 위원회의 빠른 피드백 체계가 자리 잡아야 모든 AI·데이터 과제가 일정과 예산 내에서 완성되고, 대한민국의 AI 초강국 전략이 계획대로 실현될 수 있다.

13. 동북아 지정학 및 핵심 자산 특별관리

동북아 기술 패권 경쟁에서 살아남으려면, 대한민국은 중국·일본과의 정면 승부를 피하지 말고 오히려 주도권을 잡아야 한다. 핵심 무기는 이미 세계 최고 수준을 자랑하거나 곧 추월이 가능한 K-조선, K-방산, 2나노 반도체, 초절전 경량 AI 반도체, 배터리, 초전도체, 헬스·바이오, 경량 위성 같은 전략 자산이다. 정부는 이 분야를 국가 차원의 '특별 보호 산업'으로 지정해 세제·금융·R&D·수출보험을 묶은 전용 패키지를 상시 가동하고, 핵심 공정 장비와 소재를 조기에 국산화해 공급망 충격을 최소화해야 한다.

동시에 미국·일본·대만과의 Chip 4 동맹을 심화해 첨단 장비와 설계 IP를 확보하되, 중국·러시아가 주도하는 대체 공급망에도 대비해 투자와 조달 루트를 다변화해야 한다. 만약 트럼프 2기 행정부가 다시 고율 관세를 들고 와도, 한국은 '우리의 전략 제품 없이는 글로벌 가치사슬이 돌아가지 않는다'라는 명백한 사실을 지렛대로 삼아 유리한 협상을 끌어낼 수 있을 것이다. 결국, 국가가 전략 자산을 직접 보호·육성하고, 기술 격차를 계속 벌리며, 다층 얼라이언스로 외교·경제 안전망을 두껍게 할 때 대한민국은 동북아 경쟁에서 변수가 아닌 상수가 될 수 있다.

대한민국이 AI 삼국지 시대에 세계적 경쟁력을 갖춘 지속 가능한 AI·데이터 강국으로 도약하기 위해서는 단순한 기술 추격을 넘어 '플랫폼 국가'로의 근본적 전환이 필요하다. 이는 데이터를 모으고 활용하는 통합 플랫폼을 구축하면서, 현장 전문가-국민-AI가 자연스럽게 협업하는 시스템을 만드는 것을 의미한다.

본 청사진에서 제시한 13개 전략 영역은 개별적으로 작동하는 것이 아니라 유기적으로 연결되어 시너지를 창출해야 한다. 3기가와트급 데이터센터와 같은 물리적 인프라는 K-OS와 같은 통합 플랫폼의 토대가 되고, AI 기본법과 같은 제도적 기반은 민관 협력과 데이터 개방을 가능하게 한다. 국가 AI 위원회를 중심으로 한 거버넌스 체계는 이 모든 요소를 조율하는 컨트롤타워 역할을 담당한다.

2030년을 향한 비전

위의 13개 프로젝트가 순조롭게 진행된다면 2030년 대한민국은 다음과 같은 모습을 갖춘 'AI 플랫폼 국가'로 발전해 있을 것이다.:

❖ 대한민국 데이터 주권으로 세계 AI를 선도하는 초지능 국가
❖ 현장 전문가와 AI가 일상 문제를 해결하는 액션형 사회
❖ 많은 창의적 인재가 서로 경쟁하는 초혁신 생태계
❖ 동북아 기술 패권 경쟁에서 독자적 위치를 확보한 AI 초강국

 이러한 비전의 실현은 단순한 정책 실행을 넘어, 정부, 기업, 학계, 시민사회가 함께 만들어가는 '국가적 프로젝트'가 되어야 한다.

 대한민국의 AI 미래는 이제 시작되었다. 13개 전략 영역에 걸친 이 종합 청사진이 한국을 AI 강국으로 이끄는 나침반 역할을 할 것이며, 궁극적으로는 인류의 번영과 지속 가능한 발전에 기여하는 책임감 있는 AI 선도 국가로 자리매김하게 될 것이라 믿는다.

4부.
AI 삼국지의 전략적 DNA와 대한민국의 선택

4장.
2030년 8월, 대한민국의 위기 극복 시나리오

역사상 유례없는 태풍이 2030년 8월 10일 대한민국 한반도를 강타한다는 시나리오를 바탕으로 선진 AI 강국이 된 대한민국의 대처 상황을 드라마처럼 풀어본다.

[태풍 '크라토스' 4일간의 완벽한 승리]

2030년 8월 6~10일, 한국 사상 최고의 재난 대응 드라마

프롤로그 – 역사를 바꾼 4분의 시작

2030년 8월 6일 새벽 3시 47분. 세종의 K-OS 중앙통제실(국가 재난을 한 곳에서 지휘하는 본부)에 붉은 경고등이 켜졌다. 태풍 '크라토스'의 세력이 급상승 중이라는 신호였다. 거대한 화면에 한반도의 디지털 트윈이 뜨고, 위성·기상레이더 데이터가 실시간으로 나타났다. 오른쪽에는 리스크 그리

드(한반도를 1km씩 네모로 쪼개 각 칸의 위험을 계산하는 지도)가 숨 쉬듯 반짝였다. 4분 뒤, K-OS의 판단: "국가 재난 7단계. 인명 제로가 목표." 새로운 시스템이 작동하기 시작되었다.

1일 차 – 예측의 시작(8/6, 화)

새벽 4시, K-OS가 자동으로 비상 시스템을 켰다. 대통령부터 시·군·구까지 모두 같은 화면을 공유했다. 5분 뒤 전국으로 첫 메시지가 나갔다. 원칙은 하나, "사람부터 지킨다"는 것이었다.

곧바로 AI 에이전트 '세이프가드'가 5,200만 명에게 개인 맞춤 대피 안내를 보냈다. 거주지 층수·집 구조·축조 연도·지형·건강 정보·가족 구성·반려동물 유무까지 고려한 계획표였다. 문자의 하단에는 "왜 지금 이동해야 하나요?"라는 파란 링크가 붙었다. 누르면 우리 집 주변의 침수 위험도·가까운 대피소가 그림으로 설명됐다(설명 가능한 AI).

전력은 즉시 아일랜딩(대규모 정전 방지를 위해 전력망을 여러 개의 작은 '전력 섬'으로 나눠 독립 운용)으로 전환했고, 통신 3사는 멀티패스 통신(5G·광케이블·위성·재난 망 중 가능한 회선을 자동 선택해 끊기지 않게 하는 방식)으로 백업을 짰다. 지하철·철도·도로는 K-OS 교통 AI가 흐름을 재설계했다. 정부의 첫 브리핑은 짧았다. "우리는 같은 지도를 보고 있습니다. 불안해하지 마시고 절차대로 따라 주기 바랍니다."

2일 차 – 대피의 전주곡(8/7, 수)

아침 7시, 도시는 다른 리듬으로 움직였다. 고속도로 전광판과 버스정류장 홀로그램이 같은 숫자를 띄웠다. "지금 이동하면 68분, 1시간 후 110분." 교통 신호와 차로 배치가 바뀌자, 대피 전용 통로가 새로 생겼다. 병목이 사라지니 불필요한 경적도 사라졌다.

 취약계층 74만 명 대피는 사람 손으로 이뤄졌다. 사회복지사 휴대폰에는 최단 동선과 가정별 체크리스트가 도착했고, 자원봉사자에겐 미응답자 위치 지도가 공유됐다. 밤 8시, 전 국민 안전 확인 시스템이 켜졌다(12시간마다 "안전합니다" 버튼만 누르면 됨). 미응답자는 자동으로 드론·구급대가 탐지·출동했다. 통신이 막히는 지역은 라디오·지상 중계차가 메웠다.

3일 차 – 대피의 대서사시(8/8, 목)

 새벽 6시, 태풍이 제주 남쪽 200km에 진입. K-OS는 최종 시나리오를 실행했다(What-if 엔진: "만약 경로가 30km 서쪽으로 바뀌면?" 같은 가정을 수초 내 계산하는 시뮬레이터). 항공관제 AI가 민항기·군 수송기 이착륙 틈을 분 단위로 쪼개어 배치했고, 해상은 선박 간격·예인 시점·대피 항만 용량을 계산해 부산·여수·군산으로 배들을 자율 배치했다. 평소라면 일주일 걸릴 철수 작업이 하루에 끝났다.

 전력망은 예측 차단→우회 송전 절차로 대피소·병원·정수장 전력을 보장했다. 각 대피소에는 엣지 키트(인터넷이 끊겨도 현장 데이터 표출·의약품 재고·인원 파악이 가능한 손바닥 크기 컴퓨터 상자)가 배포되어 끊겨도 계속 돌아가게 했다. 오후 6시, 일반 구조요청 접수 마감. "이제 구조대원도 피난해야 합니다."

4일 차 – 크라토스와의 결전(8/9, 금)

02:00, 전남 고흥반도 상륙. 06:00, 서해안 6m 해일. 10:00, 서울 초고층 흔들림. 14:00, 강원 산사태. 18:00, 해운대 초대형 파도. 놀라운 건 모두 예상된 좌표에서 일어났다는 사실이었다. 그 좌표의 사람들은 이미 비어 있었다.

이날 가장 바빴던 건 '침묵'이었다. 불필요한 통화·이동·명령이 사라지고, 대시보드의 초록 점들만 규칙적으로 깜빡였다. 시민에게 도착한 알림은 딱 한 줄. "지금은 움직이지 마세요. 11시에 식수 차량 도착." 아이들은 '세이프가드'의 동화 모드로 태풍 이야기를 들었고, 어른들은 "왜 이 조치가 필요한지"를 이해했다. 이해가 질서를 만들었다.

5일 차 – 승리의 새벽(8/10, 토)

새벽 3시, 태풍이 동해로 빠져나갔다. K-OS는 즉시 복구 모드로 전환했다. 전력→통신→도로→상하수도 순으로 팀이 움직였다. 드론이 지붕·교량을 스캔해 우선순위를 뽑고, 자율주행 트럭이 자재를 날랐다. 같은 화면에서 보험·재난지원금·지자체 보조가 자동 연동되어 신고→심사→지급이 한 흐름으로 이어졌다. 낮 12시, 전국 전광판의 '국민 안전' 표시가 파란색으로 바뀌었다. 최종 수치: 사망 0, 실종 0, 경상 23명(대피 과정 경미 부상). 재산 피해는 컸지만, 사람을 지켜냈다.

사람들의 한마디가 그날을 요약했다. 카페 사장: "가게는 망가졌지만, 가족은 무사합니다." 특전사 지휘관: "지도와 지휘가 하나였기에 가능했습니다." 초등학생: "K-OS 아저씨가 계속 괜찮다고 해서 덜 무서웠어요."

마지막 한 장면

8월 10일 아침, K-OS 화면의 붉은 칸들이 하나둘 파란색으로 바뀌었다. 누군가 중얼거렸다. "기술은 사람을 대신하는 게 아니라, 사람을 도와주는 도구구나."

2030년 8월 6일부터 10일까지의 4일간. 대한민국은 역사상 가장 완벽한 재난 대응을 보여주었다.

"기술은 인간을 위해 존재한다. K-OS는 바로 그 철학이 구현된 시스템이었다. 2030년 여름, 대한민국은 세계에 증명했다. 우리는 할 수 있다고, 우리는 해낼 수 있다고."

- 2030년 8월 15일, 대통령 광복절 경축사 중에서

에필로그

AI 괴짜들이 재편할 미래, 한국의 승부수는 무엇인가? 328

에필로그

AI 괴짜들이 재편할 미래, 한국의 승부수는 무엇인가?

　AI 기술을 이끄는 괴짜들이 세계 질서를 재편하고 있는 지금, 한국은 인공지능 시대의 승부처에서 단순한 도입자가 아니라 전략적 주도자로 나서야 한다. 이를 위해 우리의 대응은 네 가지 축으로 구성되어야 한다.

　첫째, AI 국제 협력과 데이터 주권 방어를 동시에 추구해야 한다. 팔란티어나 xAI 같은 글로벌 AI 플랫폼과의 전략적 협력은 필수적이지만, 우리의 핵심 데이터를 외국 플랫폼에 전적으로 맡기지 말고 자체적인 AI 주권(Sovereign AI)을 확립해야 한다. 정부 주도의 데이터센터와 AI 생태계를 구축하여 핵심 데이터를 직접 보유하고 관리하면서 협력을 병행하는 혼합형 전략이 필요하다.

　둘째, 전략적 투자와 인재 확보에 집중해야 한다. AI 산업은 규모의 경제가 아니라 기술과 인재의 경쟁이다. AI·국방·데이터 분야 전문 인력 양성을 위해 R&D 규제를 완화하고, AI 중심의 산업 단지 조성 등 기반 투자를 확대하여 인재가 자유롭게 교류하고 성장할 수 있는 생태계를 만들어야 한다.

셋째, 정부 부처 간 데이터 통합과 AI 거버넌스를 구축해야 한다. 현재 한국의 AI 정책은 부처 간 데이터와 시스템의 단절로 실질적인 효율성이 떨어진다. 전 부처를 아우르는 데이터 통합 플랫폼을 구축하고, 데이터 라벨링·표준화·시맨틱 매핑 등을 통해 실시간으로 AI 기반의 협력과 의사결정이 이루어지도록 해야 한다.

넷째, 적극적인 실험과 벤치마킹, 그리고 대중 참여 정책을 추진해야 한다. AI 기반 정책 실험을 공공과 민간 협력 형태로 진행하고, 성공 사례를 적극 발굴해 확산해야 한다. AI 활용 경진대회, AI 진흥 TV 프로그램 제작 등 다양한 문화적 실험을 통해 대한민국 국민의 이해와 공감대를 넓혀야 한다.

2025년 5월 5일, 팔란티어 CEO는 주주들에게 보낸 서신에서 이렇게 말했다. "현재 미국의 주류 엘리트들은 방향을 잃고 있다. 그들은 도덕적 우월감을 앞세우지만, 정작 국민의 삶을 개선하는 데 있어 실질적인 책임은 회피하고 있다. 기술이 만들어낼 수 있는 더 나은 세상에 대한 명확한 비전을 갖지 못한다면, 결국 그 빈틈은 시장이 임의로 메우게 될 것이다. 그리고 미래는 실제로 무언가를 만드는 사람들의 것이다. 위험을 감수하지 않고 비난만 하며, 스스로 아무것도 창조하지 않는 사람들은 결국 역사의 흐름 속에서 사라지게 된다."

이 메시지는 미국만의 이야기가 아니다. 지금, 한국 사회에도 같은 질문을 던져야 한다. 우리는 어디를 향하고 있는가? 기술과 데이터, 인공지능이라는 도구를 통해 무엇을 만들어낼 것인가? 지금이야말로 비판만 하는 관객이 아니라, 미래를 실제로 만들어가는 제작자가 되어야 할 때다. 창조하고, 위험을 감수하며, 결과로 책임지는 사람들만이 다가올 시대의 주인공이 될 수 있다. 그렇기에 우리 역시 지금 행동해야 한다. 더 늦기 전에 지금.

그리고 기술보다 더 중요한 건, '판단의 언어'를 설계할 수 있는가다. 많은 정책 시도 위에, 우리는 지금 더 근본적인 질문을 던져야 한다. 우리는 더 이상 '정책 결정자'가 모든 답을 갖고 있는 시대에 살지 않는다. 데이터는 이제 단순히 저장되는 대상이 아니다. 데이터는 판단을 만들고, 판단은 구조를 만들며, 구조는 세상을 움직인다. 이 새로운 흐름 속에서 기술은 단순한 도구가 아니라, 전략 그 자체로 떠오르고 있다.

팔란티어는 이 변화의 최전선에서 '데이터의 통치 철학'을 실험해 왔다. 단순히 정보를 저장하거나 분석하는 것을 넘어, 데이터 자체가 판단의 구조가 되도록 설계했다. 이는 기술의 진보를 넘어, 국가 운영의 방식 자체를 다시 짜는 일이었다. 안두릴은 기술이 물리적 세계를 어떻게 바꿀 수 있는지를 보여준다. 전통적인 무기체계와 방위산업의 느린 리듬을 깨고, 실시간 AI 기반의 자율 시스템으로 전장을 혁신했다. 파머 러키는 오큘러스를 통해 가상현실을, 안두릴을 통해 현실의 전장을 재정의했다. 그는 하드웨어와 소프트웨어, 판단과 실행의 모든 경계를 지워버리고 있다.

xAI와 머스크노미(Muskonomy) 생태계는 또 다른 질문을 던진다. 데이터가 연결된 우주, 자율주행차, 소셜미디어, 인간-로봇 인터페이스의 통합 속에서 그는 기술을 권력으로 전환하는 방식을 실험 중이다. 그록(Grok)은 단순한 챗봇이 아니다. 실시간 세계의 흐름을 읽고 예측하며, 인간의 판단과 감각을 확장 시키는 '디지털 판단 보조 엔진'이다.

이 세 가지 실험은 서로 다른 듯하지만, 본질적으로 같은 질문을 향한다. 관계를 어떻게 구조화할 것인가? 위기 속에서 판단의 속도를 어떻게 확보할 것인가? AI는 인간의 결정을 어떻게 보완해야 하는가? 국가는 기술로 전략을 설계할 수 있는가?

 이것은 더 이상 '디지털 전환'이라는 기술적 과제가 아니다. 이것은 판단의 언어를 다시 쓰는 정치적·사회적 시도다. 한국도 선택의 갈림길에 있다. 기술은 충분하고, 인재는 넘친다. 하지만 문제는 판단의 구조가 아직 과거에 머물러 있다는 것이다. 보고서 중심의 수직 구조, 민·관 분리된 실행 체계, 단절된 전략과 실행. 이제 한국은 다음을 실험해야 한다. 그래프 기반 AI 플랫폼 설계, 민간-정부를 연결하는 실시간 시뮬레이션 체계, 시나리오 기반 정책 실험과 AIP(AI 통합 플랫폼) 형 전략 운영, AI 윤리와 데이터 거버넌스가 내장된 체계적 구조를.

 팔란티어는 '판단은 더 이상 직관이 아니라 구조'라고 말했고, 안두릴은 '현실의 물리적 작전도 알고리즘으로 설계 가능하다'라고 보여줬으며, xAI는 '실시간 데이터가 사고 자체를 바꿀 수 있다'라는 것을 입증하고 있다.

 우리는 어떤 구조를 만들 것인가? 우리는 어떤 언어로 판단할 것인가? 우리는 어떤 기술로 세상을 다시 설계할 것인가? 이 책 《AI 괴짜 삼국지》는 그 질문을 한국 사회, 기업, 정부, 그리고 국민에게 던지는 첫 번째 탐색서가 되기를 바란다. 기술의 전쟁을 넘어서, 판단의 철학을 고민하게 되기를 바란다. 그리고 한국이 전략을 수입하는 나라가 아니라, 수출하는 나라가 되기를 바란다. 더 민주적으로, 더 정직하게, 더 한국적으로. 우리가 지금, 이 질문에 답할 수 있다면 다음 세기를 설계하는 언어는 한국어가 될 수도 있을 것이다.

AI 괴짜 삼국지

팔란티어 · 안두릴 · xAI의 야망과 한국의 선택

초판 1쇄 인쇄	2025년 09월 15일
초판 1쇄 발행	2025년 09월 22일
저자	김영수
발행인	성인제
발행처	(주)트레블그라픽스
출판등록	제2021-000106호(2004. 6. 14)
주소	서울시 용산구 청파로20길 34, 22동 4층 12호
전화	02-545-4724
팩스	02-548-0095

이 책에 실린 모든 내용의 무단 전재와 복제를 금합니다. 이 책의 전부 또는 일부를 재사용하려면 저자와 출판사 양측의 동의를 받아야 합니다.

책값: 25,000원. 잘못된 책은 바꾸어 드립니다.
ISBN 978-89-955416-6-1 (03500)